현장사례에 기초한

보육교사 인성론

박은혜 · 박선혜 · 박신영 · 장민영 · 김지은

창지사

머리말

어린이집과 관련된 언론의 보도를 보면 긍정적인 것보다는 부정적인 것이 더 많다. 이 가운데 교사와 관련된 내용은 급여와 근로 시간, 그리고 학대에 대한 것이 높은 비중을 차지한다. 어린이집에서 학대 사건이 발생한 후 교사의 권리에 대한 충분한 논의 없이 교실마다 CCTV를 설치하더니, 그 이후에도 가끔 문제가 발생하자 이제는 교사 개개인의 인성을 문제 삼는다. 인성을 개인이 타고난 특질로 정의하게 되면, 문제를 한 개인에게 국한하여 신속하게 처리할 수 있지만 근본적인 해결책이 되지는 못한다.

어린이집에서 발생하는 여러 문제는 교사 개인의 문제일 수도 있으나, 대부분 구조적인 문제일 경우가 더 많다. 어렸을 때부터 보육시설에 장시간 머무르며 사회생활을 해야 하는 어린이가 가지는 스트레스, 대부분 외동인 자녀를 잘 기르고자 하는 학부모들의 열심과 영유아 발달에 대한 이해 부족에서 오는 지나친 요구나 오해, 영유아 발달에 적합하지 않은 교육과정이나 교수법, 근무 시간과 근무 환경의 열악함에 비해 적은 보수, 사회적인 인식 부족 등의 모든 구조적인 문제가 영향을 미친다.

어린이집 교사는 양성교육과정에서 교사를 둘러싼 모든 구조적인 요인에 대해 배우기는 하지만 영유아발달, 부모교육, 보육과정, 교사론 등 모두 분절된 형태로 학습한다. 그러나 현장에서 근무하는 교사는 이러한 지식을 모두 통합하여 실천적인 과정에 적용해야 한다. 의학, 법학, 경영학 등의 분야에서는 실천적이고 통합적인 지식을 사례로 구성하여 다양한 관점에서 검토하는 훈련을 많이 받는다. 이에 비해 보육이나 교육 분야에서는 사례를 통한 교육이 매우 부족하다.

가르치는 일은 영유아, 부모, 교직원, 외부 인사 등 수많은 사람들의 요구와 이해관계가 얽히기 때문에 그 어떤 한 가지 입장만 들어줄 수 없는 딜레마 상황에 놓이는 경우가 많다. 딜레마 상황에서는 하나의 정답이 없고 가장 적합한 해결책을 모색하는 수밖에 없는데 이때 길라잡이가 되어 주는 것이 윤리강령이다.

이 책은 예비교사들이 현장에서 부딪히는 수많은 상황 가운데 보육교사로서 영유아에게 가장 적합한 의사결정을 내릴 수 있는 역량을 기르는 데 목적이 있다. 제1부에서는 교사의 인성을 개인적인 차원과 전문적인 차원으로 구분하여 개념을 정의하고 교사 개개인의 특성을 알아내는 데 초점을 둔다. 제2부에서는 보육교사 윤리강령에 제시된 영역에 따라 현장사례를 바탕으로 토론할 수 있도록 구성하였다. 제1부와 제2부에 제시된 연구와 이론은 박은혜(2017)의 교사론과 최근 10년 동안 보육교사를 대상으로 한 연구에 기초를 두었다. 이 책은 이론보다는 좀 더 구체적이고 다양한 관점에서 현장을 볼 수 있도록 기획하였으므로 개개인이 적극적으로 참여하고 토론하는 것이 중요하다.

이 책을 읽는 모든 교사가 개인적인 인성과 전문적인 인성을 갖추고 현장에서 어린이와 행복하고 보람 있는 시간을 보낼 수 있기를 희망한다.

이 책의 기획과 편집을 위해 수고하신 창지사에 감사를 드린다.

2019년 1월
저자 일동

차례

PART 2 보육교사 윤리강령에 비추어 본 현장사례

PART 1

보육교사가 갖추어야 할 인성

01 보육교사와 인성
02 건강한 나로 살아가기
03 좋은 관계 맺기
04 좋은 교사 되기
05 바른 교사 되기
06 보육교사의 윤리강령

C·H·A·P·T·E·R 01

보육교사와 인성

본 장에서는 일반적인 인성의 정의와 개념을 알아보고 보육교사에게 특별히 강조되는 인성 요소는 무엇인지에 대해 알아본다. 보육교사에게 인성이 중요한 이유를 생각해 보고 보육교사의 인성이 영유아를 보육하는 데 미치는 영향을 살펴본다.

생각해 봅시다

❖ 각자가 생각하는 '인성' 정의하기

1. '인성' 하면 떠오르는 단어를 모두 적어 보세요.
2. 4명이 한 팀이 되어 팀 구성원끼리 적은 단어를 공유하세요.
3. 비슷한 단어끼리 모아 보세요.
4. 우리가 생각한 '인성'은 무엇인지 정의해 보세요.

▶ '인성' 하면 떠오르는 단어

-
-
-
-

▶ 우리가 생각하는 인성이란?

-
-
-
-

1. 인성의 개념

인성은 인간 본성(인간성), 성격(character)이나 인격(personality)과 유사한 의미로 사용되기도 하고, 전인(全人: whole person), 혹은 인간주의(humanism)적인 의미로 사용되기도 한다(강선보 · 박의수 · 김귀성 · 송순재 · 정윤경 · 김영래 · 고미숙, 2008). 인성의 개념은 '사람이라면 마땅히 그러해야 하는 일정한 기준'에서부터 '공동체 사회에서 함께 더불어 살아가기 위해 갖추어야 할 덕목'에 이르기까지 다양하다.

[그림 1-1] 인성과 성품의 비슷한 말

출처: 네이버 국어사전(2018. 7. 15. 검색)

인성(人性)의 사전적 의미를 살펴보면 '사람의 성품'이며, '각 개인이 가지는 사고와 태도 및 행동 특성'을 말한다(표준국어대사전, 2018. 7. 15. 검색). 성품은 '사람의 성질이나 됨됨이(표준국어대사전, 2018. 7. 15. 검색)'로 비슷한 말에서도 나타나듯이 개인의 독특한 특성을 나타내는 '기질', '성격' 등과 같이 가치적인 의미와 인간됨의 좋고 나쁨 정도를 나타내는 '마음씨', '됨됨이' 등과 같이 가치 중립적인 의미를 동시에 내포한다.

최근 강조되는 인성교육에서는 인성을 '자신의 내면을 바르고 건전하게 가꾸며, 타인, 공동체, 자연과 더불어 사는 데 필요한 인간다운 품성과 역량(인성교육진흥법, 2018. 7. 15. 검색)'이나 '자아의 정체성을 형성하고 삶을 건강하게 이끌고 발전시켜 나가기 위해 타인과 조화를 이루고 공존할 수 있는 능력(강선보 외, 2008)', '자기 자신에 대한 올바른 이해를 기반으로 타인과 함께 공존하는 삶을 위한 사회적인 가치들을 올바른 사고로 선택할 수 있는 능력(최지윤, 2013)' 등으로 정의하고 있다. 이 정의에 따르면 인성은 '현대사회에서 타인과 조화를 이루고 공존하기 위해 요구되는 바람직한 성향'이며, '개인에 대한 이해를 바탕으로 개인의 독특한 특성'을 살리는 것에 가치를 부여한다.

종합해 보면 인성이란 개개인의 독특한 특성을 바탕으로 사회 속에서 타인과 더불어 살아가기 위해 길러진 그 사람의 됨됨이이다. 인성에는 자아와 관련된 부분과 타인과 관련된 부분이 함께 고려되어야 한다.

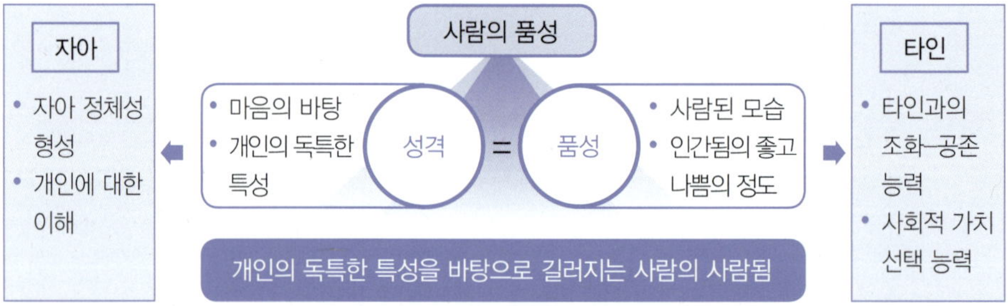

[그림 1-2] 인성의 개념

출처: 교육과학기술부(2012). p. 17. 그림 재구성.

2. 보육교사의 인성 덕목

인성에는 타인과 함께 살아가기 위해 모든 사람에게 기본적으로 요구되는 보편적인 인성과 직무와 관련하여 동료 또는 대상과 함께 살아가기 위해 특별히 요구되는 인성이 있다. 영유아를 보호하고 교육하는 보육교사에게는 직무 특성에 따라 다른 직업군과 동일하면서도 다른 인성 덕목이 요구된다.

활동해 봅시다

❖ 보육교사가 갖추어야 할 '인성'의 덕목

1. 보육교사가 갖추어야 할 '인성'의 덕목을 모두 적어 보세요.
2. 나열한 인성 덕목을 모든 사람에게 요구될 수 있는 '보편적 인성'과 보육교사에게만 요구되는 '교직인성'으로 분류해 보세요.
3. 공통되는 덕목을 가운데 교집합 부분으로 분류해 보세요.

▶ 보육교사가 갖추어야 할 인성의 덕목

-
-
-

▶ 보편적 인성과 교직인성으로 분류해 보고 공통적인 덕목 찾기

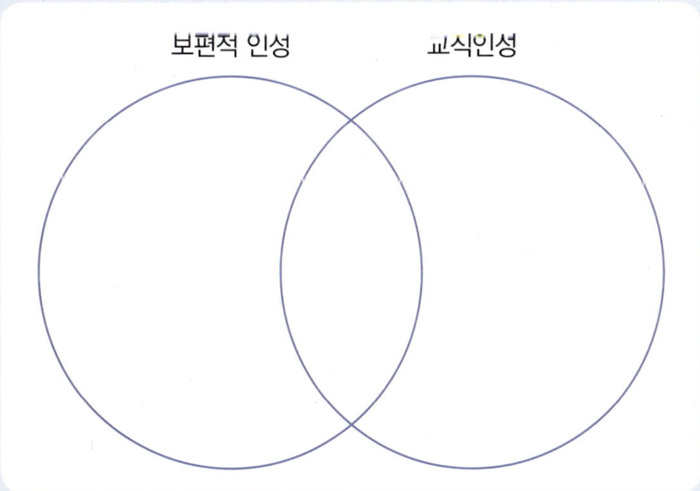

사회 공동체 속에서 살아가는 사람이라면 직무나 상황을 막론하고 보편적인 인성 덕목을 갖추어야 하지만, 보육교사는 보편적인 인성 덕목뿐만 아니라 특별히 요구되는 인성 덕목을 갖추는 것이 필요하다. 보육교사에게는 인간 대 인간의 만남을 바탕으로 하는 다른 직업군과 유사한 인성 덕목이 요구될 수 있다. 하지만 보

육교사는 초등학생이나 중 · 고등학생 이상의 학습자보다 상대적으로 어리고, 사람 간의 관계에 크게 영향을 받는 영유아를 대상으로 한다. 또한, 보육교사의 직무 특성상 영유아를 둘러싼 부모와 가정 및 지역사회 등 여러 구성원들과도 밀접하게 관계를 맺어야 한다. 이러한 특성을 반영하여 여러 학자들이 제시한 교사의 인성 덕목을 정리하면 〈표 1-1〉과 같다.

〈표 1-1〉 교사의 인성 덕목

학자	교사가 갖추어야 할 인성 덕목	
전재선 (2011)	인간애(이타심, 용서), 긍정적 자아 개념(자기개발, 주도적 자아성취, 자기조절), 사회관계(의사소통, 공감적 이해), 직무수행(성실성, 책무성, 신뢰성), 창의 · 인성(유머 · 위트, 사회문제 인식, 창의적 성향)	
김정환 · 남현우 · 염시창 · 임진영 (2012)	문제해결력 · 탐구력, 판단력, 독립성 · 자주성, 창의 · 응용력, 심리적 안정성, 언어 · 의사소통력, 지도성, 공감 · 포용력, 지식 · 정보력, 봉사 · 희생 · 협동성, 계획성, 성실 · 책임감, 소명감 · 교직관, 열정	
김혜경 · 조복희 (2012)	대인 관계 능력, 영유아에 대한 수용성과 민감성, 창의성과 자기개발, 영유아에 대한 친화력, 영유아에 대한 안전관리 능력, 업무에 대한 소명감, 긍정적 정서	
김순환 · 박선혜 · 남옥선 (2014)	기본인성	책임감, 자존감, 감정이입, 자기통제, 존중, 양심, 선에 대한 사랑
	교직인성	교직에 대한 열정, 반성적 자기개발, 창의성, 교직윤리
김경령 · 서은하 (2014)	보편적 인성	자기조절, 도덕성, 사회성
	교직인성	소명의식, 학생에 대한 열정, 교육적 신념
김은설 · 김길숙 · 이민경 (2015)	보편적 인성	자기조절력, 자존감, 책임감 · 성실성, 도덕성, 사회성, 타인존중 · 배려심, 심리적 건강
	교사로서의 인성	교직관(소명의식), 민감성, 인내심, 공감적 이해, 영유아에 대한 열정, 주도성
원혜경 · 이소정 (2017)	문제해결력 · 탐구력, 판단력, 독립성 · 자주성, 창의 · 응용력, 심리적 안정성, 언어 · 의사소통력, 지도성, 공감 · 포용력, 지식 · 정보력, 봉사 · 희생 · 협동성, 계획성, 성실 · 책임감, 소명감 · 교직관, 열정, 민감성	
조운주 · 최일선 (2018)	열정 · 책임감, 윤리 · 신뢰, 자기조절 · 자신감, 주도성, 개방성, 전문성 발달, 사고력, 협력, 타인존중, 의사소통	

2013년부터 유치원 정교사 자격을 비롯한 모든 학교급의 교사 자격을 취득하기 위해서는 예비교사 양성교육과정 동안 교직적성 · 인성 검사를 실시하고 2회 이상 적격 판정을 받아야 한다(교육과학기술부, 2012). 현재까지 유아교사 양성대학에서는 초 · 중등 예비교사를 대상으로 개발된 교직적성 · 인성 검사 도구(김정환 외, 2012)를 활용하여 예비유아교사의 교직적성 · 인성을 검사하고 있다. 김정환 외(2012)가 제시하고 있는 인성 덕목은 초 · 중등 예비교사를 대상으로 교직적성 · 인성 검사를 위한 도구를 개발하면서 제시한 것으로, 인성을 14개 요소로 구분하고 있다. 그러나 상대적으로 어린 영유아를 대상으로 가르치는 일과 돌보는 일을 조화롭게 유지해야 하는 유아교사의 직무 특수성을 반영하지 못한다는 한계가 지적되어 왔다. 이에 원혜경과 이소정(2017)은 영유아의 발달에 있어서 유아교사의 민감한 반응을 중시하여 14개 요소에 '민감성'을 추가하여 인성 요소를 구성하였다. 조운주와 최일선(2018)은 김정환 외(2012)가 제시한 교직적성 · 인성 요소를 포함하여 여러 연구에서 공통적으로 나타난 유아교사 교직적성 · 인성 요소를 정리하여 열정 · 책임감, 윤리 · 신뢰, 자기조절 · 자신감, 주도성, 개방성, 전문성 발달, 사고력, 협력, 타인존중, 의사소통의 10개 요소로 제시하였다.

보육교사 양성과정에서는 현재 예비보육교사의 인성평가에 대한 규정이 없다. 하지만 육아정책연구소에서는 유치원 교사 및 어린이집 교사를 아우르는 '영유아교사 인성 평가 도구'를 개발(김은설 · 김길숙 · 이민경, 2015)하면서 영유아교사의 인성 요소를 정리하였다. 이들은 누구에게나 요구되는 보편적 인성과 영유아교사가 직무를 수행하는 데 있어서 요구되는 인성 요소인 교사로서의 인성으로 나누어 인성 요소를 제시하였다. 육아정책연구소는 영유아교사 인성 평가 도구 개발을 시작으로 보육교직원을 위한 인성교육 프로그램을 개발(김은설 · 문무경 · 최은영 · 배윤진 · 윤지연, 2017)하는 등 보육교사 인성 강화를 위한 방안을 지속적으로 모색하고 있다.

위에서 살펴본 바와 같이 여러 학자들이 공통적으로 제시하는 인성 덕목은 심리적 안녕감, 배려 등과 같이 사회 속에서 함께 생활하는 성인 누구에게나 요구되는 보편적 인성과 민감성, 교직관과 소명의식처럼 보육교사로서 직무를 수행하는 데 요구되는 인성으로 구분된다. 보편적 인성과 교직인성은 다시 인성의 정의에서 정리한 바와 같이 자아에 대한 덕목과 타인에 대한 덕목으로 구분할 수 있는데, 이를 정리해 보면 다음의 [그림 1-3]과 같다.

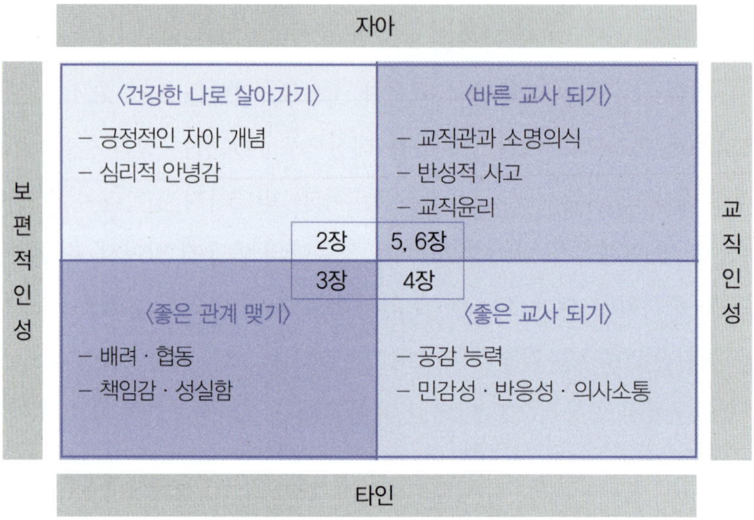

[그림 1-3] 보육교사의 보편적 인성과 교직인성

보편적 인성 중 자아와 관련된 인성 덕목으로 긍정적인 자아 개념, 심리적 안녕감을 포함하고 건강한 나로 살아가기 위해 필요한 것으로 분류하였다. 보편적 인성 중 타인과 관련된 인성 덕목으로 배려, 협동, 책임감, 성실함을 포함하고 좋은 관계를 맺기 위해 필요한 것으로 분류하였다. 그리고 보육교사에게 요구되는 교직인성을 자아와 관련된 인성 덕목과 타인과 관련된 인성 덕목으로 구분하였다. 교직인성 중 자아와 관련된 인성 덕목으로 교직관, 반성적 사고, 교직윤리를 포함하고 이를 바른 교사가 되기 위해 필요한 것으로 정의하였다. 마지막으로 교직인성 중 타인과 관련된 인성 덕목으로 공감 능력, 민감성과 반응성을 기반으로 하는 의사소통 능력을 포함하고 이를 좋은 교사가 되기 위해 필요한 것으로 분류하였다. 2장부터 6장까지는 각 인성 덕목에 대한 내용을 다루고자 한다.

3. 보육교사 인성의 중요성

한 연구에 따르면 학부모가 유아교육기관을 선택할 때 가장 중요하게 생각하는 요소는 '좋은 교사'이다(변경애, 2008). 바른 인성을 갖춘 보육교사라면 따뜻하고 영유아를 차별하지 않으며 사랑으로 돌보아 줄 것이라는 믿음이 있기에 보육교사의 인성이 어린이집을 선택하는 가장 중요한 요소로 작용한다고 볼 수 있다.

1) 보육교사직의 특성과 보육교사의 인성

보육교사의 인성이 중요한 이유를 박은혜(2017)가 정리한 영유아를 대상으로 하는 교사직의 특성을 통해 살펴보면 다음과 같다.

첫째, 보육교사직은 어린 연령의 영유아를 대상으로 하는 직업이다. 영유아는 음성언어로 자신의 생각이나 감정을 표현하는 것이 어렵다. 따라서 교사가 영유아의 표정, 눈빛, 몸짓, 손짓 등 비음성적인 언어로 전달하는 영유아의 요구를 얼마나 민감하게 읽어 내고 반응해 주는가가 영유아의 발달에 큰 영향을 미친다. 따라서 긍정적인 자아 개념과 심리적 안녕감을 바탕으로 여유를 가지고 영유아와 공감하면서 민감하게 반응하고 의사소통하는 보육교사의 인성이 매우 중요하다.

둘째, 보육교사직은 영유아의 전인발달을 도와주는 직업이다. 표준보육과정과 누리과정에서는 영유아보육의 목적이 영유아의 신체적 · 인지적 · 사회적 · 정서적 발달을 통합적으로 발달시켜 전인발달을 도모하는 것으로 명시되어 있다. 이를 위해 보육교사는 영유아의 전인적 경험을 도와줄 수 있는 보육과정을 계획하고, 환경을 조성하고, 통합적으로 운영하여야 한다. 즉, 보육교사는 영유아의 전 생애에서 가장 기초가 되는 중요한 시기에 그 기초를 닦아 주는 매우 중요한 역할을 하는 사람이다. 따라서 교직윤리와 반성적 사고를 통해 발달에 적합한 보육활동을 제공하고자 하는 책임감과 성실함을 갖춘 보육교사의 인성이 필요하다.

셋째, 보육교사직은 가르치는 일과 돌보는 일을 조화롭게 유지해야 하는 직업이다. 어린 영유아를 대상으로 하는 직업이기 때문에 다른 사람이 보기에 단순히 돌보고 있다고 생각되는 일상생활 지도 같은 것도 보육교사의 역할이다. 경우에 따라 보육교사는 가르치는 일과 돌보는 일 가운데서 갈등을 경험하기도 한다. 하지만 영유아를 가르치고 돌보는 일은 반드시 구분되는 것이 아니다. 보육교사는 영유아를 가르치고 돌보는 일 모두 전문성을 바탕으로 하는 보육교사의 역할이라는 건설적인 교직관과 소명의식을 가지고 영유아에게 가장 필요한 것이 무엇인지를 살필 수 있는 인성을 갖추는 것이 중요하다.

마지막으로 보육교사직은 전문성을 필요로 하는 직업이다. 보육교사가 영유아를 돌보는 일은 사회적으로 인정하는 전문성과 상충되는 것처럼 느낄 수도 있다. 그러나 보육교사가 영유아를 돌보는 것은 단순히 호의를 베푸는 것이 아니다. "돌봄을 당하는 사람에게 필요한 최선의 것이 무엇인지를 그 사람의 입장에서 지속적으로 고려하고 그 최선의 것이 이루어질 수 있도록 자신의 모든 에너지를 쏟는(박은혜, 2017)" 것으로 전문성이 필요한 일이다. 이를 위해 보육교사는 오롯이 상대방의 입장에서 공감하고, 요구에 민감하게 반응하고 에너지를 쏟을 수 있는 인성을 갖추어야 한다.

2) 보육교사의 인성이 직무에 미치는 영향

보육교사의 인성이 직무에 미치는 영향력을 통해 보육교사에게 바람직한 인성이 중요한 이유를 정리하면 다음과 같다.

첫째, 보육교사의 인성은 교사의 행복감과 직무만족도, 스트레스 대처방식에 영향을 미친다. 유아교사는 본인의 인성을 긍정적으로 인식할수록 본인이 더욱 행복하다고 느끼는 경향이 있다(강은주 · 이수경, 2017; 정다우리, 2013; 정명자, 2016). 교사가 행복할수록 교사–아동 간의 상호작용 수준이 높아지는 것처럼(정다우리, 2013) 교사 스스로가 행복할 때 더욱 긍정적인 태도로 영유아를 교육하는 데 집중한다. 이는 높은 직무만족도(강은주 · 이수경, 2017)로 연결되며, 유아교사가 느끼는 직무스트레스에 더욱 유연하게 대처할 수 있도록 한다(박윤조 · 임명희 · 안정숙, 2015).

둘째, 보육교사의 인성은 교사와 영유아 간의 상호작용 및 관계의 질에 영향을 미친다. 유아교사로서의 인성을 잘 갖춘 교사는 유아와의 관계에서 따뜻하고 공감적이며 개방적인 의사소통을 많이 하고 유아와 친밀한 관계를 형성하는 데 긍정적인 영향을 미친다. 특히, 유아교사 인성의 하위 요소 중 긍정적인 자아 개념이 높을수록 교사와 유아 간의 갈등은 적은 경향이 있다(최선미 · 부성숙, 2017).

셋째, 보육교사의 인성은 보육 전문성에 대한 인식과 전문성을 발휘하는 데 영향을 미친다. 유아교사의 인성 수준이 높을수록 직업 전문성에 대한 인식이 긍정적이고(조주원 · 전유영, 2017), 교사로서 지식과 기술을 발달시키고자 하는 측면을 중요하게 인식하며 자기개발 욕구가 높다(황윤세 · 김언진 · 김경임 · 윤미경, 2016). 뿐만 아니라 유아교사의 인성 수준이 높을수록 교사-아동 간의 상호작용 수준이 높아지고(곽희경, 2011; 이성아, 2014; 정다우리, 2013) 질 높은 교수활동을 통해 유아의 내적 갈등을 해소할 수 있도록 하는 등(박유진, 2012) 교사의 선문적인 역할 수행에도 긍정적인 영향을 미친다.

넷째, 보육교사의 인성은 사회관계 형성에 영향을 미친다. 유아교사로서의 인성을 잘 갖춘 교사는 타인에 대한 이해와 배려하는 마음가짐(김영은 · 이희선, 2016)과 의사소통 및 공감 능력(조주원 · 전유영, 2017)을 발휘하여 사회적 관계를 긍정적으로 맺도록 돕는다. 최선미와 부성숙(2017)은 인성을 잘 갖춘 유아교사는 동료교사 및 원장과 긍정적인 관계를 형성하고 있다고 보고하면서, 특히 교사의 인성이 동료 교사와의 관계 형성에 지대한 영향을 미친다고 역설하였다. 유아교사는 주로 소규모 기관에서 소수의 동료와 장시간 동안 밀착하여 직무를 수행하는 특성이 있다. 그만큼 동료 교사와 긍정적인 관계를 형성하는 것이 영유아를 보육하는 데에 직접적인 영향을 미치기 때문에 유아교사의 인성이 더욱 중요하게 여겨진다.

마지막으로 보육교사의 인성은 교사로서 도덕적 민감성에 영향을 미친다. 유아교사의 인성 수준이 높을수록 영유아에 대한 권리 존중 실행 수준이 높고(강인숙 · 이희경, 2016) 교사직을 수행하는 데 있어서 옳고 그른 것, 즉 윤리적인 측면을 중요하게 인식하는 경향이 있다. 예비유아교사의 경우 인성을 긍정적으로 인식할수록 교직윤리의식도 높은 것으로 나타났다(강현미 · 서현아, 2017; 김인해, 2016; 최은아, 2016).

이처럼 보육교사로서 인성을 잘 갖춘 교사는 직무스트레스를 유연하게 통제하여 높은 직무만족도와 행복감을 바탕으로 영유아, 동료 교사, 원장과 긍정적인 관계를 형성한다. 그리고 교직윤리에 대한 민감성을 가지고 영유아의 권리를 존중하며 높은 직무 전문성을 가지고 보육업무에 전념한다. 보육교사의 인성은 양질의 보육과 직결되므로 보육교사는 교사에게 요구되는 보편적 인성과 교직인성을 잘 갖추는 것이 필요하다.

4. 보육교사 인성교육의 필요성과 방법

1) 보육교사 인성 강화를 위한 정책

「영유아보육법」에 따르면 보육교사는 '어린이집 영유아의 보육, 건강관리, 보호자와의 상담, 그 밖에 어린이집의 관리 · 운영 등의 업무를 담당하는' 사람으로, '영유아의 이익을 최우선으로 고려'하며 영유아를 '어떠한 종류의 차별도' 하지 않고 영유아에게 신체적 고통이나 고성 · 폭언 등의 정신적인 고통을 가하지 않고 '안전하고 쾌적한 환경에서' 보육하여야 한다. 2013년 부산의 한 어린이집 교사가 만 1세 영아를 신체적으로 학대한 사건이 커다란 사회적 파장을 일으킨 이후 '영유아에게 신체적 · 정신적 고통을 가하지 않도록 하기 위하여' 사회 전체가 민감하게 살피고 있다. 그 대응의 방식은 주로 인성교육을 통해 보육교사의 인성을 강화하고자 하는 것으로, 예비교사 양성과정에서부터 인성교육을 강화하여 교사가 교직에 필요한 인성을 갖추고 영유아 인성교육을 실천할 수 있는 역량을 함양할 수 있는 제도적 기반이 마련되었다.

2016년 보건복지부는 보육교사의 인성 및 자질 향상을 위한 보육교사 자격기준 강화 방안을 마련하였다. 인성과 전문성을 갖춘 보육교사를 양성하기 위하여 「영유아보육법 시행규칙」(제12조 제1항 [별표 4])을 개정하여 9개의 대면교과목을 지정하고, 8시간 출석 수업 및 1회 출석 시험 의무화 등 대면교육을 강화하였으며, 기존의 4주 160시간이었던 현장실습을 6주 240시간으로 확대하였다. 특히, 보육 관련 교과목 영역을 대폭 개편하여 교사 인성 영역, 보육 지식과 기술 영역, 보육 실무 영역으로 구분하고 교사 인성 영역에는 보육교사(인성)론과 아동권리와 복지 교과목을 필수적으로 이수하게 하였다.

현직교사의 인성 역량 및 인성교육 역량을 강화하기 위해서 보육교직원의 자질 향상을 위해 정기적 · 의무적으로 실시하는 보수교육의 내용에 인성 관련 내용을 포함하도록 하고 있다. 「영유아보육법」 제23조 제3항에 따라 어린이집 원장과 보육교사 대상 보수교육은 성폭력 및 아동학대 예방, 실종 · 유괴의 예방과 방지, 감염병 및 약물의 오남용 예방 등 보건위생 관리, 재난대비안전, 교통안전, 그리고 원장과 보육교사의 인성 함양에 대한 내용을 포함하여야 한다(보건복지부, 2018). 이를 바탕으로 보건복지부는 매년 '보육사업안내'를 통해 보수교육의 내용을 구체적으로 제시하고 있다. 2018년 보수교육의 내용 중 보육교사의 인성과 인성교육 관련 내용은 아동복지와 인권 관련 내용, 보육교사의 역할과 윤리 관련 내용, 보육교사의 신체 및 정신 건강 관련 내용이 있다.

성인의 인성은 이미 고착되어 있어 쉽게 변화시키기 어려운 것이 사실이다. 하지만 인성은 선천적으로 타고나는 개인의 특성일 뿐만 아니라 후천적으로 환경과 교육에 의하여 점진적으로 형성되는 습관이다(조벽, 2016). 또한, 보육교사의 인성은 교사 개인의 보편적 인성이 영유아와의 상호작용과 교수-학습 과정 중에 태도와 역할로 반영되기도 하고, 반성적 사고를 토대로 전문성을 갖추고 노력한다면 교직인성이 발현될 수 있으므로 교육과 훈련이 필요하다(김정겸 · 이주연, 2014; 조주원 · 전유영, 2017; 최일선, 2009). 따라서 보육교사에게 정기적으로 인성 관련 교육을 의무적으로 받도록 한 것은 고무적인 일이다.

2) 딜레마와 협동학습

예비교사 교육과정에서부터 체계적으로 인성을 함양하도록 하기 위한 교육을 실행하는 것이 필요하다는 공감대를 가지고 효과적인 예비교사 인성교육 프로그램을 개발하기 위한 노력이 다양하게 이루어지고 있다. 이러한 연구들은 공통적으로 다양한 방법과 매체를 통해 사례를 제시하고, 사례에 나타난 딜레마 상황에서의 도덕적 판단을 간접적으로 경험하거나 제시된 해결책의 옳고 그름에 대하여 비판적으로 사고할 수 있는 기회를 제공하고, 실생활과 연계하여 예비교사가 반성적인 실천을 할 수 있도록 교수–학습 방법을 적용하는 것이 필요하다고 본다(변윤희 · 최경 · 연혜민, 2016; 임민정, 2018; 최지영, 2013). 특히, 최지영(2013)은 예비교사의 인성교육 방법으로 교사로서 경험할 수 있는 도덕적 딜레마 상황을 제시하고 이에 대해 토론하는 협동학습과정을 강조하였다. 그에 따르면 예비교사는 도덕적 판단력, 민감성, 동기화, 품성에 변화가 있었으며, 도덕적인 인성교육자로서 자아정체감을 형성하였다.

실질적인 인성교육을 위해서는 보육현장에서 일어날 수 있는 문제 상황이나 딜레마 상황에 대하여 동료 교사와 함께 문제를 인식하고, 여러 맥락과 상황을 고려하여 가장 적절하고 전문적인 해결책을 모색하는 훈련이 필요하다. 이는 예비보육교사가 교직윤리를 바탕으로 교직인성 덕목을 함양하도록 하고 나아가 교사로 입문하였을 때 아동학대 가능성을 낮추는 역할을 한다.

어린이집에서의 아동학대는 많은 업무나 스트레스와 같은 외적 요인과 어릴 적 경험, 정신적 건강 상태, 낮은 자아 존중감 등 교사 개인의 내부적 요인으로만 발생한다고 단정할 수 없다. 영유아 발달과 보육에 대한 전문적 지식, 아동 존중과 권리 보호에 대한 낮은 인식, 그릇된 아동관 및 보육관 등 전문적 지식과 인식이 부족하여 현장에서의 문제 상황에 어떻게 대처하는지 모르는 경우에도 아동학대가 나타날 수 있다(보건복지부 · 중앙보육정보센터, 2012). 현장의 보육교사들은 아동학대 예방을 위하여 교사가 영유아를 말 못 하는 어린아이라고 보는 관점을 개선하고, 영유아의 자기중심적 사고를 이해하여 실질적으로 문제행동에 대해 올바르게 대처할 수 있도록 하는 실용적인 훈련이 필요하다고 말한다(김영은 · 이희선, 2016). 상황에 대한 이해력을 높이면 서로의 입장을 공감할 수 있는 능력이 증가하고 따라서 학대가 감소할 수 있는 것이다.

3) 윤리강령의 역할

예비교사의 경우 실습을 다녀온 학생들이 윤리에 대한 인식이 높게 나타나는 등 현장에 대한 이해가 될 때 인성교육이 효과적으로 이루어질 수 있다. 하지만 예비보육교사의 경우 보육현장을 접할 수 있는 기회가 제한적이므로 현장을 이해할 수 있는 다른 접근법이 필요하다. 따라서 본 교재 제2부에서는 보육현장에서 교사가 경험할 수 있는 딜레마 상황을 자세하게 담은 현장사례를 활용하여 예비유아교사가 현장을 간접적으로 경험하게 하고 협동학습을 통해 딜레마 상황에 나타나는 문제를 단계적으로 해결해 보는 경험을 제공하여 예비보육교사의 인성 함양을 도모하고자 한다.

현장사례는 보육교사가 보육을 제공하는 현장의 다양한 맥락에서 발생할 수 있는 여러 사람의 이해관계가 얽혀 있고 정해진 정답이 없으며 쉽게 결정 내리거나 해결할 수 없는 딜레마 상황을 포함하고 있다(박은혜, 2003). 현장사례에 포함되어 있는 딜레마 상황을 찾아내고 단계적으로 문제를 해결하기 위해 예비보육교사는 동료들과 함께 전문적 이론과 지식, 개인적인 경험, 가치관 등을 바탕으로 옳은 판단을 내리고자 노력하게 된다. 하지만 한 집단 내에서도 다양한 가치관이 존재하며, 같은 사람이라도 상황에 따라 가치관이 다르게 적용하기도 하므로 예비교사로서 옳은 도덕적 선택을 내리는 것이 쉽지 않다(박은혜, 2017). 특히, 딜레마 상황이란 두 가지 모두 정당화될 수 있는 입장 가운데 한 가지를 선택하는 것으로서 옳은 것과 잘못된 것 중에 하나를 선택하는 것과는 고려해야 하는 사항이 다르다. 그러므로 보육교사로서 따르고 행동해야 할 방법에 대한 기준을 세우고 동일하게 적용하도록 연습하는 것이 필요하다. 보육교사가 보육을 시행하는 과정에서 행동해야 할 옳고 좋은 방법에 관하여 진술해 놓은 것이 바로 보육교사 윤리강령이다. 따라서 본 교재에서는 현장사례를 활용함에 있어서 보육교사 윤리강령에 비추어 윤리적인 판단을 내려볼 수 있도록 구성하고 있다.

정리해 봅시다

❖ 아동학대 정말 보육교사 문제인가?

1. 다음에 제시된 기사를 읽어 보세요.
2. 기사에서 서술된 보육환경에서 근무하는 교사에게 요구되는 인성 덕목은 무엇이 있는지 이야기해 보세요.
3. 아동학대의 원인을 다시 생각해 보세요.

B시 어린이집 학대 사건 "보육교사는 무죄다"

부산 공립 어린이집에서 벌어진 유아 학대 사건으로 며칠간 '워킹맘', '워킹파'들의 분노가 들끓었습니다. CCTV에 잡힌 보육교사의 폭행 장면이 끔찍했을뿐더러 17개월 여자아이의 등에 선명히 남은 시퍼런 멍도 보는 이를 가슴 아프게 했습니다. 말도 못하는 여린 아이를 그렇게 팬 보육교사는 책임을 져 마땅합니다.

하지만 여론은 모든 보육교사에게 돌팔매질을 하고 있습니다. 부산 어린이집 학대사건 기사에 달린 댓글들을 보면 잔인한 인신공격성 글과 비난 글이 대부분입니다. 보건복지부의 보육담당 공무원들, 보육 전문가라는 분들도 "보육교사의 '인식'이 제일 큰 문제"라며 처벌과 단속만 궁리하고 있습니다. 이번 사건이 이렇게 모든 보육교사가 단체로 뭇매를 맞아야 할 일일까요? 보육교사도 우리의 딸이자 동생, 언니, 누나입니다. 그들이 어떤 환경에서 얼마를 받고 일하는지 정책 책임자나 전문가라고 명함 들고 다니시는 분들은 살펴본 적 있나요?

보육교사의 살인적인 근무 환경

애 키워본 분들이면 잘 아실 겁니다. 옛날과 달리 손 많이 갑니다. 저도 아들 둘 키우고 있어서 실상을 절절히 압니다. 평일에 퇴근하면 애들이 빨리 잠들기만을 바라게 되고, 주말 하루 두 놈과 씨름하고 나면 팔다리, 허리가 얼얼합니다. 아무리 제 자식이지만 열불이 나서 속이 뒤집힐 때가 한 두 번이 아닙니다.

하물며 남의 애를 떼로 돌보는 보육교사 심정은 오죽하겠습니까. 보육교사는 만 0세 아이의 경우 교사 한 명이 3명을 돌봅니다.

이 정도면 합리적인 노동이라고 생각하실 만 합니다. 그다음부터가 문젭니다. 1세 아이는 교사 한 명이 5명, 2세는 교사 한 명이 7명을 책임집니다. 다음 단계는 더 황당해집니다. 3세는 교사 한 명이 15명, 4세부터는 교사 한 명이 20명을 돌봅니다. 규정이 이렇다는 거고 현실은 더 가혹합니다. 아이 두어 명 추가하는 것을 허용해 주기 때문입니다.

여러분은 말도 안 통하고 통제도 안 되는 아이를 저렇게 많이 돌보라고 하면 하시겠습니까. 만 3세, 그러니까 우리 나이로 4살이죠, 그런 녀석들 15명을 보육교사 한 명이 돌본다? 사람이 할 짓 아닙니다. 해 보지 않은 사람은 모르는 극한 업무입니다.

보육교사들은 이런 일을 하루에 9시간 합니다. 쉬는 시간, 점심시간도 보장 안 됩니다. "선생님은 점심 먹을 테니 여러분들도 알아서 식사하세요.", "10분간 쉬는 시간이니 여러분들은 그동안 자율학습하고, 쉬한 사람은 스스로 기저귀 갈아 끼세요." 이게 됩니까? 보육교사들은 아이들 낮잠 시간에야 겨우 서둘러 점심을 챙겨 먹습니다. 그리고 애들 깨기 전에 매일 부모들한테 보낼 생활기록부를 씁니다.

이러고 받는 월급이 20만 명 보육교사 평균 140만 원입니다. 가정 어린이집은 98만 원부터 시작합니다. 경력 10년, 20년쯤 돼야 2백만 원 받습니다. 부모들 초중고교 교사들한테 촌지 갖다 바치지 말고 보육교사한테 드려야 합니다.

취재하고 기사 쓰다 보면 어린이집 CCTV 영상을 자주 보게 되는데 영상 속 보육교사들 고생 참 많습니다. 율동을 하나 해도 크고 격하게 합니다. 그래야 애들이 주목하니까요. 반면에 아이들은 사방팔방을 뛰어다니면서 어린이집을 전쟁터로 만듭니다. 대부분 보육교사들은 그런 아이들을 마법에 가까운 기술로 토닥여 키워 주고 있습니다.

CCTV 의무화? 보육교사는 노예?

전국 4만 3천 어린이집에 의무적으로 CCTV를 달자는 법안이 국회에서 발의됐습니다. CCTV로 보육교사의 일거수일투족을 녹화하면서 감시하자는 취지입니다. 한발 더 나아가 부모들이 실시간으로 CCTV 영상을 볼 수 있도록 하자는 주장도 나오고 있습니다. 보육교사를 밀착 감시해서 학대의 씨앗을 없애자는 뜻일 테지요.

이 법을 발의한 국회의원, 이런 주장에 동조해서 인터넷 포털 다음 아고라에서 서명운동하고 계신 분들 입장 바꿔 생각해 봅시다. 자신들을 누가 하루 종일 감시한다면 기분이 어떨지. 국회의 의원회관 의원님들 방에 CCTV를 설치하도록 해서 모든 국민이 실시간 감시하게 하면 국회의원들 어떤 기분일까요? 이 법을 발의한 의원부터 사신해서 CCTV 달아 보시는 건 어떨까요? 보건복지부 보육정책관실, 보육기반과에 CCTV 달아서 모두가 시청하면 보육 담당 공무원들 어떤 기분일까요? 보육교사는 노예가 아닙니다. 이런 잔인한 법을 도대체 누가 생각해냈습니까.

이번 부산 어린이집을 포함해 사회문제로떠들썩하게 다뤄졌던 어린이집 학대사건들 보시면 모두 CCTV 영상 있습니다. CCTV 없어서 아동 폭력 발생한 거 아닙니다. 제발 흥분을 가라앉히시고 사태를 직시합시다.

통제하고 처벌하고... 보육교사를 탄압하라

보건복지부는 이번 달부터 9월까지 지자

체와 합동으로 전국의 모든 어린이집에 대해 안전교육을 실시하고 있습니다. 폭력 추방, 안전사고 예방이 주목적입니다. 또 올해부터는 각 자치단체에 15명 규모의 보육 모니터링단이 꾸려졌습니다. 부모와 보육전문가로 구성된 모니터링단은 관내 보육시설을 돌면서 시설과 교사를 감시합니다.

보육교사와 시설을 처벌하는 법도 강화되고 있습니다. 아동학대가 이뤄진 보육시설에 대해선 정부의 보육료 지원을 중단합니다. 아동학대를 한 보육교사에 대해선 10년 이상 보육시설 취업을 금지하는 법안도 추진되고 있습니다. 앞서 말씀드린 CCTV 의무화 법안도 국회에 발의돼 있고요.

오로지 보육교사를 통제하고 처벌하고 감시하자는 정책입니다. 어린이집은 범죄 집단이고 보육교사는 범죄집단 조직원입니까. 그들을 건전한 사회 구성원으로 보려는 시도는 눈 씻고 찾아봐도 없습니다.

이런 사건이 터지고 모든 보육교사를 범죄인 취급하면 보육교사들은 자기 직업에 대해 환멸을 느끼게 될 겁니다. 직업에 대한 자부심은 애초부터 가질 수 없는 환경이었고요. 보육교사들 열악한 근무 여건에 먼저 관심을 가져 보는 너른 마음을 기대하면 안 될까요? 보육교사들이 어린이집을 지옥 같은 직장으로 여기고 있는데 어떻게 그곳에서 '사랑이 싹트는 보육'이 생길 수 있겠습니까.

SBS NEWS(2013. 4. 28.).

▶ 아동학대가 발생한 원인

- 개인적 요인:
- 기관 요인:
- 사회적 요인:

▶ 보육교사에게 필요한 인성 덕목

- 자아에 관련된 보편적 인성:
- 타인에 관련된 보편적 인성:
- 자아에 관련된 교직 인성:
- 타인에 관련된 교직 인성:

C·H·A·P·T·E·R 02

건강한 나로 살아가기

※ 본 장은 박은혜(2017). 유아교사론(pp. 67-84)에 제시된 내용을 기반으로 구성하였음.

본 장에서는 보육교사가 갖추어야 할 보편적 인성 중에서 자아와 관련된 인성 덕목에 대하여 알아보고자 한다. 몸과 마음이 건강한 사람으로 살아가기 위해 개인으로서 갖추어야 할 보편적 인성 요소를 살펴본다.

생각해 봅시다

❖ 내가 생각하는 내 이미지

1. 두세 명이 모이세요.
2. 각자 본인의 모습을 가장 잘 표현할 수 있는 이미지나 단어를 생각하고 쓰세요.
3. 상대방을 가장 잘 나타낼 수 있는 이미지나 단어를 쓰세요.
4. 내가 생각하는 나와 다른 사람이 생각하는 나의 이미지를 비교해 보세요.

내가 생각하는 나의 이미지	다른 사람이 생각하는 나의 이미지

1. 긍정적인 자아 개념 형성하기

자아 개념은 자기 자신에 대해 가지고 있는 생각을 토대로 스스로를 어떻게 인식하고 있는지와 관련된 개념으로, 자기 인식, 자아 존중, 자기 효능감, 자기 통제 능력을 포함한다. 스스로를 어떤 존재인지 인식하는 자기 인식과 자신을 어느 정도로 중요한 존재로 여기는지 알아보는 자아 존중, 자신의 능력을 어느 정도로 평가하는지 알 수 있는 자기 효능감, 그리고 스스로 자신을 통제할 수 있는지와 관련된 자기 통제 능력은 자아 개념을 형성하는 중요한 영역이다.

일반적으로 자아 개념이 높은 사람은 자신을 있는 그대로 긍정적으로 받아들이고, 자신이 하는 일에 긍지를 가지며, 어떤 상황에서든 자신을 잘 통제하는 경향을 보인다. 한편, 자아 개념이 낮은 사람은 자신에 대한 부정적인 인식을 비롯하여 자신의 일에 대한 효능감이나 통제 능력 또한 낮은 경향을 보인다. 본 절에서는 보육교사의 자아 개념을 구성하는 각각의 요소가 무엇인지 살펴보고, 자아 개념과 관련된 다양한 활동과 체크리스트를 활용하여 자신의 자아 개념을 알아보도록 한다.

1) 자기 인식

자아 개념은 스스로를 정확하게 인식하는 것에서부터 출발한다. 나에 대해 알아보는 가장 첫 단계는 겉으로 드러나는 가족 관계나 종교, 외모, 취미, 고향, 직업 등과 같은 인구통계학적 요인을 바탕으로 알아보는 것이다. 기본적인 인구통계학적 요인들에 대해 알아봄으로써 개인 간의 차이점뿐만 아니라 공통점에 대해서도 생각해 볼 수 있고 예비교사로서 스스로의 강점, 이미지, 실제 등에 대해 알아볼 수 있다.

활동해 봅시다

❖ 나에 대한 퍼즐 만들어 보기

1 가로 세 칸과 세로 세 칸으로 구성된 표를 만들어 보세요.
2 각 칸에 자신을 이 세상에서 가장 독특한 존재로 만들어 주는 것이 무엇인지 생각해서 적어 보세요.
3 네 사람이 조를 이루어 모든 칸을 섞은 후, 공통되는 것을 모아 해당하는 특성을 지닌 조원의 이름을 붙여 보세요.

나에 대해 알아보는 방법 중 하나는 나의 인지 능력을 알아보는 것이다. 다중지능이론을 설명한 가드너(Gardner)는 지능을 개인이 일상생활에서 경험하는 문제들을 해결하는 능력으로 정의하고, 인간이 문제를 해결하는 방식, 즉 인간이 가지고 있는 인지 능력은 각 개인에 따라 다양하며, 각 개인이 가진 장점이 있다고 보았다. 가드너는 초기에 인간의 인지 능력을 언어 지능, 논리 · 수학적 지능, 공간 지능, 신체 · 운동 지능, 음악 지능, 대인 관계 지능, 개인이해 지능, 자연탐구 지능 등 8가지로 분류하였고 이후에 실존 지능을 추가하였다.

예비보육교사로서 내가 강점을 보이는 인지 능력이 무엇인지 잘 인식하고, 또 내가 주로 문제를 해결하는 방법이 무엇인지 알아봄으로써 나에 대한 이해를 높이며, 예비보육교사로서의 마음가짐을 더 갖출 수 있다. 같은 상황의 문제라 할지라도 개인의 인지 능력에 따라 문제를 해결하는 방법이 다를 수 있고 그 문제를 해결하는 데 자신이 가진 강점 지능이 중요한 영향을 미친다. 예를 들어, 새로운 스마트폰 애플리케이션을 설치하는 상황을 가정해 보자. 언어 지능이 발달한 사람은 먼저 인터넷에서 설치방법이나 사용 후기를 꼼꼼히 읽고 지시에 따라 설치할 것이다. 신체 · 운동 지능이 발달한 사람은 일단 애플리케이션 설치부터 하기 시작한다. 반면, 대인 관계 지능이 높은 사람은 애플리케이션을 잘 다룰 줄 아는 사람에게 부탁할 가능성이 크다. 이와 같이 자신이 가진 강점 지능은 개인이 마주한 문제를 해결하는 방식에 영향을 준다. 그렇기 때문에 후에 보육교사가 되었을 때 자신의 학급을 운영하는 방식, 영유아와의 상호작용, 자신의 교수방법 등 보육교사로서 문제를 마주할 때 그것을 해결하기 위한 방법에도 이 강점 지능이 영향을 미치게 된다.

이러한 다중 지능은 사람에 따라 각 영역의 지능지수가 모두 유사하게 나오는 경우도 있고 편차가 큰 경우도 있다. 대부분의 교사들은 언어 지능과 대인 관계 지능이 높은 편이다. 우리나라 예비유아교사들은 대인 관계 지능〉음악 지능〉언어 지능 순으로 높게 나타났다(황윤세 · 김승옥, 2005).

활동해 봅시다

❖ 나의 다중 지능 알아보기

1 다중 지능 능력 검사 도구의 각 문항을 읽고 자신에게 해당하는 것에 ✓ 표시해 보세요.

⓪ 잘 모르겠다 ① 전혀 그렇지 않다 ② 거의 그렇지 않다
③ 약간 그렇다 ④ 매우 그렇다

2 점수 칸에 문항별 점수, 환산 점수, 영역별 점수를 기록해 보세요.

3 가장 점수가 높은 영역을 확인하고 자신의 지능과 동료의 점수를 비교해 보세요.

▶ 다중 지능 능력 검사 도구

내용	⓪	①	②	③	④
1. 말하고, 쓰고, 읽는 것을 좋아한다.					
2. 글이나 말로 자신을 정확하게 표현한다.					
3. 여러 사람 앞에서 말하는 것을 즐긴다.					
4. 단어 사용 등에 매우 주의를 기울인다.					
5. 단어 게임을 즐긴다.					
6. 패턴을 잘 이해하고 잘 찾아낸다.					
7. 여러 가지 문제를 쉽게 해결한다.					
8. 공식 등을 잘 외운다.					
9. 여러 가지 물건이나 단어 등을 범주로 분류하는 것을 좋아한다.					
10. 복잡한 논리를 따라 하거나 분석을 즐긴다.					

내용	⓪	①	②	③	④
11. 수업 시간 중에 낙서를 자주 한다.					
12. 학습을 할 때 학습 보조물을 사용한다.					
13. 그리기나 찰흙을 가지고 노는 것을 즐긴다.					
14. 방향 감각이 좋고 지도를 잘 본다.					
15. 흉내 내기를 즐긴다 / 정신적인 이미지를 잘 떠올린다.					
16. 의자에 가만히 앉아 있는 것이 매우 힘들다.					
17. 자신의 감정을 표정이나 몸 움직임 등으로 잘 표현한다.					
18. 운동을 잘한다.					
19. 발명을 즐기고 물건을 분해하고 다시 조립하는 것을 좋아한다.					
20. 다른 사람에게 가르쳐 주거나 보여 주는 것을 즐긴다.					
21. 걸어 다니거나 일할 때 콧노래를 흥얼거린다.					
22. 일하는 동안 연필로 책상이나 발, 손가락을 친다.					
23. 노래를 쉽게 기억한다.					
24. 가사를 바꾸어 부르거나 음절을 새로 만들어 낸다.					
25. 일상적인 삶에서 음악적 요소를 찾아낸다.					
26. 거의 모든 일을 주변 사람과 의논하여 한다.					
27. 타인의 말을 잘 경청한다.					
28. 다른 사람의 기분에 민감하게 반응한다.					
29. 다른 사람과 협동해서 일을 잘한다.					
30. 다른 사람의 의도를 빨리 파악하는 편이다.					
31. 매우 본능적이고 경험에 의존한다.					
32. 조용하고 사색을 즐긴다.					
33. 스스로에게 질문을 많이 하고 호기심이 많다.					
34. 자신의 내적 감정을 여러 가지 방법으로 표현할 수 있다.					
35. 독립적이고 혼자서 일하는 것을 좋아한다.					

출처: Lazear, D. G. (1994).

▶ 문항별 점수, 환산 점수, 영역별 점수

문항 번호	내 점수	환산 점수	점수 계산 방법
1			• 문항 점수: 문항의 점수를 그대로 쓴다. • 환산 점수: 문항 점수에 다음과 같은 수를 곱한 점수를 쓴다. 0×0=0 1×0=0 2×1=2 3×2=6 4×3=12 • 영역별 점수: 해당 영역의 환산 점수를 합한 것이다.
2			
3			
4			
5			
언어 지능	총점		
	평균 점수(총점÷5)		
6			
7			
8			
9			
10			
논리 · 수학 지능	총점		
	평균 점수(총점÷5)		
11			
12			
13			
14			
15			
공간 지능	총점		
	평균 점수(총점÷5)		
16			
17			
18			
19			
20			
신체 · 운동 지능	총점		
	평균 점수(총점÷5)		
21			
22			
23			
24			
25			
음악 지능	총점		
	평균 점수(총점÷5)		

문항 번호	내 점수	환산 점수	점수 계산 방법
26			
27			
28			
29			
30			
대인 관계 지능	총점		
	평균 점수(총점÷5)		
31			
32			
33			
34			
35			
개인이해 지능	총점		
	평균 점수(총점÷5)		

▶ 나와 동료의 영역별 지능 점수

영역	나의 점수	동료 1 점수	동료 2 점수
언어 지능			
논리 · 수학 지능			
공간 지능			
신체 · 운동 지능			
음악 지능			
대인 관계 지능			
개인이해 지능			

2) 자아 존중

자아 존중은 개인이 스스로를 어떻게 생각하고 있는지를 나타내는 것이다. 일반적으로 자아 존중감이 높으면 자신이 이루고자 하는 목표에 대한 인식이 뚜렷하므로 진로를 일찍 결정하는 경향이 높다. 뿐만 아니라 자아 존중감이 높으면 자신을 존중하는 만큼 타인을 배려하는 경향이 있으므로 학습자를 더욱 잘 이해하고, 동료들과의 원만한 대인 관계를 형성한다. 아울러 자신에 대해 긍정적이므로 자신이 선택한 직무에도 비교적 높은 만족도를 보인다(오영희 외, 2008; 차현화 · 김현, 2008).

이와 같은 자아 존중감은 신체적 자아 존중감, 정서적 자아 존중감, 정체적 자아 존중감, 가족수용 자아 존중감, 인지적 자아 존중감으로 구성된다(Harter & Pike, 1984). 신체적 자아 존중감은 운동이나 실외놀이 등에서 자신의 신체를 잘 조절하고 즐겁게 참여할 수 있는 능력을 비롯한 건강, 신체적 외모에 대한 자아 존중감이다. 정서적 자아 존중감은 주어지는 과제수행 능력에 대한 능력감, 자신감, 성취감, 독립심, 만족감 등에 대한 자아 존중감을 의미하며, 정체적 자아 존중감은 나 스스로 대한 만족감, 행복감 능 자아에 대한 존중삼을 의비한다. 가족수용 자이 존중감은 가족에게 느끼는 행복감과 부모와의 관계에서 느끼는 정서적 안녕감이며, 마지막으로 인지적 자아 존중감은 기본적인 학습활동의 수행 능력, 의사소통 능력과 호기심, 문제해결 능력에 대해 스스로가 지각하는 역량을 의미한다.

활동해 봅시다

❖ 자아 존중감 검사

1 자아 존중감 검사 도구의 각 문항을 읽고, 자신을 잘 나타내는 번호에 ✓ 표시해 보세요.

① 전혀 그렇지 않다　　② 대체로 그렇지 않다
③ 대체로 그렇다　　④ 항상 그렇다

2 자아 존중감 검사 도구의 내 점수 칸에 문항별 점수를 기록해 보세요.

[점수 계산 방법]

- 문항의 점수를 그대로 쓴다.
- (*)은 역채점 문항이다. 역채점 문항 점수는 표기한 점수와 대비되는 점수로 계산한다. 예를 들어, 역채점 문항에 1점을 표기한 경우, 대비되는 점수인 4점으로 계산한다.
- 해당 영역의 환산 점수를 합한 것을 영역별 문항수로 나누어 평균을 낸다.
- 점수 계산의 예

문항 번호(*는 역채점)	척도				내 점수
	①	②	③	④	
1번 문항			✓		3점
2번 문항(*)		✓			3점
3번 문항(*)	✓				4점
4번 문항(*)				✓	1점
총점	1번 + 2번 + 3번 + 4번				11점
평균	11점 ÷ 4문항				2.75점

3 자아 존중감 하위 영역별로 총점과 평균 점수를 기록해 보세요.

4 가장 점수가 높은 영역을 확인해 보세요.

검사 결과를 통해 나온 영역별 평균 점수가 4점에 가까울수록 높은 역량을 갖고 있는 것을 의미하며, 1점에 가까울수록 낮은 역량을 갖고 있는 것을 의미합니다.

한편, 영역의 총점에 대한 평균 점수는 전체 자아 존중감에 대한 점수를 의미하는 것으로 이 역시 4점에 가까울수록 자아 존중감이 높은 것을 의미하며, 1점에 가까울수록 자기존중감이 낮은 것을 의미합니다.

5 가장 점수가 높은 영역을 확인하고 자신의 지능과 동료의 점수를 비교해 보세요.

▶ 자아 존중감 검사 도구

내용	①	②	③	④	내 점수
1. 내 얼굴은 다른 사람에게 호감을 준다.					
2. 나는 외모 때문에 괴롭다(*).					
3. 나는 내가 원하는 만큼 멋있다.					
4. 나의 눈은 매력적이다.					
5. 나는 지금 나의 외모에 만족한다.					
6. 나는 매력적인 사람이다.					
신체적 자아 존중감 / 총점					
신체적 자아 존중감 / 평균 점수(총점÷6)					
7. 나는 명랑한 사람이다.					
8. 나는 나 자신을 믿을 수 있는 사람이라고 생각한다.					
9. 나는 슬프다(*).					
10. 나는 나의 도덕적인 행동에 만족한다.					
11. 나는 쓸모없는 사람이라는 생각이 든다(*).					
12. 나는 존경받을 만하다고 생각한다.					
13. 나는 나쁜 사람이다(*).					
정서적 자아 존중감 / 총점					
정서적 자아 존중감 / 평균 점수(총점÷7)					
14. 나는 세상일이 즐겁다.					
15. 나는 나 자신에 대해 자신감을 갖는 편이다.					
16. 나는 나 자신을 높게 평가한다.					
17. 나는 나 자신을 업신여긴다(*).					
18. 나는 쉽게 포기하지 않는다.					
19. 나는 '현재의 나'에 대해 만족한다.					
20. 나는 행복한 사람인 것 같다.					
21. 나는 내가 하는 일에 만족하고 있다.					
22. 나는 내가 아닌 다른 사람이 되었으면 좋겠다고 생각한다(*).					
정체적 자아 존중감 / 총점					
정체적 자아 존중감 / 평균 점수(총점÷9)					
23. 나는 행복한 가족의 한 사람이다.					
24. 나는 우리 집에서 불필요한 사람이라는 느낌이 든다(*).					

내용		①	②	③	④	내 점수
25. 나는 가족들과의 관계에 만족한다.						
26. 나는 다른 사람들과 어울리기를 좋아한다.						
27. 나는 내가 다른 사람을 대하는 태도에 만족한다.						
28. 내 친구들은 나의 행동을 좋아한다.						
29. 우리 가족들은 나를 믿는다.						
30. 친구들은 나와 함께 놀기를 좋아한다.						
31. 나는 다른 사람들과 친하게 지내기가 어렵다(*).						
32. 나는 우리 가족에게 중요한 사람이다.						
33. 나는 다른 사람과 사이좋게 지낸다.						
34. 우리 부모님은 나를 이해하신다.						
가족수용 자아 존중감	총점					
	평균 점수(총점÷12)					
35. 나는 나의 능력이 공부하는 데 적합하지 않다고 생각한다(*).						
36. 나는 과 친구들에게 중요한 사람으로 인정받고 있다.						
37. 나는 과 친구들 앞에서 발표를 잘한다.						
38. 나는 앞으로 새로운 학습 과제를 시작할 능력이 있다.						
39. 내 성적은 우리 형제들의 성적보다 우수하다.						
40. 나는 학교에 가는 것을 좋아한다.						
41. 교수님은 나에 대해 높은 기대를 하고 있다.						
42. 나는 수업 시간 중에 질문을 받을 때 긴장한다(*).						
43. 나는 형제들보다 학습 능력이 우수하다.						
44. 나는 시험에서 만족스러운 점수를 받을 수 있다고 생각한다.						
45. 나는 부모님과 함께 즐거운 시간을 보낸다.						
46. 나는 나의 학교 성적이 형편없다고 생각한다(*).						
47. 나는 주어진 학습 과제를 끝마칠 능력이 있다.						
48. 내 성적은 친구들의 성적보다 우수하다고 생각한다.						
49. 나는 학교 공부에 만족한다.						
50. 나는 내가 부족한 과목들을 보충할 능력이 있다고 생각한다.						
52. 나는 내 성적표를 자랑스럽게 여긴다.						
인지적 자아 존중감	총점					
	평균 점수(총점÷17)					

(*) 표시는 역채점 문항임

▶ 나와 동료의 영역별 지능 점수

영역	나의 점수	동료 1 점수	동료 2 점수
신체적 자아 존중감			
정서적 자아 존중감			
정체적 자아 존중감			
가족수용 자아 존중감			
인지적 자아 존중감			
총계			

3) 자기 효능감

자기 효능감이란 자신이 하는 일을 수행하는 능력이 어느 정도인지 평가하는 것을 의미한다. 일반적으로 자아 효능감이 높은 교사는 가르치는 일에 자신감을 갖고, 학습자의 입장을 잘 고려한다. 이와 같은 자아 효능감은 가르치는 영역에 따라 다른 정도로 나타나는 맥락 특정적인 특성을 갖고 있다.

자기 효능감은 자신감, 자기조절 효능감, 과제 난이도 선호의 세 개 하위 영역으로 구성되어 있다(김아영, 2004). 자신감은 자신의 가치와 능력에 대한 개인의 확신 또는 신념의 정도로, 능력을 요하는 과제 또는 행위를 할 때 얼마나 잘할 수 있을 것이라는 효능성에 대한 판단을 결정하게 된다. 자기 효능감을 결정하는 또 다른 개념은 목표와 관련된 과제 수준 선호가 있다. 자기 효능감이 높은 사람일수록 도전적이고 어려운 목표를 선호하며, 높은 목표는 높은 수행을 가져오고 그 결과 긍정적인 정서반응이 나타나면서 긍정적 순환을 야기한다. 한편, 자기조절 효능감은 달성해야 할 목표가 있는 수행 상황에서 목표 달성을 위해 필요한 자기조절 전략 또는 기술을 얼마만큼 스스로가 가지고 있는지에 대한 확신 정도를 의미한다.

활동해 봅시다

❖ 자기 효능감 도구

1 다음의 각 문항을 읽고, 자신을 잘 나타내는 번호에 ✓ 표시해 보세요.

① 전혀 그렇지 않다　② 대체로 그렇지 않다
③ 대체로 그렇다　④ 항상 그렇다

2 자기 효능감 검사 도구의 내 점수 칸에 문항별 점수를 기록해 보세요.

[점수 계산 방법]

- 문항의 점수를 그대로 쓴다.
- (*)은 역채점 문항이다. 역채점 문항 점수는 표기한 점수와 대비되는 점수로 계산한다. 예를 들어, 역채점 문항에 1점을 표기한 경우, 대비되는 점수인 4점으로 계산한다.
- 해당 영역의 환산 점수를 합한 것을 영역별 문항 수로 나누어 평균을 낸다.
- 점수 계산의 예

문항 번호(*는 역채점)	척도				내 점수
	①	②	③	④	
1번 문항			✓		3점
2번 문항(*)		✓			3점
3번 문항(*)	✓				4점
4번 문항(*)				✓	1점
총점	1번 + 2번 + 3번 + 4번				11점
평균	11점 ÷ 4문항				2.75점

3 자기 효능감의 각 하위 영역에 속하는 문항 점수를 모두 합한 후 평균을 내어 보세요.

4 영역별 평균 점수와 총 평균 점수를 확인해 보세요.
검사 결과를 통해 나온 영역별 평균 점수가 4점에 가까울수록 높은 역량을 갖고 있는 것을 의미하며, 1점에 가까울수록 낮은 역량을 갖고 있는 것을 의미합니다.
한편, 영역의 총점에 대한 평균 점수는 전체 자기 효능감에 대한 점수를 의미하는 것으로 이 역시 4점에 가까울수록 자기 효능감이 높은 것을 의미하며, 1점에 가까울수록 자기 효능감이 낮은 것을 의미합니다.

5 가장 점수가 높은 영역을 확인하고 자신의 지능과 동료의 점수를 비교해 보세요.

▶ 자아 효능감 검사 도구

내용	①	②	③	④	내 점수
1. 나는 위험한 상황에서 잘 대처할 수 없을 것 같아서 불안하다(*).					
2. 어떤 일을 시작할 때 실패할 것 같은 느낌이 들곤 한다(*).					
3. 나는 큰 문제가 생기면 불안해져서 아무것도 할 수가 없다(*).					
4. 주변 사람들이 나보다 모든 일에서 뛰어난 것 같다.					
5. 나는 위협적인 상황에서는 스트레스를 필요 이상으로 받는다(*).					
6. 나는 부담스러운 상황에서는 우울함을 느낀다(*).					
7. 나는 어려운 일이 생기면 불안해져서 아무것도 할 수가 없다(*).					
자신감 / 총점					
자신감 / 평균 점수(총점÷7)					
8. 나는 어려운 상황을 극복할 수 있는 능력이 있다.					
9. 나는 계획을 잘 짤 수 있다.					
10. 나는 어떤 일의 원인과 결과를 잘 분석해 낼 수 있다.					
11. 나는 일을 조직적으로 처리하는 편이다.					
12. 나는 항상 목표를 세우고 그것에 비추어서 일의 진행 상태를 확인한다.					
13. 나는 주어진 일을 하기 위해 정보를 충분히 활용할 수 있다.					
14. 나는 내가 할 수 있는 일과 그렇지 않은 일을 판단할 수 있다.					
15. 어떤 일이 처음에는 잘 안되더라도 나는 될 때까지 해 본다.					
16. 어떤 문제에 대한 나의 판단은 대체로 정확하다.					
17. 나는 일이 잘못되고 있다고 생각되면 빨리 바로 잡는다.					
18. 나는 어려움이 있을 때도 지속적으로 노력한다.					
19. 나는 무슨 일이든 정확하게 처리한다.					
자기조절 효능감 / 총점					
자기조절 효능감 / 평균 점수(총점÷12)					
20. 어렵거나 도전적인 일에 매달리는 것은 재미있는 일이다.					
21. 일은 쉬운 것일수록 좋다(*).					
22. 만일 일을 선택할 수 있다면 나는 어려운 것보다는 쉬운 것을 선택할 것이다(*).					
23. 아주 쉬운 일보다는 차라리 어려운 일을 좋아한다.					
24. 좀 실수를 하더라도 어려운 일을 좋아한다.					
과제 선호 난이도 / 총점					
과제 선호 난이도 / 평균 점수(총점÷5)					

출처: 김아영(2004).

▶ 나와 동료의 영역별 지능 점수

영역	나의 점수	동료 1 점수	동료 2 점수
자신감			
자기조절 효능감			
과제 선호 난이도			
총계			

4) 자기 통제

자기 통제 능력은 다양한 상황 속에서 스스로를 적절히 통제할 수 있는 힘으로, 자신의 감정과 행동을 관리하고 좌절을 인내하는 능력의 연령에 따른 변화를 의미한다. 자기 통제 능력은 개인이 마주한 상황의 원인을 외적인 부분과 내적인 부분 중 어디에 두는지에 따라 다르게 나타난다.

일반적으로 사건의 원인을 외부에서 찾는 사람의 경우, 문제가 발생했을 때 상대방 또는 환경을 탓하는 경우가 많다. 반면, 사건의 원인을 내부에서 찾는 사람의 경우, 문제해결 시 자신을 먼저 반성하는 경향이 있다. 교사로서 전자의 성향이 강한 사람은 학급 운영 중에 문제가 생겼을 때 자신을 반성하기보다는 동료 교사나 유아, 부모를 탓하는 경우가 많다. 한편 후자의 경우, 유사한 상황에 처했을 때 자신을 돌아보는 반성적 사고를 함으로써 상황을 개선하고자 하는 성향이 강하다.

활동해 봅시다

❖ Locus of Control 검사

1. 다음의 각 문항에는 두 가지 입장이 있습니다. 그중 자신의 의견에 가장 가까운 것을 골라 ✓로 표시해 보세요. 두 가지 의견에 모두 동의하지 않더라도 둘 중에서 자신의 생각에 더 가까운 곳을 표시해 보세요.
2. 두 가지 의견 중 자신의 의견이 더 많은 비중을 차지하고 있는 의견을 살펴보세요.

▶ 자기 통제 검사 도구

a	b	a	b
아이들이 빗나가는 것은 부모가 너무 야단치기 때문이다.	아이들이 빗나가는 것은 부모가 너무 얼러 기르기 때문이다.		
일어날 일은 기어코 일어나고야 만다.	노력하지 않고 운수만 믿었을 때는 결과가 좋지 않다.		
세상은 착실한 사람이 손해를 보게 마련이다.	착실하게 사는 것은 세상을 잘 사는 방법이다.		
아무리 가르치려고 해도 안 될 아이는 안 된다.	자식은 가르치기 나름이다.		
사람은 모두 이기적이다.	사람의 본성은 남을 돕기를 좋아한다.		
아무리 계획을 잘 짜도 운이 나빠 망치는 경우가 있다.	계획을 잘 짜면 일은 다 된 거나 다름이 없다.		
정치인들이 하는 일에 일반인들이 손을 쓰기란 대단히 어렵다.	하려고만 하면 부정부패는 일소할 수 있다.		
해야 할 일을 분명히 정해 주는 사람이 좋은 지도자이다.	해야 할 일을 스스로 결정하도록 하는 사람이 좋은 지도자이다.		
주는 것 없이 미운 사람은 어쩔 수 없이 밉다.	사람은 사귀어 보면 다 좋다.		
사회의 모든 불평등을 없애기 위해서는 집권자 자신의 이해와 노력이 있어야 한다.	사회의 모든 불평등을 없애기 위해서는 국민 각자가 자기의 권리를 지키고 주장해야 한다.		
연분이 닿아야 좋은 배필을 만난다.	내가 노력해야 좋은 배필을 만난다.		
잘못은 했지만 덮어 두는 것이 좋을 때가 더러 있다.	자기의 잘못을 기꺼이 받아들이는 것이 좋다.		
잘 살고 못 살고는 팔자소관이다.	얼마나 잘 사느냐는 내가 얼마나 열심히 일하느냐에 달려 있다.		
일반 국민은 나랏일에 왈가왈부해 보았자 소용이 없다.	국민도 나랏일에 영향을 줄 수 있다.		
될성부른 나무는 떡잎부터 알아본다.	공든 탑이 무너지지는 않는다.		
사회의 부정은 대개 정치인들에게 잘못이 있어 그렇다.	사회의 부정은 국민 하나하나에 그 잘못이 있다.		
세계적으로 일어나는 일에 대해 우리로서는 어쩔 수 없다.	정치 및 사회적인 일에 적극적으로 참여하면 우리는 세계적으로 일어나는 일에 영향을 미칠 수 있다.		

a	b	a	b
불행한 일이긴 하나 제아무리 노력을 해도 그 가치를 인정받지 못 하는 일이 가끔 있다.	사람이란 결국 자기 값어치에 따라서 존경을 받게 마련이다.		
돈벌이는 먹고 살 수 있을 정도만 하면 된다.	돈벌이는 많이 하면 할수록 좋다.		
농사가 잘되는 것은 하늘의 소관이다.	농사가 잘되고 안 되는 것은 그저 부지런히 일하는 데 있다.		
유능한 사람이라도 운이 나쁘면 지도자가 될 수 없다.	유능하면서도 지도자가 못 되는 것은 그 사람이 자기의 모든 기회를 활용하지 않았기 때문이다.		
합계			

위의 활동 결과 사건의 원인을 환경이나 운으로 돌리려는 경향이 강한 사람은 a 문항에 표시한 개수가 더 많게 나타난다. 반면, 사건의 원인을 개인 내적인 문제 또는 스스로의 노력 부족으로 보는 경향의 사람은 b 문항에 표시한 개수가 더 많게 나타난다.

2. 심리적인 안녕감 유지하기

심리적 안녕감(Psychological well-being)이란 개인이 자신의 삶에 만족하며, 행복감을 느끼고 있는지와 관련하여 전체적인 삶의 만족도를 의미한다(Diener, 1984). 즉, 개인이 일상생활 사건 속에서 적응하며 느끼는 정서에 기반한 개인의 총체적인 감정으로 볼 수 있다.

개인이 자신의 삶에 만족하며, 행복감을 느끼며 건강한 삶을 영위하기 위해서는 무엇보다 나와 타인의 정서를 잘 이해하고, 수용하여 조절하며, 적절히 잘 표현할 수 있는 개인의 역량이 매우 중요하다(김용희, 2012). 이에 본 절에서는 개인적 인성 요소로 정서의 개념과 정서 지능, 정서 노동 부분을 살펴보고자 한다.

1) 정서 개념

정서란 감정, 생각, 행동 등에 대해 느끼는 심리적인 상태를 말하는 것으로 긍정적인 정서와 부정적인 정서가 있다. 보육현장에서 교사는 영유아가 이루어 낸 성과에 희열을 느끼기도 하고, 아무리 노력해도 변할 것 같지 않은 영유아 혹은 학부모, 동료 교사 때문에 절망하기도 하며, 가정에서의 문제로 인해 상처받는 아이들을 보고 자신의 무능함을 탓하기도 한다. 교사는 영유아의 아주 작은 행동 변화에도 감동하고, 감사의 말 한마디에 눈물을 흘리기도 한다. 교사는 또한 영유아뿐만 아니라 학부모와 행정가, 동료 교사와의 관계에서도 수많은 긍정적 또는 부정적 정서를 경험한다. 교실에서 일어나는 교수와 학습, 그리고 보육이라는 상황 속에는 항상 정서적인 차원이 존재하는 것이다(Hargreaves, 2000).

활동해 봅시다

❖ 내가 느끼는 정서

1. 아래의 보육교사가 긍정적 정서와 부정적 정서를 경험하는 상황을 살펴보세요.
2. 나는 어떠한 상황에서 주로 긍정적인 또는 부정적인 정서를 경험하는지 생각해 보고 함께 이야기 나누어 보세요.

▶ 보육교사가 긍정적인 정서를 경험하는 상황

- 영유아가 각 발달 영역에서 성장해 가는 것을 볼 때
- 영유아로부터 사랑과 감사가 담긴 편지를 받을 때
- 놀이에 몰두해 있는 영유아의 모습을 볼 때
- 교사가 준비한 활동에 영유아가 적극적으로 참여하며 흥미를 보일 때
- 오랜 시간이 지난 후 졸업생이 다시 찾아올 때
- 영유아와 개별적으로 대화하고 놀이에 참여하고 농담을 주고받을 때
- 영유아가 성장했음을 보고 부모로부터 감사의 편지를 받을 때
- 동료 교사와 우정을 나눌 때
- 자신의 전문성 신장을 위해 노력할 때

▶ 보육교사가 부정적인 정서를 경험하는 상황
- 준비한 활동에 영유아가 적극적으로 참여하지 않을 때
- 부모가 지나치게 수업이나 기관에서의 생활에 참견할 때
- 수업을 방해하는 영유아가 많이 있을 때
- 신체적으로 피곤할 때
- 동료 교사를 비롯한 기관 내 다른 성인들과의 관계가 좋지 않을 때
- 전문성 신장을 위해 충분한 시간과 여건이 주어지지 않을 때

▶ 내가 긍정적 또는 부정적 정서를 느끼는 상황

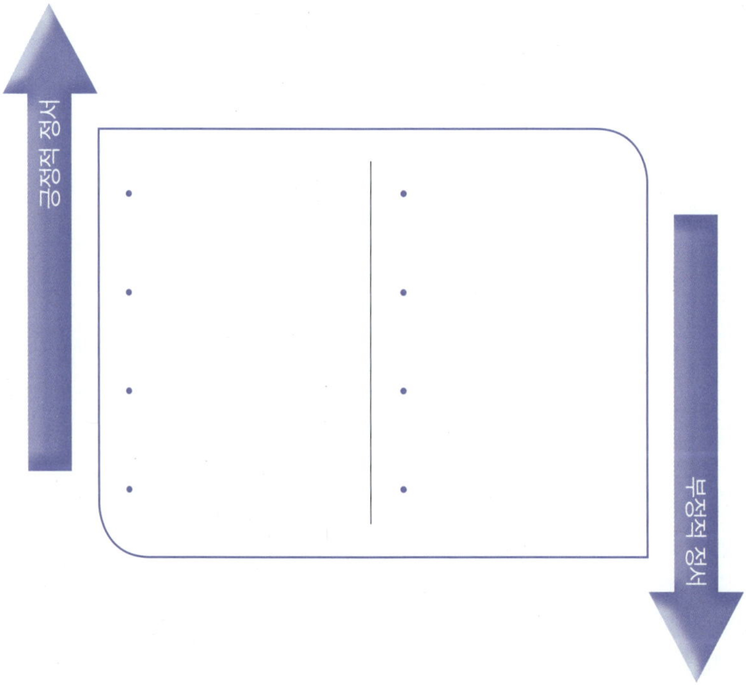

2) 정서 지능

정서 지능이란 개인이 놓여 있는 상황에서 자신과 타인이 경험하고 느끼는 정서를 지각하고, 그에 적합하게 자신의 정서를 조절 · 관리하면서 상대방과의 효과적인 상호작용을 수행할 수 있는 능력이다(Tett & Fox, 2006).

정서 지능은 크게 다섯 가지 요인으로 구성된다(Goleman, 1995). 첫째, 자신의 정서를 인식하는 능력으로, 일상생활에서 자신에게 일어나는 상황 내에서 정서와 기분을 정확하게 인식하고 지각하는 능력이다. 둘째, 자신의 정서를 조절하는 능력으로, 타인에게 끼치는 영향을 생각해서 자신이 속한 사회나 집단이 기대하는 정서 상태로 자신의 정서를 조절하는 능력을 의미한다. 셋째는 자기 동기화이다. 이는 자신의 목표 달성을 위해 일시적으로 만족을 지연하거나 충동성을 최소화시키는 능력이다. 넷째는 타인의 정서를 인식하는 능력으로, 자신뿐만 아니라 타인의 감정과 기분을 인식하고 타인이 느끼는 감정에 이입하여 자신이 느끼는 것처럼 공감하는 능력이다. 마지막으로 대인 관계 조절 능력은 다른 사람과 효과적인 인간관계를 형성할 수 있도록 타인의 감정을 바람직한 방향으로 변환하도록 도와주는 능력을 말한다.

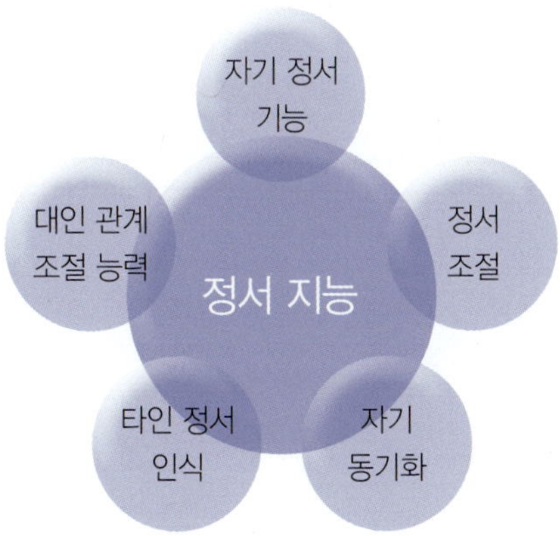

[그림 2-1] 정서 지능 요인

이와 같이 정서 지능은 인간과 관계를 맺거나 상호작용할 때 영향을 미치는 매우 중요한 요소로, 정서 지능이 높으면 자신의 정서에 대한 인식뿐만 아니라 타인의 감정을 이해하는 능력 또한 뛰어나 정서를 효과적으로 조절하여 적절히 사용한다. 따라서 정서 지능은 조직에서의 개인과 조직의 성공에 중요한 영향을 미치게 된다.

최근에는 보육교사의 정서 지능이 직무수행 및 직무스트레스와도 밀접한 관련이 있는 것으로 나타나고 있다(송미선 · 김소양, 2009; 이진화 · 박은혜, 2008). 보육교사의 정서 지능과 관련된 연구 결과에 따르면, 정서 지능이 높은 교사일수록 바람직한 교사 역할을 하며, 의사소통 능력 또한 높은 것으로 나타났다(노은숙 · 부성숙, 2012). 또한, 보육교사의 정서 지능이 교사의 직무스트레스와 역할 수행에 있어서 중요한 영향을 미친다는 연구가 증가함에 따라 보육교사의 정서 지능이 점차 부각되고 있다(이진화 외, 2010; 최현미 외, 2009). 종합하면, 보육교사의 정서 지능이 높으면 보육 시 영유아의 정서를 잘 이해하고 인식할 수 있으며, 다양한 보육 상황 속에서 자신의 감정을 조절하여 영유아의 정서 및 상호작용에 긍정적인 영향을 미치게 된다. 다음은 정서 지능을 측정해 볼 수 있는 도구로, 스스로의 정서 지능을 진단해 보자.

활동해 봅시다

❖ 정서 지능 측정

1 정서 지능 측정 도구의 각 문항을 읽고 자신의 상황에 해당된다고 생각하는 번호에 ✓ 표시해 보세요.

① 전혀 그렇지 않다 ② 그렇지 않다 ③ 보통이다
④ 그렇다 ⑤ 매우 그렇다

2 정서 지능 측정 도구의 내 점수 칸에 문항별 점수를 기록해 보세요.

[점수 계산 방법]

- 문항의 점수를 그대로 쓴다.
- (*)은 역채점 문항이다. 역채점 문항 점수는 표기한 점수와 대비되는 점수로 계산한다. 예를 들어, 역채점 문항에 1점을 표기한 경우, 대비되는 점수인 4점으로 계산한다.
- 해당 영역의 환산 점수를 합한 것을 영역별 문항수로 나누어 평균을 낸다.
- 점수 계산의 예

문항 번호(*는 역채점)	척도					내 점수
	①	②	③	④	⑤	
1번 문항			✓			3점
2번 문항(*)		✓				3점
3번 문항(*)	✓					4점
4번 문항(*)				✓		1점
총점	1번 + 2번 + 3번 + 4번					11점
평균	11점 ÷ 4문항					2.75점

3 정서 지능 하위 영역별로 총점과 평균 점수를 기록해 보세요.

4 가장 점수가 높은 영역을 확인해 보세요.
검사 결과를 통해 나온 영역별 평균 점수 및 총점의 평균 점수가 5점에 가까울수록 높은 정서 지능을 갖고 있는 것을 의미하며, 1점에 가까울수록 낮은 정서 지능을 갖고 있는 것을 의미합니다.

5 가장 점수가 높은 영역을 확인하고 자신의 지능과 동료의 점수를 비교해 보세요.

▶ 정서 지능 검사 도구

문항 내용		①	②	③	④	⑤	내 점수
1. 여러 상황에 처했을 때 내가 어떤 정서를 느끼는지 잘 알고 있다.							
2. 자신의 정서를 잘 이해할 수 있다.							
3. 나는 내가 느끼는 감정이 무엇인지 잘 이해한다.							
4. 항상 내가 행복한지 불행한지 잘 알고 있다.							
자기 정서인식	총점						
	평균 점수(총점÷4)						

문항 내용		①	②	③	④	⑤	내 점수
5. 친구들의 행동을 보고 그 친구의 정서가 어떠한지 잘 파악한다.							
6. 다른 사람의 정서를 잘 파악할 수 있다.							
7. 다른 사람들의 느낌과 정서를 잘 감지한다.							
8. 주변 사람들의 정서를 잘 파악한다.							
타인 정서인식	총점						
	평균 점수(총점÷4)						
9. 항상 나름대로의 목표를 세우고 이를 성취하기 위해 최선의 노력을 한다.							
10. 나는 내가 능력 있는 사람이라고 생각한다.							
11. 스스로에게 동기 부여를 잘할 수 있다.							
12. 내가 최선의 노력을 기울일 수 있도록 스스로를 격려한다.							
정서활용	총점						
	평균 점수(총점÷4)						
13. 기분을 조절할 수 있고 내가 처한 어려움을 이성적으로 처리한다.							
14. 나는 나의 정서를 잘 다스릴 수 있는 능력이 있다.							
15. 매우 화가 났을 때 빠르게 감정을 가라앉힐 수 있다.							
16. 자신의 감정을 잘 통제할 수 있다.							
정서조절	총점						
	평균 점수(총점÷4)						

합계 (총점)		평균 점수 (총점÷16)	

출처: Wong & Law(2002).

▶나와 동료의 영역별 정서 지능 점수

영역	나의 점수	동료 1 점수	동료 2 점수
자기 정서인식			
타인 정서인식			
정서활용			
정서조절			
총계			

3) 정서노동

정서노동이란 한 개인이 경험하는 실제적인 정서와 조직 또는 직업에서 요구하는 정서 간의 차이가 나타날 때, 효과적인 업무 수행을 위하여 자신의 실제 정서를 통제하고 조직에서 요구하는 정서를 나타내려는 노력을 의미한다(Hochschild, 1979).

어린 영유아를 대상으로 하는 보육교사에게는 사회나 부모가 당연하게 기대하는 긍정적인 정서가 있다. 그러나 실제로 교사가 보육현장에서 언제나 긍정적인 정서만을 느끼는 것은 아니다. 반복되는 문제나 상황에 지치거나 화가 나기도 하고, 좌절감을 느끼기도 한다. 그러나 교실에서 교사는 영유아에게 화를 내거나 짜증을 내기보다는 이를 억누르고 긍정적인 정서를 드러내려고 노력한다. 이때 느끼는 부정적인 정서를 누르는 노력을 정서노동이라고 하는데, 영유아를 대상으로 하는 보육교사직은 정서노동이 심한 직업 가운데 하나이다(이진화 · 박은혜, 2008). 보육교사는 직업의 특성상 영유아 및 학부모의 정서적 요구에 맞추기 위하여 자신의 정서를 통제하고 조절해야 하는 경우가 빈번하며, 이 과정에서 정서노동을 경험하게 된다. 다음은 보육교사로서 일과 시간 동안 느끼는 정서 상태를 점검해 보는 활동이다.

활동해 봅시다

❖ 나의 일상생활 정서라인 그리기

1. 아래 그래프와 같이 시간이라고 쓰인 곳에 하루 일과를 순서대로 기록하세요. 하루 동안 진행한 활동을 기록해도 좋고 10~20분 단위의 시간으로 기록해도 상관없습니다.
2. 해당 시간에 자신이 느꼈던 가장 대표적인 감정을 떠올리고 그것이 긍정적인 것이었는지 아니면 부정적인 것이었는지, 어느 정도였는지 기록하세요.
3. 당시 실제로 느꼈던 정서를 실선(———)으로 그려 보고, 실제 느낀 것을 감추고 겉으로 드러냈던 정서를 점선(---------)으로 그려 보세요. 점선과 실선 사이의 불일치 정도가 심하면 정서노동을 하고 있는 것입니다.

▶ 정서라인 그림의 예

[예]

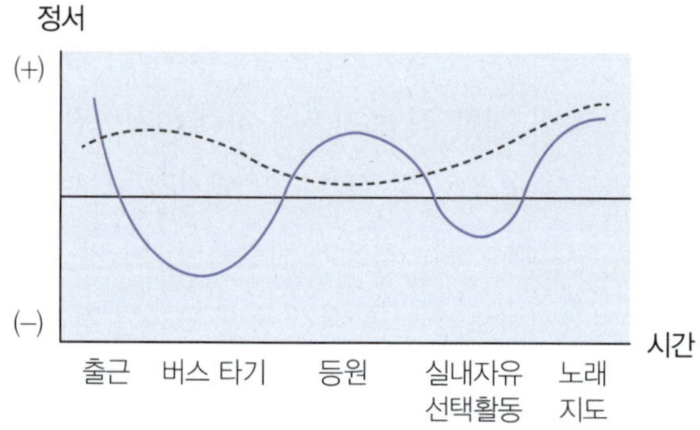

출처: 박은혜(2017). p. 304 재구성.

▶ 나의 정서라인 그리기

정리해 봅시다

❖ 건강한 나로 살아가기

1. 동화 『줄무늬가 생겼어요』를 함께 읽어 보세요.
2. 동화 속 주인공이 경험한 어려움과 해결방안, 관련 경험에 대해 함께 이야기 나누어 보세요.
3. 건강한 나로 살아가기 위해 스스로 노력해야 할 부분에 대해 함께 이야기 나누어 보세요.
4. 실제 현실에서 부정적인 정서에 대처하는 나만의 노하우를 함께 공유해 보세요.

〈동화 『줄무늬가 생겼어요』〉

데이빗 섀논 글 · 그림 / 조세현 옮김 /
비룡소(2006)

C·H·A·P·T·E·R 03

좋은 관계 맺기

본 장에서는 보육교사가 갖추어야 할 보편적 인성 중에서 타인과 관련된 인성 덕목에 대하여 알아보고자 한다. 크고 작은 사회관계 속에서 타인과 좋은 관계를 맺고 살아가는 개인이 되기 위해 필요한 보편적 인성 요소를 살펴본다.

생각해 봅시다

❖ 함께 더불어 살아가며 좋은 관계를 맺는 데 필요한 것은 무엇일까?

1 「꾹 참았네」(김진영 작사·작곡) 노래를 들어 보세요.
2 노랫말에서 나타난 인성 요소가 무엇인지 이야기 나누어 보세요.
3 좋은 관계를 형성하고 살아가는 데 중요한 인성 요소는 무엇인지 이야기 나누어 보세요.

1절 친구가 내 곁을 지나가다가 내가 만든 집을 무너뜨렸네.
쿵~ 하고 싶지만 꾹 참았네.
친구야, 친구야, 다음부터 그러지 마라.
다음부터 그러지 마라.

2절 내가 그린 그림을 가져갔다네.
3절 나를 보고 놀리며 웃어 대었네.
4절 내 마음을 아프게 하고 갔다네.

▶ 노랫말에 나타난 인성 요소
•
•
•
•

▶ 다른 사람과 좋은 관계 형성을 위해 중요한 인성 요소
•
•
•
•

1. 배려와 협동으로 사회관계 맺기

나와 다른 사람이 더불어 살아가는 크고 작은 사회관계 속에서 배려하고, 협동할 수 있는 역량은 매우 중요하다. 일반적으로 타인과 좋은 관계를 형성하는 경향의 사람들의 경우, 나 개인의 관점에서뿐만 아니라 다른 사람의 관점에서 생각하고 행동하며, 사회 구성원으로서의 역할을 충실히 잘 해내는 경향이 있다. 이에 본 절에서는 사회관계 안에서의 보편적 인성 요소 중 배려와 협동의 요소를 살펴보고, 이와 관련된 활동을 통해 자신의 배려심, 협동심은 어떠한지 알아보자.

1) 배려

보육현장에서 다양한 연령의 영유아를 비롯하여 동료 교사, 기관장, 학부모 등 여러 사람들과 관계를 형성하는 보육교사에게 타인에 대한 관심과 이해, 보살피는 데 필요한 배려는 매우 중요한 인성 요소이다. 이와 같은 배려는 타인에 대한 민감성, 온정성, 그리고 타인에 대한 배려에 기반하여 나타난다.

활동해 봅시다

❖ 배려를 마주한 순간

1 최근 내가 배려받았던 경험을 떠올리고, 공유해 보세요.
2 최근 내가 다른 사람을 배려했던 경험을 떠올리고, 공유해 보세요.
3 내가 속한 조직이나 단체(학교, 학급, 동아리, 모임)에서 배려가 필요한 여러 가지 상황, 배려를 주고받는 상황에 필요한 것, 내가 실천할 수 있는 것에 대해 이야기 나누어 보세요.

▶ 내가 속한 조직이나 단체 내에서 배려가 필요한 상황과 내가 실천할 수 있는 것은?

•

•

배려는 다른 사람을 도와주거나 보살펴 주고, 마음을 쓰는 것을 의미한다. 이러한 배려는 〈표 3-1〉과 같이 민감성, 온정성, 타인에 대한 배려와 같은 하위 구성 요소를 가지고 있다. 민감성은 타인의 감정이나 성향을 파악하고 이에 대한 이해가 빠른 성향을 의미한다. 온정성은 타인의 입장에 서서 감정을 이해하고, 공감하며, 이를 변화시키는 데 노력을 기울이는 성향을 의미한다. 마지막으로 타인에 대한 배려는 타인이 필요로 할 때 적절히 도움을 제공하거나 정서적으로 위로를 하는 성향을 의미한다.

민감성, 온정성, 타인에 대한 배려를 기반으로 하는 배려는 다른 사람과 맺는 매우 기본적인 관계로서, 타인에게 관심과 이해를 가짐으로써 관계를 형성하고, 나아가 자신을 되돌아보고 성장시킨다.

〈표 3-1〉 배려 하위 구성 요소 및 개념

하위 구성 요소	개념
민감성	• 타인의 성향이나 성격에 대한 파악 • 타인의 감정에 대한 이해
온정성	• 타인의 어려운 상황에 대한 공감 • 타인의 어려운 상황을 변화시키는 데 시간 할애 • 타인의 입장에 서서 감정 이해
타인에 대한 배려	• 타인의 격려가 필요할 때 적절한 도움 및 충고 제공 • 타인의 감정 위로 • 타인에게 보여 주는 공감적 위로

출처: 지은림 외(2013).

활동해 봅시다

❖ 나의 배려 지수 검사

1 인성 지수 검사 도구 중 배려심에 대한 각 문항을 읽고 자신에게 해당하는 것에 ✓ 표시해 보세요.

① 전혀 그렇지 않다　② 약간 그렇지 않다
③ 약간 그렇다　④ 매우 그렇다

2 검사 도구의 내 점수 칸에 문항별 점수를 기록하고 총점과 평균을 구해 보세요.

[점수 계산 방법]

- 문항의 점수를 그대로 쓴다.
- (*)은 역채점 문항이다. 역채점 문항 점수는 표기한 점수와 대비되는 점수로 계산한다. 예를 들어, 역채점 문항에 1점을 표기한 경우, 대비되는 점수인 4점으로 계산한다.
- 해당 영역의 환산 점수를 합한 것을 영역별 문항 수로 나누어 평균을 낸다.
- 점수 계산의 예

문항 번호(*는 역채점)	척도				내 점수
	①	②	③	④	
1번 문항			✓		3점
2번 문항(*)		✓			3점
3번 문항(*)	✓				4점
4번 문항(*)				✓	1점
총점	1번 + 2번 + 3번 + 4번				11점
평균	11점 ÷ 4문항				2.75점

3 친구와 점수를 비교해 보고 점수가 타당한지에 대해 이야기해 보세요.

▶ 인성 지수 검사 도구 중 배려심 검사 도구

내용	①	②	③	④	내 점수
1. 약한 사람을 위해 배려하는 것은 중요하다.					
2. 학교에서 친구를 따돌리는 것은 나쁘다.					
3. 홍수로 재난을 당한 사람들을 위해 기금을 모금한다면 참여하고 싶다.					
4. 나와 다른 환경에 있는 사람들도 이해하려고 노력할 필요가 있다.					
5. 나는 사회에서 소외당하는 사람이 있으면 그 사람들의 고통을 이해하려고 노력하는 편이다.					
6. 나는 먹을 것이 없어 굶어 죽어가고 있는 다른 나라의 어린이들을 생각하면 마음이 아프다.					
7. 나는 모둠과제나 학급활동을 위해 필요하다면 친구와 협력해야 한다고 생각한다.					

내용	①	②	③	④	내 점수
8. 나는 신체적으로 어려움이 있는 친구가 도움을 필요로 할 때 도움을 준다.					
9. 나는 다른 나라 사람들이나 문화에 대해 개방적인 태도를 갖고 이해하려고 노력한다.					
10. 다른 사람의 감정을 존중하는 것은 중요하다.					
11. 나는 친구가 우울해 보이면 걱정이 된다.					
12. 친구가 어려움에 처해도 나와 상관없다(*).					
13. 조별과제를 할 때 어려워서 잘 못 하는 친구가 있으면 그 친구를 도와주어야 한다고 생각한다.					
14. 나는 친구가 슬퍼하고 있으면 위로해 준다.					
15. 나는 버스에 앉아 있을 때, 몸이 불편한 사람이 오면 자리를 양보한다.					

합계 (총점)		평균 점수 (총점÷15)	

(*) 표시는 역채점 문항임

출처: 지은림 외(2013).

▶ 나와 동료의 배려심 지수

영역	나의 점수	동료 1 점수	동료 2 점수
배려심 지수			

2) 협동

보육현장에서 영유아의 성장과 최적의 발달을 지원하고, 이루기 위해서는 영유아와 부모-교사 간, 그리고 교사 상호 간 신뢰로운 관계 안에서 함께 소통하고, 협동하여 나아가는 것이 중요하다.

활동해 봅시다

❖ 협동이 필요한 활동해 보기

1 다른 사람과의 협동이 필요한 활동(예: 2인 3각 활동, 꼬마야 꼬마야 등)을 해 보세요.
2 활동이 성공하기 위해 각자 어떤 역할을 했는지 이야기 나누어 보세요.

협동이란 자신의 이익보다 집단의 이익을 우선으로 존중하고, 집단 활동에 즐겨 참여하며, 집단에서 결정된 사항을 준수하여 잘 협력하는 정도를 말한다(이경희, 2012). 협동의 과정은 협업과 조정, 협력에 기반하여 이루어진다. 이는 협동의 하위 구성 요소가 되며, 각각의 구성 요소에 대한 개념은 〈표 3-2〉와 같다.

〈표 3-2〉 협동 하위 구성 요소 및 개념

하위 구성 요소	개념	
협업	• 목표에 대한 명확한 이해 • 정보의 공유	• 자원의 분배 • 분배된 문제의 해결
조정	• 역할 분담 • 일정 계획	• 목표에 대한 공유 • 역할과 일정의 조절
협력	• 목표와 미션에 대한 합의 • 구성원 간 견고한 관계 형성	• 구성원 간 견고한 소통 형성 • 결과와 보상의 공유

출처: 교육부(2014).

협동은 집단이 공동의 목적을 달성하기 위해서 함께 일하는 것을 의미하며, 협동하는 상황에서 개인은 자신과 모든 구성원들에게 유익한 결과를 추구한다. 따라서 원활한 협력 관계를 형성하기 위해서는 구성원 서로가 상호 간의 목표에 대한 명확한 이해가 필요하며, 자원, 정보 등의 공유 및 소통 과정을 통해 각자에게 분배된 역할을 적절하게 해결해 나갈 수 있어야 한다.

활동해 봅시다

❖ 갈등은 줄이고, 협동은 늘리고!

1 다음은 『교사다움: 영유아 교사를 위한 인성 지침서』 중 일부분입니다.
2 다음 글을 읽고 학급을 함께 운영해 가는 동료 교사와의 갈등이 발생했을 때, 갈등을 해결하기 위한 지혜를 함께 이야기 나누어 보세요.

두 사람 관계, 척 보면 압니다

어릴 때 코미디 프로그램에서 "척 보면 압니다."라는 유행어가 있었다. 그 말처럼 두 교사가 함께 맡은 교실을 척 보면 두 사람 간의 관계를 단박에 알 것 같다. 사이가 좋은지, 사이가 틀어졌는지, 아이들 표정에 그 답이 있다. 아이들이 싱싱하게 가지를 뻗으며 자라는지, 시들시들 못 자라기만 하는지 그게 보인다.

요즘 유치원과 어린이집에서는 혼자 학급을 맡는 경우보다 공동 담임제, 부교사나 보조교사제도 등으로 팀티칭을 하는 경우가 많다. 그래서 동료 교사와의 심리전도 만만치 않은 스트레스이다. 엄마뻘 나이의 선임교사가 일상생활까지 시시콜콜 잔소리해서 취업을 한 건지, 시집을 간 건지 모르겠다는 신입교사도 있다. 능력자 경력교사가 모든 결정권을 가진 교실에서 자기 의견을 말해야 하는지, 매번 참아야 하는지 모르겠다는 교사도 있다. 사소한 의견 충돌, 상처를 주는 말투, 부당한 업무 분장, 훈육에 대한 의견 차이, 그 모든 것들로 인한 마음의 짐이 아이들에게도 옮겨 갈 때의 갈등.

『침묵으로 가르치기』라는 책에서 한 교실의 두 교사가 단순히 일을 분담하는 것이 아니라 학문적인 동지로 보이는 것 자체가 큰 가르침이라고 하였다. 브론펜브레

너(Bronfenbrenner)는 부모, 교사, 또래 등 미시체계는 성장에 가장 직접적인 영향을 미치는데 미시체계들 간의 관계인 중간체계 또한 중대한 영향을 끼친다고 하였다. 그래서 의좋은 부모 밑에서 저절로 자식이 잘 자라는 것이다. 두 명의 교사는 의좋은 부모처럼 알콩달콩 지내야 한다. 백지장도 맞들고, 콩 한 알도 나눠 먹으면서 살아야 한다. 서로 원하는 것을 먼저 알아주고, 가르쳐 주면 고맙게 배우고, 실수하면 대신 채워 주면서 살아야 한다. 그러면 아이들이 뽀드득 자란다. 선생님을 닮아 도란도란 싸우지도 않고 의좋게 자란다. 그러니 척 보면 아는 것이다.

출처: 최명희(2016). pp. 109-201.

▶ 갈등 해결 전략

-
-
-
-
-

2. 책임감 있게 생활하기

나에게 주어진 일을 비롯한 나의 역할에 대해 책임감을 가지고 성실히 임하는 역량은 나와 타인이 함께 살아가는 사회관계에 중요한 영향을 미친다. 책임이란 사회 혹은 직장이나 집단 내에서 자신에게 주어진 임무와 역할을 다하려는 자세로, 맡은 일에 대한 임무를 성실히 수행하는 것을 의미한다(박효정 · 정광희, 2001). 특히, 현대사회와 같은 정보화 사회 속에서 일상적으로 접하는 사이버 공간의 경우, 개개인의 정체감과 역할 상실에 따르는 책임 회피가 쉽게 일어날 수 있기에 책임의 중요성이 더욱 강조되고 있다(권승혁, 2010).

활동해 봅시다

❖ 표준화 성격진단: 책임감 영역

1 표준화 성격진단 검사 도구 중 책임감 영역을 읽고 자신에게 해당되는 번호에 ✓ 표시해 보세요.

① 전혀 그렇지 않다 ② 약간 그렇지 않다 ③ 보통이다
④ 약간 그렇다 ⑤ 매우 그렇다

2 검사 도구의 내 점수 칸에 문항별 점수를 기록하고 총점과 평균을 구해 보세요.

[점수 계산 방법]

- 문항의 점수를 그대로 쓴다.
- (*)은 역채점 문항이다. 역채점 문항 점수는 표기한 점수와 대비되는 점수로 계산한다. 예를 들어, 역채점 문항에 1점을 표기한 경우, 대비되는 점수인 5점으로 계산한다.
- 해당 영역의 환산 점수를 합한 것을 영역별 문항수로 나누어 평균을 낸다.
- 점수 계산의 예

문항 번호(*는 역채점)	척도					내 점수
	①	②	③	④	⑤	
1번 문항			✓			3점
2번 문항(*)		✓				3점
3번 문항(*)	✓					4점
4번 문항(*)				✓		1점
총점	1번 + 2번 + 3번 + 4번					11점
평균	11점 ÷ 4문항					2.75점

▶ 책임감 진단 도구

내용	①	②	③	④	⑤	내 점수
1. 나는 내가 할 일을 남에게 미루지 않는다.						
2. 나는 시작한 일은 끝장을 내고야 만다.						
3. 나는 낼 돈은 반드시 기한 안에 낸다.						
4. 나는 자식으로서 부모에 대한 책임감을 느낀다.						

내용	①	②	③	④	⑤	내 점수
5. 나는 무슨 일이든 끈기 있게 하는 편이다.						
6. 나는 빌린 물건은 반드시 제때 돌려준다.						
7. 나는 마음이 내키지 않더라도 맡은 일은 반드시 한다.						
8. 나는 재미있게 놀다가도 해야 할 일은 곧바로 하는 편이다.						
9. 나는 일하는 도중에 독촉을 받는 일이 별로 없다.						
10. 나는 해야 할 일은 대체로 제때 하는 편이다.						
11. 나는 남들이 비교적 나를 믿어 주는 편이다.						
12. 나는 일이 좀 어려워도 참고 견디는 편이다.						
13. 나는 한 가지 일을 끝낼 때까지 다른 일을 하지 않는다.						
14. 교통사고는 대체로 운전사만의 책임은 아니다.						
15. 나는 책임감이 무거운 일은 맡기가 두렵다(*).						
16. 나는 남의 말을 아무렇게나 들어 넘길 때가 있다(*).						
17. 나는 책임질 수 없는 말을 함부로 할 때가 종종 있다(*).						
18. 나는 귀찮은 일이 생기면 꾀병을 부릴 때가 있다(*).						
19. 나는 친구 때문에 실수를 할 때가 많다(*).						
20. 나는 변명이나 구실을 곧잘 늘어놓는 편이다(*).						
21. 나는 일을 거들기보다 옆에서 구경하는 편이다(*).						
22. 나는 발등에 불이 떨어져야 비로소 일을 시작하는 편이다(*).						
23. 나는 남의 도움에 보답하지 못하고 안타까워할 때가 많다(*).						
24. 나는 좋지 못한 습관인 줄 알면서도 고칠 수 없는 것이 있다(*).						
25. 나는 일을 벌여 놓고 감당을 못할 때가 많다(*).						
26. 나는 일찍 일어날 일이 있어도 선뜻 일어나지 못한다(*).						
27. 나는 힘겨운 일을 맡아 놓고 흐지부지해 버리기 일쑤이다(*).						
28. 나는 가끔 약속을 어길 때가 있다(*).						
29. 나는 경우에 따라서 규칙을 무시하고 행동하기도 한다(*).						
30. 나는 계획만 세워 놓고 도중에 그만두는 일이 많다(*).						
31. 나는 위기나 난관에 부딪히면 도망부터 간다(*).						
32. 나는 꾸준히 한 가지 일에 몰두하지 못하는 편이다(*).						
33. 남의 부탁은 무조건 맡아 놓고 본다(*).						

내용	①	②	③	④	⑤	내 점수
34. 나는 일이 뜻대로 되지 않으면 불평을 하는 편이다(*).						
35. 물건을 훔친 사람 못지않게 잃은 사람도 문제가 있다고 생각한다(*).						

합계 (총점)		평균 점수 (총점÷35)	

(*) 표시는 역채점 문항임(15~35번)

출처: 이상로 · 변창진 · 진위교(1988).

▶ 나와 동료의 책임감 지수

영역	나의 점수	동료 1 점수	동료 2 점수
책임감 지수			

정리해 봅시다

❖ 관계 안에서 요구되는 인성 요소

1. 다음은 취업 포털 사람인이 기업 인사담당자 531명을 대상으로 채용 시 가장 중요하게 평가하는 항목에 대해 조사의 표입니다. 해당 조사 결과 기업에서는 신입 채용 시 '성실함과 책임감'을 가장 중요하게 인식하고 있는 것으로 나타났습니다.
2. '성실함', '책임감'이 사회생활 내에서 가장 중요하게 평가되어야 할 역량으로 꼽힌 이유에 대해 함께 이야기해 보세요.
3. 보육현장에서 주로 보육교사에게 요구되는 '성실함', '책임감'은 주로 어떠한 상황에서 요구되며, 왜 중요할지 함께 이야기해 보세요.

▶ 신입 채용 면접에서 가장 중요한 평가 항목

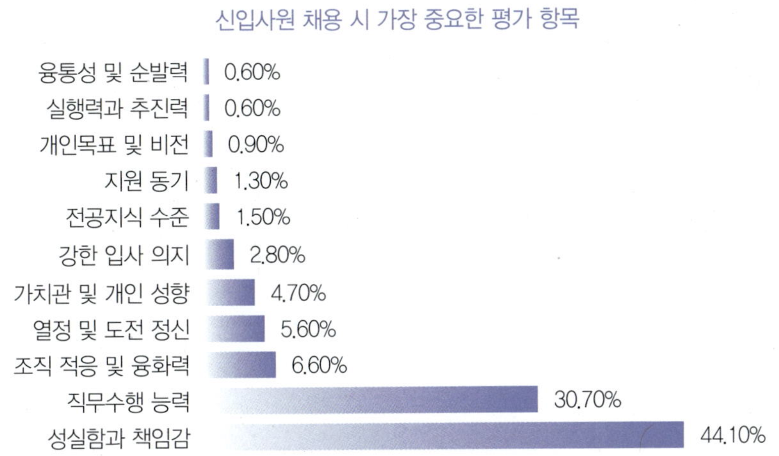

출처: 사람인(https://blog.naver.com/trues7/220829325555).

▶ 보육교사에게 '성실함', '책임감'이 주로 요구되는 상황은?

▶ 보육교사에게 '성실함', '책임감'이 특별히 중요한 이유는?

C·H·A·P·T·E·R 04

좋은 교사 되기

본 장에서는 보육교사가 갖추어야 할 교직인성 중에서 인간관계와 관련된 인성 덕목에 대하여 알아보고자 한다. 인간 대 인간의 만남으로 이루어지는 보육현장에서 교사는 인지적이고 정서적인 공감을 통하여 상대방의 입장을 이해해야 한다. 민감하고 반응적인 의사소통의 중요성에 대해 이해하고 관련 내용을 살펴본다.

생각해 봅시다

❖ 역할놀이

1 그림책 『피터의 의자』를 읽어 보세요.
2 동생이 태어난 뒤 심술을 부리고 가출을 하게 된 피터의 감정은 어떨지 생각해 보세요.
3 혹시 형제자매로 인하여 이러한 감정을 느껴 본 적이 있는지 이야기해 보세요.
4 피터, 동생, 피터 부모님의 입장으로 나누어 역할놀이를 해 보세요.

에즈라 잭 키츠 글 · 그림 / 이진영 옮김 / 시공주니어(1996)

주인공 피터는 시끄럽게 논다고 엄마에게 꾸지람을 듣습니다. 얼마 전에 태어난 동생이 잠들어 있기 때문입니다. 아빠는 피터의 식탁 의자를 분홍색으로 색칠하며 동생이 쓸 것이라고 말합니다. 화가 난 피터는 자신이 아끼는 물건들을 가지고 가출을 합니다. 자신의 의자에 앉으려던 피터는 의자가 작아서 앉을 수가 없다는 것을 발견하고 스스로 동생에게 의자를 주기로 결심합니다.

▶ 피터, 동생, 피터 부모님의 입장으로 나누어 역할놀이를 해 보고 각자 느꼈던 감정과 입장에 대하여 써 보세요.

- 피터의 감정:
- 동생의 입장:
- 피터의 부모님:

▶ 보육교사로서 동생이 태어나 퇴행행동을 보이며 스트레스를 받는 영유아가 있을 경우 어떻게 말해 주면 좋을지 써 보세요.

1. 인지적 · 정서적으로 공감하기

공감은 인성교육에서 빠지지 않고 등장하는 주요한 덕목이다. 공감이야말로 인간만이 가진 고유한 특성이기 때문이다. 우리가 자신이 직접 겪지 않은 타인의 기쁜 일에 함께 축복해 줄 수 있고, 신문 기사나 뉴스를 통해 전해 듣는 비보에 분노하거나 눈물을 흘릴 수 있는 것은 누구나 가지고 있는 공감 능력 때문이다. 4차 산업혁명 시대가 도래하더라도 인공지능이나 로봇이 절대 대체할 수 없는 인간의 영역이 바로 정서적이고 공감적인 능력이라고 알려져 있다(Schwab, 2016).

보육교사는 앞으로 자라날 영유아에게 공감 능력을 길러 주기 위해 노력해야 하며, 그 시작은 어린이집의 일과 중에 보육교사 스스로 먼저 공감하는 데 있다. 보육교사에게 요구되는 교직인성 요소 중 공감 능력은 좋은 교사가 되기 위한 필수 요건이다. 다음에서 공감의 개념과 교사가 보이는 공감의 특성에 대해 알아보자.

1) 공감의 개념

인간이 가진 공감 능력은 다른 사람의 정서 상태 또는 상황에 대해서 그 사람의 관점과 입장에서 조망할 수 있는 것이다(Hoffman, 2008). 타인 조망 수용을 통한 공감 능력을 갖기 위해서는 타인이 느끼고 생각하는 바를 이해하는 인지적(cognitive)인 공감과 타인의 정서를 간접으로 경험하는 정서적(affective)인 공감을 할 수 있어야 한다(Zahn-Waxler & Radke-Yarrow, 1990).

인지적인 공감은 타인이 처한 상황을 마치 내가 그 상황을 겪는 것처럼 상상하여 감정이나 생각을 이해하고자 하는 노력을 뜻한다. 정서적인 공감은 타인의 느낌이나 감정을 이해하고 자신에게 적절하게 수용하여 고유한 방식으로 반응을 보이는 것을 의미한다. 인지적인 과정이 머릿속으로 이해하는 것이라면 정서적인 과정은 타인이 고통받거나 어려움에 처해 있을 때, 자신이 마치 그 상황에 처해 있는 것처럼 마음이 아프거나 괴로워하는 감정이입을 하는 것이다.

공감 능력은 인간에게 내재되어 있어 생물학적으로 발달하는 차원과 환경적인 영향을 받아 발달하는 차원이 있다. 뇌 과학 연구 결과에 따르면 인간의 공감적 행동은 거울 뉴런(mirror neuron)이라는 신경세포와 관련이 있어 직접 행동하는 것이 아니라 거울처럼 보는 것만으로도 세포가 활성화되고 자극을 일으키는 것이다. 또한, 공감 능력을 담당하는 뇌의 특정 영역 발달은 개인적인 특징이나 상황 맥락에 따라 역동적으로 작동하게 되어 환경적으로 영향을 받는다(Bernhardt & Singer, 2012). 예를 들어, 생애 초기에 양육자로부터 공감을 많이 받고 자란 영유아의 경우에는 사회화 과정 속에서 환경적 요소의 영향을 받아 공감 능력을 발달해 나가는 것이다. 따라서 영유아와 많은 시간을 함께 보내는 보육교사는 영유아의 공감 능력 발달의 중요성과 책임감을 인식하고 준비해야 한다.

활동해 봅시다

❖ 성인용 공감 지수(EQ)

1 공감 지수(EQ) 평가 도구의 각 문항을 읽고 자신이 동의하는 정도에 ✓ 표시하세요.

① 전혀 그렇지 않다 ② 그렇지 않다
③ 그렇다 ④ 매우 그렇다

2 내 점수 칸에 ✓ 표시한 점수를 쓰고 합계 점수를 기록하세요.

3 내 합계 점수를 동료와 비교해 보면서 어떻게 다른지 이야기 나누어 보세요.

[점수 계산 방법]

- 내 점수 칸에 '매우 그렇다'에 표시한 경우 2점, '그렇다'에 표시한 경우 1점을 쓰세요.
- (*)은 역채점 문항입니다. 역채점 문항 점수는 표기한 점수와 대비되는 점수로 계산합니다. 역채점 문항에 '전혀 그렇지 않다'라고 표기한 경우 2점, '그렇지 않다'라고 표기한 경우에는 1점입니다.
- 1번부터 40번까지 각 문항의 점수를 모두 더하여 총점을 쓰세요.
- 점수 계산의 예

문항 번호(*는 역채점)	척도				내 점수
	①	②	③	④	
1번 문항	0점	0점	1점 ✓	2점	1
2번 문항(*)	2점	1점 ✓	0점	0점	1
3번 문항	0점	0점	1점	2점 ✓	2
… 중략 …					
40번 문항	0점	0점	1점	2점 ✓	2
총점	1번 + 2번 + 3번 + … + 40번				50점

문항 내용	①	②	③	④	내 점수
1. 나는 누군가 대화에 참여하고 싶어 하는 것을 쉽게 알아챌 수 있다.	0점	0점	1점	2점	
2. 나는 내가 쉽게 이해하는 것을 다른 사람이 첫 번에 이해하지 못할 때, 그 사람에게 설명하는 데 어려움을 느낀다(*).	2점	1점	0점	0점	
3. 나는 다른 사람을 돌보는 것을 정말로 좋아한다.	0점	0점	1점	2점	
4. 나는 사람들과 함께해야 하는 상황에서 무엇을 어떻게 해야 할지 잘 모르겠다(*).	2점	1점	0점	0점	
5. 사람들은 논의 시 내가 자기주장이 너무 지나치다고 종종 이야기한다(*).	2점	1점	0점	0점	
6. 나는 친구와 만날 때 약속 시간을 못 맞춰도 크게 걱정하지 않는다(*).	2점	1점	0점	0점	
7. 나는 친구 관계나 대인 관계가 너무 어려워서 그런 문제에 신경 쓰지 않으려고 한다(*).	2점	1점	0점	0점	
8. 나는 어떤 행동이 무례한지, 공손한지를 판단하기 힘들 때가 많다(*).	2점	1점	0점	0점	
9. 나는 대화할 때 상대방이 어떤 생각을 하는지에 주의하기보다는 내 생각에 더 집중할 때가 많다(*).	2점	1점	0점	0점	
10. 나는 어렸을 때, 벌레를 자르면 어떻게 될지 궁금해서 벌레를 자르는 것을 즐겼다(*).	2점	1점	0점	0점	
11. 나는 다른 사람이 한 말의 숨은 뜻을 쉽게 알아차릴 수 있다.	0점	0점	1점	2점	
12. 나는 어떤 일이 사람들을 몹시 화나게 만드는 이유를 이해하기 힘들다(*).	2점	1점	0점	0점	
13. 나는 다른 사람의 입장에서 서 보는 일이 쉽다.	0점	0점	1점	2점	
14. 나는 누군가가 어떻게 느낄지 잘 예측할 수 있다.	0점	0점	1점	2점	
15. 나는 여럿이 함께 있을 때 누군가가 어색해하거나 불편해하는 것을 빨리 알아차린다.	0점	0점	1점	2점	
16. 나는 사람들이 내가 하는 말을 듣고 공격받았다고 느낄 때, 그건 그 사람의 문제지, 내 문제가 아니라고 생각한다(*).	2점	1점	0점	0점	
17. 나는 누가 자기 머리 모양이 어떤지 내게 물을 때 그 모양이 마음에 들지 않으면 사실대로 대답할 것이다(*).	2점	1점	0점	0점	
18. 나는 사람들이 논평하는 말을 왜 공격하는 것으로 받아들이는지 늘 이해할 수가 없다(*).	2점	1점	0점	0점	
19. 나는 사람들이 우는 모습을 봐도 별로 괴롭지 않다(*).	2점	1점	0점	0점	
20. 나는 상당히 무뚝뚝해서, 의도한 것은 아니지만 다른 사람들은 나를 건방지다고 생각한다(*).	2점	1점	0점	0점	
21. 나는 사람들과 어울리는 상황이 별로 혼란스럽지 않다.	0점	0점	1점	2점	

문항 내용	①	②	③	④	내 점수
22. 사람들은 내가 자신이 어떻게 느끼고 무엇을 생각하는지 잘 이해한다고 말한다.	0점	0점	1점	2점	
23. 나는 사람들과 이야기할 때 내 자신의 경험보다는 그 사람의 경험에 대해 이야기하는 편이다(*).	2점	1점	0점	0점	
24. 나는 동물들이 고통받는 모습을 보는 것이 괴롭다.	0점	0점	1점	2점	
25. 나는 다른 사람들의 감정에 영향받지 않고 결정을 내릴 수 있다(*).	0점	0점	0점	0점	
26. 나는 상대방이 내 말을 재미있어하는지 지루해하는지 쉽게 알 수 있다.	0점	0점	1점	2점	
27. 나는 뉴스 프로그램에서 사람들이 고통받는 모습을 볼 때 마음이 아프다.	0점	0점	1점	2점	
28. 친구들은 대개 내가 아주 잘 이해해 준다며 자신의 문제를 이야기한다.	0점	0점	1점	2점	
29. 다른 사람들이 말해 주지 않아도 내가 남의 일에 지나치게 간섭하고 있는 건 아닌지 잘 느낄 수 있다.	0점	0점	1점	2점	
30. 사람들은 때때로 내가 지나치다 싶을 정도로 다른 사람을 놀린다고 말한다(*).	2점	1점	0점	0점	
31. 사람들은 종종 내가 둔감하다고 이야기한다. 하지만 나는 항상 사람들이 왜 그렇게 말하는지 잘 모르겠다(*).	2점	1점	0점	0점	
32. 나는 어떤 집단에 새로운 사람이 들어오면, 그 집단에 어울리도록 노력하는 일은 그 사람의 몫이라고 생각한다(*).	2점	1점	0점	0점	
33. 나는 영화를 볼 때 대개의 경우 감정적으로 몰입하지 않는다(*).	2점	1점	0점	0점	
34. 나는 다른 사람이 어떻게 느끼는지를 재빨리 직관적으로 알 수 있다.	0점	0점	1점	2점	
35. 나는 다른 사람이 어떤 말을 하고 싶어 하는지 쉽게 알아챌 수 있다.	0점	0점	1점	2점	
36. 나는 다른 사람이 자신의 진짜 감정을 숨기고 있는지 쉽게 알아낸다.	0점	0점	1점	2점	
37. 나는 사회적 상황의 규칙을 의식적으로 파악하지 않는다.	0점	0점	1점	2점	
38. 나는 다른 사람이 무엇을 할지 잘 예측할 수 있다.	0점	0점	1점	2점	
39. 나는 친구의 문제에 대해 감정적으로 관여하는 경향이 있다.	0점	0점	1점	2점	
40. 나는 다른 사람의 관점에 동의하지는 않더라도 그런 관점이 있다는 것을 대개 인정할 수 있다.	0점	0점	1점	2점	
합계(총점)					

(*) 표시는 역채점 문항임

출처: Baron-Cohen, S.(2013).

▶ 나와 동료의 공감 지수

영역	나의 점수	동료 1 점수	동료 2 점수
공감 지수			

▶ 참고

0점~32점	32점~52점	52점~64점	64점~80점
공감 지수 낮음	평균 공감 지수	공감 지수 평균 이상	공감 지수 매우 높음

2) 교사가 보이는 공감의 특성

어린이집에서 근무하는 보육교사는 교수-학습 준비, 교수-학습 실제, 교수-학습 평가, 전문성 신장, 영유아 보호, 학부모, 행사, 사무, 시설 · 설비, 대인 관계 및 사회적 업무의 영역에서 177개 이상의 직무를 수행한다(김은영, 2013). 수많은 업무를 담당하고 있는 보육교사에게 공감 능력이 부족하다면 영유아에게 민감한 보육을 제공할 수 없을 것이다. 예를 들어, 친구들과 어울리지 못하고 늘 혼자 있는 아이를 본다고 가정해 보자. 인지적으로 혼자 있는 아이의 상황을 파악하고 이해하는 공감과 마음이 슬퍼지는 정서적인 공감을 하지 못한다면 보육교사로서 또래 관계 증진을 위한 지원을 하기 어렵다.

쿠퍼(Cooper, 2004)는 교사가 보이는 공감의 특성을 다음의 세 가지로 분류하였다.

[그림 4-1] 쿠퍼(2004)의 공감 분류

첫째, 기본적인 공감(fundamental empathy)이다. 보육교사는 영유아와 초기 관계에서 친밀한 관계를 형성해야 한다. 이를 위해 열린 마음과 개방적인 태도로 주의를 기울이고 잘 들어 주며 관심 있고 열정적인 태도를 보이는 것이 중요하다. 어린이집 적응에 어려움을 겪고 있는 영아가 있다고 가정해 보자. 교실에서 키우는 화분에 물을 주게 권함으로써 교사와 상호작용할 수 있는 기회를 얻고 친밀해지는 계기를 마련할 수 있다.

둘째, 깊은 공감(profound empathy)이다. 자신과 타인에 대해 이해하고 관계에 대해서 심도 있게 고찰해 보며 학문적 · 윤리적 · 도덕적 측면을 복합적으로 고려하는 특성을 말한다. 보육교사는 깊은 공감을 통해서 사회적이고 관계적인 맥락 내에서 자신과 타인에 대한 이해를 토대로 행동의 변화까지 이끌어 낼 수 있다. 만약, 다문화 가정의 자녀가 사회성 결여나 언어발달 미흡 등의 문제로 또래 관계에서 어려움을 겪고 있는 경우가 있다고 가정해 보자. 교사는 이 아이를 단순히 보호하거나 걱정만 해 주기보다는 해당 영유아를 사회 · 문화적 맥락에서 분석해 보는 과정을 통하여 보다 전문적으로 접근하여 문제를 해결해야 한다. 부모 상담을 통하여 가정에서의 언어 사용에 대해 알아보고 언어 증진 프로그램이나 언어 치료 프로그램을 연계할 수도 있다.

셋째, 기능적인 공감(functional empathy)이다. 학급에서 발생하는 여러 문제에 대하여 교사 개인 대 영유아 개인으로 접근하기보다는 학급 전체 영유아를 대상으로 하는 공감 영역이다. 영유아 기질, 문화적 다양성, 성, 개인적 특징 등 타인의 상황과 관점을 이해하기 위해 다 같이 토론해 보거나 의견을 공유하는 방법을 사용할 수 있다. 학급 영유아가 모두 지켜야 할 규칙을 정할 때를 생각해 보자. 만약, 친구가 만든 블록을 무너뜨린다면 친구의 기분이 어떨지 생각해 보고, 어떻게 사과하면 좋을지 이야기 나누어 본다. 블록을 무너뜨린 사람은 어떻게 행동하면 좋을지, 함께 만들어 주는 것이 친구에게 도움이 될지 등을 토의해 보면서 친구의 마음에 대해 되돌아볼 수 있는 기회를 가질 수 있다.

어린이집 현장에서 맞닥뜨리는 수많은 사건에서 일차적인 반응은 정서적인 공감으로 나타날 것이다. 인지적인 공감이 동시에 이루어지기 위해서는 상황에 대해 이해와 판단이 선행되어야 한다. 많은 교사들은 공감이 어려운 이유로 영유아의 관점과 발달에 대한 이해 부족을 들고 있다. 가령, 어떤 남자 영아가 과격하게 놀이한다면 교사로서 어떻게 반응하겠는가? 애써 준비한 교구를 망가뜨리거나 아껴서 사용해야 하는 재료를 함부로 다룬다면 교사로서 당황스러울 것이다. 과격하고 공격적으로 놀이하는 이 남자 영아는 아마도 놀이의 과정 자체를 즐기는 '거친 신체놀이(rough and tumble play)'를 하고 있는 것일지도 모른다. 보육교사로서는 관찰을 통하여 영아의 특성을 파악하고 자동차 등의 완제품보다는 자석 블록을 제공하여 구성물을 쉽게 만들었다가 부수는 과정을 즐길 수 있게 하고, 쉽게 찢어지는 종이보다는 점토 등의 유연한 재료를 제공하여 신체 활동이 왕성한 남자 영아의 놀이를 지원할 수 있다. 이처럼 어린이집 현장에서 유아, 부모, 동료 교사 등 다양한 관계 속에서 마주하는 상황에 대해 교사가 적절히 대처하고 지원하기 위해서는 정서적인 공감과 인지적인 공감이 함께 이루어질 필요가 있다.

2. 민감하고 반응적으로 의사소통하기

영유아와 충분히 공감했다면 다음 단계로는 교사의 공감을 표현하고 영유아를 지원할 수 있는 적절한 의사소통이 필요하다. 만 0세부터 취학 전까지의 영유아를 지도하는 교사는 가르칠 대상의 언어발달 격차가 매우 크게 나타나 대화를 나누는 언어적인 의사소통뿐만 아니라 표정, 눈빛, 어조, 억양, 말투, 몸짓 등 비언어적인 의사소통 또한 중요한 과정으로 의미 있게 다룰 수 있어야 한다. 예를 들어, 교사의 말을 잘 알아들을 수 있는 만 5세의 유아에게 다소 무뚝뚝한 표정으로 "선생님은 우리 ㅇㅇ이를 정말 사랑해."라고 말했다면, 이 말을 듣는 아이는 갸우뚱하면서도 어느 정도는 언어적인 의사소통에 더 초점을 두고 해석할 것이다. 그러나 교사의 말을 알아들을 수 없는 만 0세의 영아에게는 사랑한다는 말보다 따뜻한 손길과 표정, 말투와 어조 등의 비언어적인 의사소통이 훨씬 더 결정적으로 작용할 것이다. 영유아와의 의사소통의 특성, 방법, 사례에 대해 살펴보고 민감하고 반응적으로 의사소통하기 위해 고려해야 할 점에 대해 알아보도록 하자.[1)]

1) 의사소통의 특성

의사소통은 송신자와 수신자가 어떤 기호를 통하여 전달하고자 하는 정보나 메시지를 다루며 양자 간의 의미를 공통적으로 공유하고 그에 따라 서로의 행동에 영향을 끼치는 과정, 또는 행동으로 정의한다(김은주 · 권미량, 2008). 의사소통의 형태는 언어적인 것과 비언어적인 것으로 구분되며, 공식적인 통로 및 비공식적인 통로로 전달된다. 의사소통을 하는 사람들 간의 관계는 수직적일 수도 있고 수평적일 수도 있다. 어떤 관계나 조직이 지속적이고 건강한 관계를 유지하기 위해서는 효율적인 의사소통 과정이 중요하다. 그러나 송신자와 수신자의 문화적 차이, 정보가 너무 과다할 경우, 서로 어떻게 해석하는지에 따른 문제, 고정관념이나 편견을 갖고 있을 때에는 의사소통에 문제를 가져올 수 있다. 의사소통이란 송신자가 일방적으로 메시지를 주고 수신자가 받기만 하는 역할을 하는 것이 아니라 송신자의 메시지에 따라 수신자가 자신의 감정이나 의견을 다시 전달할 수 있는 송신자의 역할도 동시에 수행하므로 상호 역동적인 과정이다.

2) 의사소통의 방법

(1) 적극적인 경청하기

대부분의 사람들은 일상생활 중의 약 70%를 의사소통을 하는 데 시간을 보내고, 이 중 50% 이상을 듣는 데 시간을 보낸다고 한다. 의사소통을 잘 하기 위해서는 잘

1) 박은혜(2017). pp. 255-264 일부 재구성.

듣는 것이 중요하다.

의사소통을 위한 듣기는 소리의 청각적 인식을 토대로 하여 소리를 해석하고 의미를 만드는 행위이다. 읽기가 단순하게 종이에 쓰인 텍스트를 시각적으로 인식하는 것에 그치는 것이 아니라 단어를 해석하고 단어로부터 의미를 만드는 과정인 것과 같은 맥락이다. 의사소통에서 수용언어에 해당하는 읽기와 듣기는 받아들이는 사람의 해석이 매우 중요하다.

읽기와 듣기의 가장 큰 차이점은 정보가 제공되는 시간과 유한성에 있다. 읽기를 할 때 필요하지 않은 부분은 건너뛰고 읽거나, 필요한 부분은 되돌아가서 다시 읽거나, 반복해서 여러 번 읽는 것이 가능하고 읽기 매체의 종류에 따라서는 일시적일 수도 있지만 대체로 반영구적으로 정보가 제공된다. 하지만 듣기는 말하는 사람의 속도에 따라 그 순간에 제공받는 정보에만 집중해야 하는 제한을 받게 된다. 만약, 듣는 사람이 말하는 사람의 정보에 집중하지 않는다면 의사소통 과정에서 문제가 생길 수 있다. 제대로 잘 듣지 않으면 동문서답(東問西答)을 하는 경우가 생긴다. 따라서 잘 듣기 위해서는 집중하여 적극적으로 경청하는 것이 필요하다.

적극적으로 듣는 것은 상대방의 생각을 존중한다는 메시지를 전하여 건강한 의사소통을 하고 긍정적인 상호작용을 하는 중요한 요인이 된다. 적극적으로 듣는 과정은 듣기, 주의 집중하기, 이해하고 해석하기, 분석하고 평가하기, 반응하기, 기억하기의 과정을 거친다(Osborn & Osborn, 1994).

듣기의 유형은 다음과 같이 분류된다(이재호, 2017). 첫째, 무시하며 듣기이다. 이런 듣기 유형은 말하는 사람 자체를 무시하거나 불신할 때 나타난다. 이 경우 말을 아예 듣지 않거나 묵살하는 태도를 보인다. 부정적이거나 비판적인 견해, 위협이나 욕설, 불쾌한 내용 등의 경우, 규칙적인 소음에 대처하는 것처럼 아무런 의미를 두지 않고 주의 또한 기울이지 않는다. 둘째, 듣는 척하며 듣기이다. 말을 듣는다는 표시는 간간이 보내지만 실제로는 거의 듣지 않는 수준이다. 딴생각을 하면서 건성으로 듣기 때문에 내용을 잘 모르고 나중에 엉뚱한 질문을 하는 경우가 많다. 셋째, 선택적 듣기이다. 듣기에 참여는 하되 자기가 듣고 싶은 것만 골라 듣는 형태다. 예를 들면, 건강에 대해 얘기하면 귀를 기울이다가도 교육에 관한 얘기가 나오면 귀를 닫아 버리는 유형이 여기에 속한다. 넷째, 신중한 경청이다. 마치 자기의 이해가 걸린 문제를 대할 때처럼 주의 깊게 듣는 방식이다. 간간이 질문도 하고 맞장구도 친다. 다섯째, 공감적 경청이다. 정성을 기울여 듣는 수준이다. 말하는 내용에 대한 이해와 분석을 넘어 화자와 정서적으로 유대를 형성한다. 말을 귀로 듣는 것이 아니라 가슴으로 듣는 수준이라고 할 수 있다. 공감적 경청을 할 때에는 생기 있는 눈 맞춤과 적극적인 맞장구가 이루어진다. 또, 상대의 말에 긍정적 반응을 보이며 동의한다는 신호를 자주 보내게 된다. 여섯째, 거울식 경청이다. 거울식 경청은 앞서 나온 듣기 방법 가운데 가장 최상의 경청 방법이다. 거울식 경청을 잘하면 '신중한 경청'과 '공감적 경청'은 저절로 따라올 수 있다. 그만큼 강력하기 때문이다.

우리는 상대의 말을 잘 듣고 이해한다는 의미로 상대와 같은 행동을 따라 한다. 이것을 '거울 기법'이라고 하는데, '거울식 경청'은 상대의 속마음을 반사하듯이 읽어 내면서 경청하는 것을 말한다. 상대가 박수를 치면 같이 박수를 치고 어깨를 움직이면 함께 어깨를 움직이는 것은 무의식적인 기교다. 이는 상대에게 당신의 마음을 허락했다는 표현으로 보여 상대가 무의식적으로 흡족하게 만든다.

활동해 봅시다

❖ 당신은 지금 어떻게 듣고 있습니까?

1. 두세 사람이 모여 서로 번갈아 가면서 말하고 들어 봅시다.
2. 어제 있었던 일을 3분 이내로 말하고 들은 사람은 요약해서 다시 말해 봅시다.

▶ 듣기의 6가지 유형에 비추어 나와 동료는 어떤 유형을 보이는지 이야기 나누어 봅시다.

[듣기 활동 후 이야기 나누기 질문 예시]
- 나는 어떤 듣기의 유형을 보였나요? 평소 나의 듣기 행동은 어떠한가요?
- 상대방은 어떤 듣기의 유형을 보였나요? 평소 상대방의 듣기 행동은 어떠한가요?
- 이야기의 내용이나 주제, 듣는 이에 따라서 듣기의 유형이 달라졌나요?
- 잘 들어 주지 않는 사람에게 나는 어떤 느낌이 드나요?

▶ 듣기의 6가지 유형

① 무시하며 듣기
② 듣는 척하며 듣기
③ 선택적 듣기
④ 신중한 경청
⑤ 공감적 경청
⑥ 거울식 경청

(2) 비언어적 의사소통

의사소통은 언어적인 의사소통과 비언어적인 의사소통으로 나뉜다. 일반적으로 의사소통을 할 때 언어적으로 표출되는 말하기의 비중이 크다고 생각하지만, 실제로는 비언어적인 의사소통이 차지하는 비중이 훨씬 더 크며, 때로는 감정이나 정보를 전달하는 데 중요하고 핵심적인 역할을 한다. 말하는 사람과 듣는 사람은 이야기를 하거나 들으면서 표정, 손짓, 행동 등 비언어적인 의사소통을 통해 긍정적이고 부정적인 여러 반응을 표현한다. 이러한 신체언어는 의사소통의 질을 향상시킬 뿐만 아니라 역동적인 대화를 지속할 수 있게 한다(Osborn & Osborn, 1994).

아직 관례적인 언어를 완벽하게 구사할 수 없는 영유아에게는 비언어적 의사소통이 더욱 중요하다. 영유아를 가르치는 교사는 표정, 눈빛, 손동작, 머리의 움직임, 입 모양과 같은 신체언어를 잘 다루고 해석할 수 있는 능력이 필요하다. 아직 언어 사용이 서툰 아이가 자신의 욕구나 필요를 해결하기 위하여 보이는 행동을 베이비사인(baby sign)이라고 한다. 모든 영아가 동일한 몸짓언어를 보이지는 않고 각자 성인과의 상호작용 속에서 자신만의 몸짓언어를 만들어가는 것이 일반적이다. 가령, 돌 무렵의 영아가 낮잠을 잘 때 엄마에게 업혀서 자는 것을 좋아할 때, 졸리면 엄마 등에 얼굴을 비빈다거나 포대기를 가지고 오는 행동을 보인다거나 하는 베이비사인을 보이면 양육자는 지금 아이가 졸리다는 것을 파악하고 재우기 위한 도움을 준다. 다음은 영아의 의사소통과 상징행동 도구(The Communication and Symbolic Behavior Scales: CSBS)를 보완하여 신애선(2014)의 연구에서 사용된 몸짓언어의 정의이다.

〈표 4-1〉 영아용 의사소통과 상징행동(CSBS)의 구성차원별 정의와 조작적 정의

구성 차원	정의	조작적 정의	
지시적 몸짓언어	사물이나 사건이 존재할 때 나타나는 몸짓언어로 다른 사람의 관심을 끌기 위해 보이는 의사소통 의도를 표현하는 몸짓언어	당기기	영아가 사물을 영아 쪽으로 당기는 것
		건네주기	영아가 주위의 관심을 끌기 위해 사물을 주는 것
		보여 주기	영아가 주위의 관심을 끌기 위해 사물을 보여 주는 것
		뻗기	영아가 사물을 잡기 위해 손을 내미는 것
		밀기	영아가 사물을 밀어서 주는 것
		가리키기	영아가 어떤 사물이나 위치 및 사건을 향해 검지를 펴는 것
		상대방 쳐다보기	영아가 요구를 하거나 대답 등의 표현으로 상대방을 쳐다보는 것
관습적 몸짓언어	문화적으로 정의된 몸짓언어	손 흔들기(안녕)	영아가 인사를 하기 위해 손을 움직이는 것
		고개 젓기(아니요)	영아가 부정의 의미로 머리를 좌우로 흔드는 것
		고개 끄덕이기(네)	영아가 긍정의 의미로 머리를 아래위로 흔드는 것
표상적 몸짓언어	참조물의 특성을 표상하는 몸짓언어로 손, 몸의 움직임으로 대상을 묘사하는 몸짓언어	칫솔질하기	영아가 칫솔을 가지고 본인이나 인형의 이를 닦는 것
		머리 빗기	영아가 머리빗으로 자신이나 인형의 머리를 빗겨 주는 것
		넣기	영아가 사물을 다른 사물 속에 넣는 것
		안기	영아가 인형을 안아 주는 것
		음식 먹기	영아가 우유병이나 컵, 숟가락, 그릇 등으로 본인 또는 인형에게 음식을 먹여 주는 것
		젓기	영아가 숟가락이나 포크를 컵이나 그릇에 넣어 젓는 것

출처: 신애선(2014). p. 35.

3) 교사로서 영유아와 의사소통하기

영유아는 발달 특성상 주변 세계와 현상에 대해 많은 호기심을 갖고 있어 궁금한 것이 있으면 끊임없이 질문하는 특성을 가진다. 교사는 영유아의 질문에 적절한 언어로 반응하여 의사소통할 수 있어야 한다. 교사와 영유아의 의사소통 과정에서 영유아의 사고 수준이 질적으로 달라질 수 있으므로 교사의 언어 사용은 매우 중요하다. 교육현장에서 영유아와 나누는 언어적 상호작용은 일상적일 수도 있

지만 영유아의 발달과 교육을 위한 목적을 가지고 있다. 특히, 어느 정도의 언어적인 의사소통이 가능한 연령의 유아에게 교사는 적절한 발문을 하면서 유아의 사고를 확장하고 호기심을 충족시켜 줄 수 있다. 발문이란 교사가 학생들의 학습 활동을 위해 제기하는 물음으로, 적절한 교사의 발문은 유아가 활동에 적극적으로 참여할 수 있도록 돕는다. 유아는 교사가 던지는 발문에 따라 자신의 학습을 평가하고 조절해 나갈 수 있다. 즉, 교사는 유아에게 발문을 함으로써 유아와 긍정적인 태도로 상호작용할 수 있고, 유아의 학습 및 사고 능력을 촉진하는 동시에 언어 · 사회성 · 정서 발달을 증진시킬 수 있게 된다.

교사가 유아와 상호작용 시 활용하는 발문의 유형은 활동의 목적이나 내용에 따라 매우 다양하다. 예를 들어, 동화를 들려주고 난 후 유아와 이야기를 나누면서 제시하는 교사의 발문은 과학적인 실험이나 탐구 활동을 하면서 제시하는 발문과는 차이가 있을 수 있다. 또한, 발문의 유형은 유아의 인지적인 수준이나 교사의 의도에 따라 달라질 수 있다(성은영, 2006). "얼음이 녹으면 어떻게 될까?"라는 발문은 "물이 된다."라는 이미 알고 있는 지식이나 정보를 단순하게 묻는 질문이 될 수 있다. 때로는 사물의 성질에 대한 변화를 예측하게 하는 과학적인 사고를 확장하는 질문의 될 수도 있다. 일반적으로 교사가 활용하는 발문의 유형을 소개하면 다음의 〈표 4-2〉와 같다.

〈표 4-2〉 발문의 유형

범주	정의	예
이름 알기	사물의 명칭이나 사건, 대상의 위치 등을 단순하게 확인함	• 이것은 무슨 색일까? • 그 책은 어디에 있니?
나열하기	필요한 정보를 하나씩 차례로 늘어 놓게 함	• 이 그림에서 무엇을 볼 수 있니? • 『커다란 순무』에는 어떤 동물들이 나왔니?
분류하기	사물의 특성이나 어떤 조건, 기준에 따라 구분하여 다시 말하게 함	• 여기서 먹을 수 있는 것은 무엇이니? • 이것들 중에서 같이 묶일 수 있는 물건들은 무엇일까?
설명하기	어떤 사건이나 사물의 내용이 어떻게 되었는지 확인함	• 아이들은 콩을 어떻게 했니? • 다람쥐는 도토리를 주워서 어떻게 했니?
예측하기	결과를 예상하게 함	• 여기에 검은색을 섞으면 어떻게 될까? • 마른미역을 물에 담그면 어떻게 될까?
비교하기	유사점과 차이점을 묘사하도록 함	• 재원이와 재은이의 신발은 어떻게 같아? • 사자와 호랑이는 어떤 점이 다를까?
추론하기	일어날 수 있는 사실에 대해 미리 생각하게 함	• 이를 닦지 않으면 어떻게 될까? • 토끼가 왜 잠이 들었을까?
회상하기	과거에 있었던 경험을 기억하게 함	• 비행기를 타 본 적이 있니? • 치과에 가 본 적이 있니? 그때 치과에서 무엇을 했니?
상상하기	자신이 상상한 것을 말하게 함	• 과자나라에 가면 어떨 것 같니? • 산타 할아버지가 선물로 요술봉을 주신다면 어떤 일이 생길까?
문제해결하기	문제를 해결할 수 있는 방법을 생각하게 함	• 시냇물을 건너가야 하는데 어떻게 할까? • 친구가 빌려준 장난감을 잃어버렸는데 어떻게 하는 게 좋을까?
대안제시하기	다른 관점 및 방법을 찾아보게 함	• 집에서 유치원에 가는 다른 길이 있니? • 탑을 쌓는 또 다른 방법은 어떤 것이 있니?
변형하기	사물, 사람, 사건의 변화 과정을 이야기하게 함	• 그것을 돌리면 어떻게 될까? • 빨간색과 노란색을 합치면 어떻게 될까?
결합하기	공통 요소를 찾거나 유목화하게 함	• 우리는 노랑, 파랑, 초록 등을 무엇이라고 부를까? • 'ㄱ'에다가 'ㅛ'를 합치면 어떻게 될까?
일반화하기	이미 알고 있는 정보나 지식을 다른 상황·조건에 일반화시키도록 함	• 얼음과 눈은 태양이 비치면 녹는단다. 그러면 눈사람은 태양이 비치게 될 때 어떻게 될까? • 독수리와 까치는 하늘을 날 수 있어. 그러면 오리도 하늘을 날 수 있을까?
평가하기	어떤 대상의 수준, 정서 상태, 좋고 나쁨, 옳고 그름 등을 판단하게 함	• 너의 생각은 무엇이니? • 여기에 있는 퍼즐 중에 네가 가장 쉽게 할 수 있는 것은 무엇이니?

출처: 박은혜(2017). 유아교사론. pp. 261-262.

정리해 봅시다

❖ 영화 「지상의 별처럼」의 교사 역할 살펴보기

1 영화 「지상의 별처럼」의 주인공 이샨은 난독증 때문에 학교생활에 어려움을 겪는 학생으로 등장합니다.

2 영화를 감상하거나 영화의 줄거리를 읽고 교사의 역할에 대해 생각해 보세요.

「지상의 별처럼」(2007)
감독: 아미르 칸 · 아몰 굽테

인도 작은 마을에 사는 이샨은 학교 수업이 지루하고 이해하기 어렵다. 이샨은 온 세상이 흥미롭고 신기하기만 하다. 글자들이 춤을 추기도 하고, 곱셈의 세계는 우주에서의 모험과 같다. 혼자만의 세계에 빠져 있는 이샨은 학교생활 부적응으로 엄격하고 강압적인 기숙 학교로 보내진다. 외로움과 가족에 대한 그리움으로 힘들어하던 이샨에게 미술 선생님 니쿰브가 나타난다. 선생님은 이샨을 보면서 어릴 적 난독증 때문에 힘들어했던 본인의 모습을 발견하고 글자와 숫자를 익힐 수 있도록 그림 그리기, 점토 놀이, 블록 놀이, 신체 활동 등 다양한 방법을 사용하여 이샨을 격려한다. 글자를 읽는 것도 숫자 계산을 하는 것도 불가능했던 이샨은 점차 학교생활에 적응하며 마침내 미술 대회에서 대상을 받으면서 본인의 능력을 발견해 나간다.

▶ 학창 시절 기억에 남는 '좋은 선생님'에 대해 써 보세요. 왜 좋은 선생님이라고 생각했는지 그 이유를 써 보세요.

-
-
-
-
-
-
-

C·H·A·P·T·E·R 05

바른 교사 되기

본 장에서는 보육교사가 갖추어야 할 교직인성 가운데 자아와 관련된 인성 덕목에 대하여 알아보고자 한다. 교사로서 바로 서기 위해 정립해야 할 교직관과 소명의식에 대해 알아보고 자신이 어떤 보육신념을 가지고 있는지 살펴본다. 또한, 예비교사로서 반성적 사고의 중요성을 알고 객관적으로 자신을 바라볼 수 있는 태도와 사고를 기르기 위한 방법으로 반성적 사고에 대해 살펴본다.

생각해 봅시다

❖ 은유법을 활용한 나의 교사상 그리기

1. 은유법을 활용한 표현 방법은 직접적 표현보다 내면의 생각을 잘 드러낼 수 있습니다.
2. 내가 떠올리는 이상적인 교사의 모습을 은유법으로 표현하고, 이미지를 그림으로 그려 보세요.
3. 무엇인가 상징적인 의미를 담고 있는 사물이나 대상에 투영하여 표현해 보세요.
4. 개인적 배경, 나의 가치관, 그동안의 사회관계, 내가 만났던 선생님 등 어떤 이유에서 나의 교사상이 형성되었는지 생각해 보세요. 이러한 과정을 통하여 내가 어떤 교직관과 신념을 갖고 있는지 알아볼 수 있을 것입니다.

–교사는 태양이다–

왜냐하면,
태양은 물, 사랑, 공기를 가지고 있어서
유아(새싹)를 위해 자신의 모든 것을
베풀 수 있기 때문이다.

출처: 조운주(2007). p. 328.

▶ 보육교사는 ㅇㅇㅇ와 같다.

보육교사는 ________________와 같다.

왜냐하면 ____

때문이다.

▶ 나의 교사상 그리기

▶ 나의 교사상 형성의 이유 찾기

1. 교직관과 소명의식 인식하기

교사의 인성 요소 가운데 개인의 가치관이 가장 많이 포함되어 있는 것이 교직관과 소명의식이라고 할 수 있다. 다음은 어떤 교사가 소명의식에 대해서 생각하는 바를 인터뷰한 내용이다.

- 좋은 일인 거 같아요. 뭐냐면 일이 여러 가지가 있잖아요. 물건을 만드는 직업도 있고 판매하는 직업도 있고 유통하는 직업도 있고 개발하는 직업도 있고... 그런데 내가 세상을 바꿀 수는 없지만, 세상을 바꿀 수 있는 애들을 키워 낼 수 있는 직업이라는 생각도 들고, 내가 한 아이의 인생에는 굉장히 영향력을 크게 미칠 수 있다는 생각이 들어서... (p. 120)
- 그 나비효과라는 게 있잖아요. 나비의 날갯짓이 계속해서 큰 파장을 불러일으키는 것처럼 제가 하는 게 뭐 큰 거는 아니지만 정말 나비의 날갯짓처럼 어떤 변화의 계기, 출발점, 그런 것을 심어 줄 수 있는, 학생들의 인생에 통틀어서 계기가 되었으면 좋을 것 같아요. (중략) 바르게 살고 또는 사회에 공익을 위해서 애쓰고, 다른 사람을 배려할 줄 알고... 저를 거쳐 간 수많은 아이들 중에 본인이 느끼지 못하는 점을 제가 찍는다면 좋을 거 같다는 생각이 들어요. (p. 130)

출처: 성희창(2018). pp. 120-130.

이처럼 앞 사례의 교사는 스스로 교사라는 직업이 여러 가지 다른 직업에 비해서 한 사람의 인생에 영향을 끼칠 수 있는 중요한 역할을 한다고 생각하고 있었다.

1) 교직관과 소명의식

관점은 사물이나 현상을 관찰할 때, 그 사람이 보고 생각하는 태도나 방향 또는 처지를 이르는 것(표준국어대사전, 2018. 7. 20. 검색)으로 '관점이 다르다', '특이한 관점을 지니다', '인간에 대한 개념 규정은 관점에 따라 다양하다'와 같이 사용되어 무엇인가 상대적으로 생각의 차이가 나타날 때 사용되는 단어이다. 살아온 배경, 가족과 사회의 문화, 성별, 개인의 성격, 어렸을 적 경험 등이 관점 형성에 영향을 미친다.

교직관이란 교사라는 직업을 어떻게 바라보느냐 하는 문제로 교사의 직무 성격을 어떻게 파악하는지와 관련된 개념이다. 교사로서 가지는 교직에 대한 인지적인 측면뿐만 아니라 교직에의 태도, 가치관을 어떻게 가지고 있느냐의 관념으로 정의할 수 있다(김종철, 1985). 한편, 소명의식은 한 개인이 스스로 하는 일에 목적과 의미를 부여하는 개인적 신념의 일종으로 소명감을 갖고 있는 사람은 추구하는 목표를 향해 나아가며 자신의 일에 보람을 느끼고 사회에 헌신하는 특징을 가진다(Dik & Duffy, 2009).

교직관과 소명의식은 교사가 갖추어야 할 중요한 인성 요소이다. 교직관은 교사 자신뿐만 아니라 학생 및 학부모, 일반 사회 구성원들이 교직에 대해 인식하는 방법과 태도 및 가치관이고, 소명의식은 교사 스스로 자신의 일에 대한 주관적인 인식이라는 점에서 차이가 있다(성희창, 2018). 즉, 교사가 아닌 다른 사람들도 교직관을 가질 수 있지만 소명의식은 교직을 수행하는 주체로서 교사 자신만이 가실 수 있다.

교직관은 성직관, 노동직관, 전문직관으로 분류될 수 있다(이윤식 외, 2007; 황기우, 2005). 성직관은 교사가 성직자와 같이 봉사와 사랑, 헌신, 소명의식, 높은 도덕적 · 윤리적 행동 규범을 갖추어야 한다는 관점이다. 노동직관은 성직관과는 동떨어진 개념으로 교사를 노동자로 보고 다른 직업군의 노동과는 차이가 없는 물질적인 노동을 하는 직군으로 보는 관점이다. 노동직관을 가진 사람들은 생계유지의 목적을 중시하고 고용 상태에 있는 교원이 처한 현실을 분석하고자 한다. 전문직관은 의사, 판사, 변호사 등과 같이 전문성을 가지면서도 자율성을 보장받는 직종의 관점으로 교직을 바라본다.

교사의 입장에서 볼 때, 세 가지 종류의 교직관 중 한 가지 관점만 가지고 있는 경우는 드물다. 영유아가 위험한 상황에 처했거나 안전상 문제가 발생한 경우 교사는 성직자의 관점으로 영유아를 위해 헌신하는 경우를 종종 볼 수 있다. 보육교사는 「근로기준법」에 의거하여 신분을 보장받고 있으므로 교직을 수행하고 있지만 근로자로서 어린이집에 근무하고 있어 근무에 대한 타당한 처우를 받을 권리를 가진다. 전문직에 종사하는 사람이 자신의 결정에 따라 업무를 수행하는 것처럼 보육교사도 다양한 보육현장의 사례에서 최선의 결정을 하기 위하여 노력하고 있다. 따라서 보육교사의 특성과 상황에 따라서 여러 교직관이 공존한다고 볼 수 있다.

교사가 소명의식을 갖는다는 것은 자신이 하는 일에 가치와 의미를 부여하는 것이다. 소명의식은 교사가 직무를 수행하면서 자발적인 동기에 의하여 갖게 되는 것이기 때문에 소명의식을 갖도록 강요하거나 소명의식이 없다고 해서 비난하기는 어렵다. 하지만 소명의식이 높은 헌신형 교사는 위험을 감수하고서라도 직무를 수행하여 직무만족도가 높고(조석훈, 2016), 소명의식이 교사의 소진을 감소시키고 스트레스를 줄여 주는 보호 요인이 된다는 측면에서 긍정적 효과가 있다(송미경, 2016; Cha & Kang, 2014). 모든 교사가 소명의식을 가지고 있다고 보기는 어려우나, 이처럼 소명의식을 가지고 일하는 경우 교사와 영유아, 학부모 모두 긍정적인 영향이 있으므로 교사는 소명의식을 갖도록 노력하는 것이 필요하다.

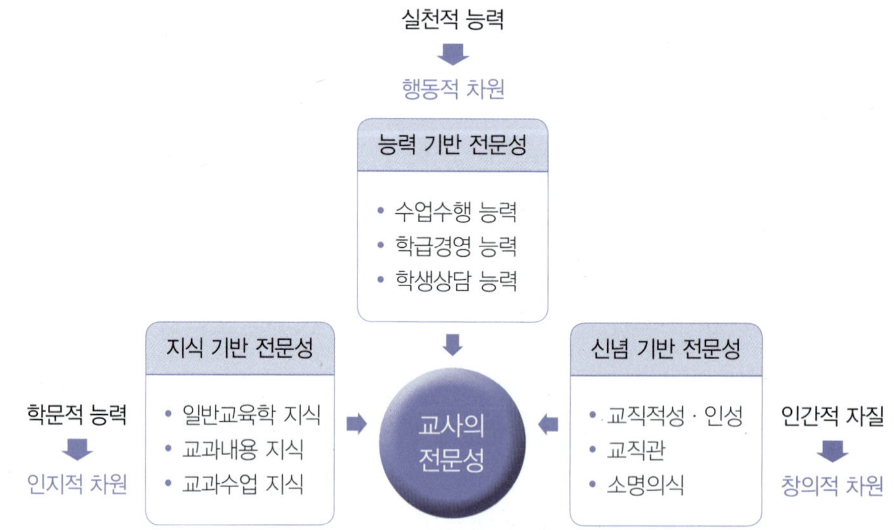

[그림 5-1] 교사 전문성의 개념과 구조

교직관과 소명의식은 교사의 전문성의 한 요소로서 중요한 의미를 가지므로 가치 있게 다루어져야 한다. [그림 5-1]에 제시된 바와 같이 교사의 전문성은 학문적인 능력을 갖춘 지식 기반 전문성, 실천적인 능력을 갖춘 능력 기반 전문성, 인간적 자질을 갖춘 신념 기반 전문성으로 구분된다(김아영, 2012; 조동섭, 2005). 인지적 차원 및 행동적 차원만큼 정의적 차원도 전문성의 한 영역으로 교직적성과 인성, 교직관, 소명의식을 갖추는 것이 전문적인 교사의 요건이다.

소명은 본래 종교적으로 특별한 목적에 의해 신의 부름을 받았다는 의미로 사용되어 왔으나 현대에 와서는 일상생활이나 직무로 그 의미가 확대되었다. 교직의 특수성을 고려한 교직 소명의식의 유형은 〈표 5-1〉과 같다. 실존형은 교직을 천직으로 여기는 유형이고, 사회적 역할형은 사회에의 긍정적 기여를 중시하는 유형이다. 자기 성찰형은 자신의 의미와 가치를 만들어 가는 과정으로 정체성을 찾아가는 유형이고, 관계지향형은 학생과의 정서적인 교감과 소통을 중시하는 유형이다. 행동지향형은 교육에서의 철학적 가치를 행동으로 표현하는 것을 중시하는 유형이다.

〈표 5-1〉 교사 소명의식 유형별 이름과 특징

유형	이름	특성
1	교직을 천직으로 여기는 **실존형**	교직을 천직으로 여기며, 교직을 자신의 존재 이유로 생각하고 교직과 자신의 삶을 동일시하는 유형
2	긍정적인 기여를 중시하는 **사회적 역할형**	사회를 더 좋은 곳으로 만드는 것에 관심이 있고, 이를 위해 교직이 그러한 역할을 해야 하며, 그러한 역할이 곧 소명의식이라고 인식하는 유형
3	정체성을 찾아가는 **자기 성찰형**	소명의식은 외부에서 주어지는 것이 아니라 스스로 자신의 의미와 가치를 만들어 가는 것이라고 생각하며, 이를 위해 자신의 삶과 자신을 깊이 성찰하는 것이 필요하다고 인식하는 유형
4	소통과 교감을 중시하는 **관계지향형**	소명의식은 학생과의 정서적인 교감과 유대 관계를 맺는 것이라고 인식하고 있으며, 특히 학생들이 성장할 수 있도록 안내하고 조력하기 위해서는 학생과의 신뢰가 중요하다고 여기는 유형
5	교육철학을 중시하는 **행동지향형**	교육에서의 철학적 가치를 중요하게 생각하며, 그러한 가치를 실현하고 직접적으로 행동하는 것을 소명의식이라고 인식하는 유형

출처: 박은경(2017). p. 62.

생각해 봅시다

❖ 예비보육교사 교직관 알아보기[1)]

1 예비보육교사의 교직관 검사 도구의 각 문항을 읽고 자신이 생각하는 것에 ✓ 표시하세요.

① 전혀 그렇지 않다　② 그렇지 않다　③ 보통이다
④ 그렇다　⑤ 매우 그렇다

2 내 점수 칸에 ✓ 표시한 점수를 쓰고 합계 점수를 기록하세요.

3 합계 점수를 5로 나누어 평균 점수 값을 구하고 동료와의 점수를 비교해 보세요.

내용	①	②	③	④	⑤	내 점수
1. 교사는 신뢰와 존경을 받는 직업이라고 생각한다.						
2. 나에게 교사라는 직업은 매우 중요한 의미를 가진다.						
3. 영유아를 가르치고 돌보는 것은 가치 있는 일이라고 생각한다.						
4. 교사는 일반인보다 더 높은 윤리의식을 가져야 한다고 생각한다.						
5. 미래에 좋은 교사가 되기 위해 자기계발을 한다.						

합계 (총점)		평균 점수 (총점÷5)	

출처: 김은설 외(2015). pp. 123-124.

▶ 나와 동료의 교직관 점수

영역	나의 점수	동료 1 점수	동료 2 점수
교직관			

1) 김은설 외(2015)의 보육교사 및 예비보육교사 자기이해 진단 검사의 일부임. 전체 문항은 부록에 수록함.

2) 교직신념

교사로서의 역할을 수행할 때 학문적인 지식이나 이론적 배경만큼이나 개인적으로 가지고 있는 가치와 신념, 태도에도 큰 영향을 받으므로 교직관은 교사가 가진 신념과 관련이 깊다.(Richardson, 1996, 박은혜, 2017, 재인용). 교사의 신념은 일반적으로 성숙주의, 행동주의, 상호작용주의 관점으로 구분된다. 〈표 5-2〉에 제시한 바와 같이 각 관점에 따라 아동관, 발달관, 학습관, 교수방법, 교사의 역할 등의 차이가 있다.

〈표 5-2〉 성숙주의, 행동주의, 상호작용주의 관점에서 보는 교육신념 특징

특징	성숙주의	행동주의	상호작용주의
교육목적	사회정서, 인성발달	학문적 기초 형성	인지발달
아동관	유전적 시간표에 따라 정해진 순서대로 발달하는 수동적인 존재	환경에 의해 영향을 받는 수동적 존재	환경과의 자발적인 상호작용을 통해 발달하는 능동적인 존재
발달관	인간 고유의 생득적 성향의 자연적 계발	외재적 환경의 조작 및 반응을 통한 경험	통합적 과정
동기화	유전적 성숙에 의한 내적 자극	환경의 외적 자극	환경의 외적 자극과 유아의 내적 자극
학습관	성숙준비도와 학습동기와의 조화	환경에 의한 동기화	개인과 외적 환경과의 상호작용
교수방법	풍부한 학습 환경 조성	직접적인 교수	풍부한 학습 환경 조성
교사 역할	간접적 안내자, 격려자, 발달에 대한 지식자	교수-학습 활동의 준비자	교수활동 계획자, 관찰자, 교수-학습 활동의 계획자 및 관찰자
학습방법 제시	성숙 수준에 도달할 때 제시	가장 단순한 내용부터 순차적으로 제시	경험을 통한 지식의 구성
실수를 보는 관점	정신적 · 신체적 미성숙에 의함	자극이 부적절하게 제시	성인의 지식과 질적으로 다른 것으로 인식
학습결과	제시되지 않음	반복, 모방 및 연습	실수를 통한 내적 지식의 구성

출처: 박은혜(2017). 유아교사론. p. 85 재인용.

활동해 봅시다

❖ 예비보육교사로서 교육신념 알아보기

1 다음은 보육교사로서 신념을 알아볼 수 있는 문항입니다. 아직 현직교사가 되지는 않았지만, 본인이 어떻게 생각하는지를 바탕으로 동의하는 점수에 ✓ 표시하세요.

① 그렇지 않다　　　② 보통이다　　　③ 그렇다

2 내 점수 칸에 ✓ 표시한 점수를 쓰고 합계 점수와 평균 점수 값을 구하여 기록하세요.

3 각 관점의 평균 점수를 쓰고 동료와의 점수를 비교하며 이야기 나누어 보세요.

내용	①	②	③
1. 언어 교육은 특별한 언어 훈련 프로그램을 통하여 이루어지기보다는 일상적으로 연속되는 활동을 통하여 이루어진다.			
2. 교수활동에서 언어 사용은 적게 하며, 항상 유아의 준비도 수준에 맞추어 사용한다.			
3. 유아가 무엇을 했는지의 결과에도 관심을 갖지만 어떻게 작업하고 놀이하는지의 과정에도 관심을 둔다.			
4. 유아의 행동이나 대답을 성인 수준에서 수용할 수 있는 반응으로 수정해 준다.			
5. 유아가 문제를 해결하는 상황에서 꼭 필요한 때만 도와주거나 정보를 제공한다.			
6. 유아가 탐구하도록 격려하지만 유아의 능력 수준 이상으로 성취하기를 강요하지 않는다.			
7. 유아는 활동 그 자체의 흥미에 의해서 보상이 되므로 선별적인 칭찬, 특권, 상으로 따로 보상하지 않아도 된다.			
8. 유아의 정서적인 문제해결의 한 방법으로 극놀이를 적극적으로 권장한다.			
9. 유아들이 쓰는 어휘를 사용하며 유아의 언어 수준에 맞춘다.			
10. 유아의 활동에 있어서 결과나 과제 완성에 관심을 갖는다.			
11. 유아에게 지식이나 정보를 주고 강의나 설명으로 직접 가르친다.			
12. 그 날의 주요 활동은 주로 자유놀이를 통하여 이루어지도록 한다.			
13. 정해진 방법보다는 유아 자신의 방식대로 자료나 시설을 사용할 수 있도록 허락한다.			
14. 유아의 대답이나 반응이 옳은 것이 아니어도 받아들인다.			
15. 하루 일과 구성 시 유아의 자발적인 선택에 따라 일과를 구성한다.			

내용	①	②	③
16. 선별적인 칭찬, 관심, 표창, 특권, 상품 등으로 보상하여 긍정적인 행동을 강화한다.			
17. 유아에게 의심, 불확실, 애매모호한 느낌을 주는 상황을 만들지 않는다.			
18. 특별히 제작된 자료, 게임, 지도를 통해 언어와 개념을 가르친다.			
19. 유아는 천성적으로 선하다고 생각하고 가르친다.			
20. 유아가 원한다면 어떠한 정보 자료나 경험도 활용할 수 있도록 허락한다.			
21. 유아가 과업 및 활동을 주도한다.			
22. 유아가 어떤 활동이나 과제를 미완성으로 남겨 놓는 것을 허락한다.			
23. 자료는 정해진 방법대로만 사용하게 한다.			
24. 유아에게 성인 수준의 어휘를 말하고, 또 유아로 하여금 성인이 사용하는 어휘를 사용하도록 요구한다.			
25. 활동의 결과에 초점을 두며 유아의 능력을 성인의 표준 수준에 맞추려고 한다.			
26. 교사의 환경 구성 계획에 유아도 동참할 수 있도록 격려한다.			
27. 유아 스스로 실험하고 탐색하고 문제를 해결하는 상황을 제공한다.			
28. 교사는 유아의 수준에 적절한 활동을 모색해내고 안내한다.			
29. 유아 스스로 실수를 즉시 교정하도록 만들어진 특별한 활동이나 매체 등을 사용하게 하여 유아의 행동을 수정해 나간다.			
30. 유아 자신의 흥미에 따라 자료를 제공해 주어야 하지만 우선 자료는 유아의 발달 수준에 적합해야 한다.			

▶ 교육신념별 점수

성숙주의 신념	문항 번호	2	6	8	12	15	19	21	26	28	30	합계	평균 점수 (합계 ÷ 10)
	내 점수												
행동주의 신념	문항 번호	1	3	5	7	9	13	14	20	22	27	합계	평균 점수 (합계 ÷ 10)
	내 점수												
구성주의 신념	문항 번호	4	10	11	16	17	18	23	24	25	29	합계	평균 점수 (합계 ÷ 10)
	내 점수												

▶ 나와 동료의 교육신념별 점수

교육신념	나의 점수	동료 1 점수	동료 2 점수
성숙주의 신념			
행동주의 신념			
상호작용주의 신념			

2. 반성적으로 사고하기[2)]

듀이(Dewey, 1933)에 따르면 반성적 사고란 자신의 신념이나 실천 행위에 대해 그것의 원인이나 궁극적인 결과를 적극적이고 끈기 있게 주의를 기울여 고려하는 것을 의미한다. 어린이집 현장에서 무수히 일어나는 사건들은 영유아에 의해서 발생할 수도 있고, 학부모나 동료 교직원으로부터, 사회적인 맥락 속에서 또는 교사 자신으로부터 오는 문제일 수도 있다(Bolin, 1990; Roderick, 1986; Surbeck & Han, 1993). 교사로서 반성적으로 사고하는 능력과 습관을 가지는 것은 과거나 현재에 일어나고 있는 실천적 행위에 대해 객관적이고 분석적으로 현상을 바라보고 미래 행위에 대한 방향을 결정하는 자연스러운 과정으로 보육 전문성 신장을 위해 필수적이다. 반성적 사고란 과거나 현재에 일어나고 있는 실천적 행위에 대한 사려 깊고 분석적인 사고로부터 미래 행위에 대한 방향을 결정하는 자연스러운 과정으로 보육교사에게 중요하다.

숀(Schon, 1983)이 제시한 반성적 사고의 형태는 실천 행위에 대한 반성적 사고(reflection-on-practice), 실천 행위 중의 반성적 사고(reflection-in-practice), 실천 행위를 위한 반성적 사고(reflection-for-practice)로 구분된다(Killion & Todnem,

2) 반성적 사고에 관한 보다 자세한 내용은 박은혜(2017). pp. 373-387 참고.

1991). 실천 행위 중의 반성적 사고는 교사가 가르치는 동안에 영유아의 반응을 보고 판단하여 교수 내용이나 방법을 변경할 때 나타난다. 실천 행위에 대한 반성적 사고는 상황 발생 후 나중에 반성적 사고를 하게 되는 경우이다. 실천 행위를 위한 반성적 사고는 앞선 두 가지 반성적 사고의 결과가 보다 바람직하게 나타나도록 노력하는 적극적 개념이다. 예비교사, 초임교사, 현직교사, 경력교사 등 교사의 발달단계와 교사가 처한 상황과 입장에 따라 지속적인 반성적 사고를 하는 것은 도덕적이고 윤리적인 책임 측면에서 필요하고 중요한 의미를 가진다.

어린이집 현장에서 매일 발생하는 상황들은 가변적이고 불확실하며, 매우 복잡한 특성을 가진다. 정답이 정해져 있지 않아 그 상황에서 최선의 의사결정을 내려야 하는 것이 대부분이다. 이때 실천적인 지식을 가진 교사는 어떠한 문제 상황에 부딪혔을 때 기존의 지식, 이론, 개인적 배경, 그동안 쌓아 왔던 경험을 총체적으로 활용하여 문제를 해결해 나갈 역량을 가진다. 실천적 지식(practical knowledge)이란 이론적 지식(formal knowledge)과 반대되는 개념으로 현장에서 가르지는 경험을 통해 터득한 지식, 교육현장에 필요한 지식, 실제 맥락에서 활용되는 지식 등을 이른다. 실천적 지식은 고정된 것이 아니라 교사의 일생 동안 지속적으로 변화를 거듭하므로 반성적 사고를 통해 실천적 지식을 쌓아 가는 것이 중요하다(이성희, 2012).

아직 예비교사로서 보육현장의 상황을 경험해 보지 못하여 반성적 사고를 바탕으로 한 실천적 사고를 형성하기 어렵지만, 다음의 반성적 사고의 수준을 분석하면서 그 중요성을 알고 교사가 될 준비를 해 보자.

반성적 사고의 수준은 기술적 수준, 전문가적 수준, 비판적 수준으로 나뉜다(Van Manen, 1977). 먼저, 기술적 수준은 주어진 목적을 달성하기 위해 교육적 지식을 기술적으로 적용하는 것에 있다. 주로 예비교사가 보육실습을 하는 동안 가지게 되는 관점으로 어떤 상황이나 행동을 취할 때 그동안의 학습 내용과 경험을 바탕으로 당연히 추구해야 하는 것으로 여기게 된다. 둘째, 전문가적 수준은 기술적인 수준에서 나아가 여러 교육 목표 가운데 어떤 것이 더 가치가 있는지 고려하여 문제를 해결해 나간다. 마지막으로 비판적인 수준은 교사의 실천 행위 내에 도덕적이고 윤리적인 기준을 포함하여 반성적 사고를 한다. 이 단계의 사고를 하는 교사는 어떠한 경험이나 활동이 공평하고, 평등하며, 행복한 삶을 이끌어 줄 것인지를 고려하고 교육적 · 사회적 · 정치적 · 경제적 조건들을 연관시켜 볼 수 있는 능력이 생긴다.

이상에서 반성적 사고의 중요성과 그 형태와 의미를 살펴보고, 실천적 지식을 위한 반성적 사고의 필요성에 대해 알아보았다. 예비교사는 아직 실천적 지식을 형성하기 어렵다는 주장이 제기되고 있기도 하지만, 이미 오랜 시간 학생으로 교실에서 많은 시간을 보내며 간접적으로 가르치는 일을 경험해 왔다. 그러므로 예비보육교사로서 현상을 분석적으로 파악하고 영유아, 교사, 행정가, 학부모, 지역사회, 현대사회의 가치 등 여러 가지 차원을 다각도로 고려할 수 있는 능력을 바탕으로 한 반성적 사고가 가능하다.

정리해 봅시다

❖ 예비교사 교수 관점 알아보기

1 예비교사 교수 관점 측정 도구의 각 문항을 읽고 자신이 동의하는 정도에 ✓ 표시하세요.

① 전혀 동의하지 않는다 ② 동의하지 않는다 ③ 보통이다
④ 동의한다 ⑤ 매우 동의한다

2 내 점수 칸에 ✓ 표시한 점수를 쓰고 합계 점수와 평균 점수를 구하여 기록하세요.

3 각 항목의 점수를 더하여 합계를 써 보세요. 가장 점수가 높은 영역이 본인이 중시하는 교육 관점입니다. 왜 그런지 생각해 보고 다른 사람들과 비교해 보면서 어떠한 차이점이 있는지 토론해 봅시다.

내용	①	②	③	④	⑤	내 점수
1. 영유아와 활동을 할 때 사전에 목표를 세우고 계획하는 것이 중요하다.						
2. 교사는 알고 있는 것을 실천할 수 있어야 한다.						
3. 영유아는 사전에 알고 있는 지식과 경험에 따라 배운다.						
4. 영유아의 감성적인 반응을 인정하는 것이 중요하다.						
5. 영유아 개인의 변화보다 사회 변화에 초점을 맞추어 가르쳐야 한다.						
6. 교사는 자신의 전공 분야에 대해 전문가가 되어야 한다.						
7. 교사가 어떻게 실행하느냐에 따라 영유아가 잘 배울 수 있다.						
8. 영유아의 생각과 사고를 계발하는 데 초점을 두고 가르쳐야 한다.						
9. 영유아의 자신감을 형성시키는 데 우선순위를 두고 가르쳐야 한다.						
10. 학습의 내용은 사회 변화와 연계되어야 한다.						
11. 유능한 교사는 우선적으로 자신의 전공 분야에 관해 전문가여야 한다.						
12. 지식과 실천은 분리하여 생각할 수 없다.						
13. 영유아가 이미 알고 있는 것을 토대로 가르쳐야 한다.						
14. 학습과정에 있어 영유아가 기울인 노력은 결과물로 나타나야 한다.						
15. 가르친다는 것은 지적 활동이므로 윤리적으로 교육해야 한다.						

합계 (총점)		평균 점수 (총점÷15)	

출처: Collins, J. B. & Pratt, D. D. (2016).

▶ 나와 동료의 교수 관점

영역	나의 관점 점수	동료 1 관점	동료 2 관점
교육내용의 전달 (1번+6번+11번)			
실제와의 연계 (2번+7번+12번)			
발달 이해 (3번+8번+13번)			
정서적 지지와 양육 (4번+9번+14번)			
사회 변화 (5번+10번+15번)			

C·H·A·P·T·E·R 06

보육교사의 윤리강령

한 직업이 전문직으로 인정받기 위해서는 해당 직무를 수행하는 데 필요한 전문적인 지식과 이를 실제에 적용할 수 있는 지적인 능력 등과 함께 윤리강령이 요구된다. 본 장에서는 교직윤리와 윤리강령의 개념과 내용을 알아보고 보육교사에게 윤리강령이 필요한 이유를 살펴본다.

생각해 봅시다

❖ 한 집단 내에서 얼마나 다양한 가치관이 존재할까?

1 교실의 한쪽 벽면에 '전적으로 동의함'이라는 표지판을 붙이고 반대편 벽면에는 '철저히 반대함'이라는 표지판을 붙이세요. 벽과 벽 사이에는 아래와 같이 동의하거나 반대하는 정도를 나타내는 표지판을 붙이세요.

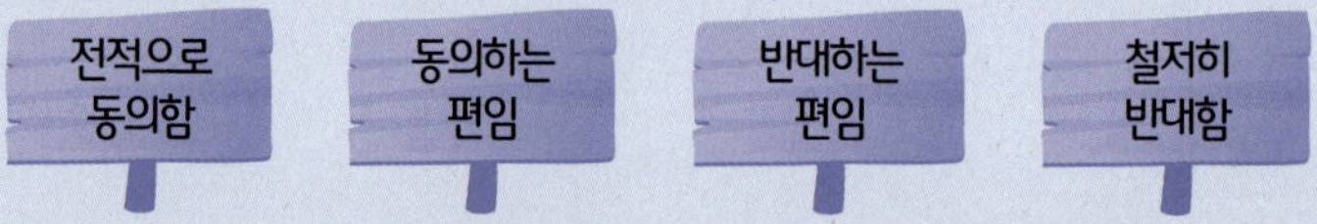

2 아래의 가치관을 반영하는 문장을 한 사람이 읽고, 각각의 문장마다 참여자에게 그들이 동의하거나 반대하는 정도를 가장 정확하게 나타내는 위치에 서세요.

3 활동에 끝나면 모두 함께 다음에 대하여 토론해 보세요.
- 다양한 가치관을 가진 동료 친구들이 얼마나 있었나?
- 다른 가치관을 가지고 있음에도 불구하고 우리는 모두 훌륭한 직업인이 될 수 있는가? 그 이유는 무엇일까?

▶ 가치관을 반영하는 내용

개인의 가치관을 반영하는 내용	직업과 관련된 가치관을 반영하는 내용
• 부유한 것보다는 착한 것이 낫다. • 어떤 상황에서는 거짓말을 하는 것이 좋을 수도 있다. • 비록 동의하지 않는 내용의 법이라도 법을 준수하는 것은 중요하다. • 자신의 가정에 꼭 필요한 것이라면 훔칠 수도 있다. • 사회는 사람들이 그 자녀를 어떻게 기르고 교육시켜야 하는지 명령할 권한이 없다.	• 어린이집 만 5세 학급에서는 초등학교를 위한 준비를 시켜야 한다. • 영유아는 교사의 지시 없이는 스스로 학습을 하지 못한다. • 충분한 시간과 환경이 제공된다면, 영유아는 형식적 교육을 받지 않아도 필요한 모든 것을 배울 수 있다. • 영유아의 행동을 변화시키기 위해 사탕을 주는 등의 보상 방식을 사용하는 것은 적절하다.

1. 윤리강령의 개념 및 필요성

윤리란 사람으로서 마땅히 행하거나 지켜야 할 도리로 다른 사람과의 관계 속에서 개인 또는 집단의 구성원으로서 지켜야 할 규범 · 원리 · 규칙(이명순 · 염지숙 · 조형숙 · 김현주, 2017)을 의미한다. 현대사회에서 윤리는 도덕과 동일한 의미로 사용되나 도덕이 한 사회에서 구성원들이 가지고 있는 선하고, 옳고, 적합한 것에 대한 이해와 의견, 의무에 관한 신념, 어떻게 행동해야 하는가에 대한 구성원들의 생각(Kidder, 1995)이라면, 윤리는 이러한 도덕성에 대한 비판적인 사고를 포함하며, 개인의 자율적인 판단을 바탕으로 양심이나 사회적인 관습을 사회적 규범에 합치시키는 것으로 법률과 달리 강제력이 없다.

윤리 중에서 어떤 직업에서 요구하는 도덕적 원칙을 직업윤리라고 한다. '직업을 중심으로 형성된 특정 사회에서 개개인이 더불어 살아가기 위한 삶의 이치(임홍순, 2009)'로, 직장 내에서 해야 할 것과 하지 말아야 할 것에 대한 기준을 제시해 준다. 직업윤리는 성실성, 책임감, 협동심, 신뢰도 등과 같이 모든 직업에 요구되는 행동 규범과 특정 직업에서 요구되는 행동 규범의 두 가지 차원으로 분류한다.

직업윤리 중에서 교사가 교직생활 중에 지켜야 하는 실천 규범을 교직윤리라고 한다. '보육교사 윤리'란 보육교사가 직무를 수행하면서 지켜야 하는 실천 규범이다. 「영유아보육법」에서 보육교사의 직무를 영유아를 보육하는 것, 즉 만 6세 미만의 취학 전 영유아를 건강하고 안전하게 보호 · 양육하고 영유아의 발달 특성에 맞는 교육을 제공하는 것으로 규정하고 있다. 보육교사의 윤리는 이러한 보육교사의 직무수행을 극대화하기 위해 스스로 실천하기를 기대하는 규범을 의미하는 것이다.

교사, 의사, 간호사, 변호사 등과 같이 특별한 훈련을 거친 후 자격을 가진 전문가는 그들만이 가지는 권위와 자율성이 있고, 그들의 직무수행이 타인에게 큰 영향을 미치기 때문에 높은 윤리적 기준이 요구되며, 윤리적 기준에 따라 판단하고 행동하는 것이 필요하다. 윤리강령이란 전문직의 이상 · 가치 · 책무를 설명하는 것으로 전문직 단체들에 의해 공식적으로 받아들여진 문서(신득렬, 2002)를 의미한다. 전문직의 윤리강령은 전문직의 구성원이 집단적 · 조직적으로 수행하는 과업에 관한 비판적 숙고에 기초하고 있으며, 전문직 종사자가 과제를 수행하는 도중에 상충된 의무나 책임에 직면하게 될 때 무엇을 해야만 하는지에 대한 지침을 제공한다(이영애, 2001).

보육교사 윤리강령은 보육교사직의 이상 · 가치 · 책무를 설명하는 것으로 보육 전문단체에 의해 공식적으로 받아들여진 문서라고 정의한다. 보육교사는 영유아를 돌보고 가르치는 일을 수행하면서 가치가 서로 충돌하여 그 어느 쪽으로도 의사결정을 내리기 어려운 딜레마 상황에 수없이 직면하게 된다. 보육교사 윤리강령은 보육교사가 이러한 딜레마에 직면했을 때 적절한 의사결정을 내릴 수 있도록 이끌어 주는 지침이다. 영유아를 대상으로 하는 교사에게 특히 윤리강령이 필요한 이유를 다음과 같이 정리하였다(Katz, 1989, 박은혜, 2017 재인용).

첫째, 교사가 가지는 힘과 지위를 영유아의 안녕을 위해 사용하기 위하여 윤리강령이 필요하다. 교사는 영유아에 비해 상대적으로 높은 지위를 가질 수 있다. 그러므로 스스로 자신을 방어할 수 있는 능력이 아직 부족한 영유아를 존중하고, 그들의 요구를 들어주기 위해 노력하고, 학급의 모든 영유아를 공평하게 대하기 위해 윤리강령이 필요하다. 그리고 윤리강령은 부모의 요구와 영유아의 요구가 충돌할 때 교사가 영유아의 안녕을 위하여 옳은 판단을 내릴 수 있도록 도와준다.

둘째, 서로 다양한 요구를 가진 유아나 부모로 인하여 발생하는 문제를 해결하기 위하여 윤리강령이 필요하다. 교사는 학급 전체의 영유아에게 관심을 기울여야 하지만 상황에 따라서 영유아 개인의 요구를 받아들여야 할 때도 있다. 윤리강령은 서로 다양한 요구를 지닌 영유아나 부모로 인하여 발생하는 문제를 해결하는데 도움을 준다.

셋째, 교사가 반드시 가르쳐야 할 교육내용을 선정하기 위한 철학적 기초를 제공하기 위하여 윤리강령이 필요하다. 영유아를 위한 보육과정은 반드시 가르쳐야 하는 교육의 내용이 미리 결정되어 있는 것이 아니라 영유아의 경험과 과정을 바탕으로 변화해 나간다. 교사는 적합한 교육내용을 선정하고 운영하기 위해서 끊임없이 의사결정을 해야 하며, 이때 교사 개인의 가치가 포함되기 마련이다. 윤리강령은 철학적인 기초를 제공해 줌으로써 교사의 결정에 방향을 잡아 주는 역할을 한다.

넷째, 교사의 역할을 구분하고 옳은 판단을 내리기 위하여 윤리강령이 필요하다. 어린이집에 다니는 영유아의 연령이 어리고 기관에서 지나는 시간이 길어지면서 교사의 역할은 한없이 넓어진다. 윤리강령은 부모의 역할과 교사의 역할 사이에서 교사가 옳은 판단을 내릴 수 있도록 도와준다.

어떤 상황에서 옳은 것과 옳지 못한 것 사이의 선택은 별로 문제가 되지 않을 수 있다. 하지만 어떤 딜레마 상황은 옳은 것과 더 옳은 것 사이에서 선택을 해야 하는 경우도 있기 때문에 쉽게 결정할 수 없고 더욱 어렵게 느껴진다. 이때의 윤리적 판단은 일반적으로 사회에서 가치 있다고 생각되는 집단의 관점을 반영하고 있다. 그렇기 때문에 윤리강령에 근거하여 의사결정을 내리는 과정을 연습하고 예비보육교사들과 공유하고 토론하는 것이 필요하다.

2. 보육교사 윤리강령의 내용

우리나라 어린이집 원장과 보육교사가 지켜야 할 윤리강령은 2009년 보건복지부와 한국보육연합회에서 육아정책연구소에 의뢰하여 개발하고, 2010년 제정 · 공포하였다(김은설 · 박수연, 2010). 보육교사 윤리강령은 연구진이 영유아의 생존권 · 보호권 · 발달권 · 참여권을 윤리강령에 포함해야 할 주요 가치로 선정하고 윤리강령 초안을 개발한 후 관련 학과 교수, 어린이집 원장, 교사, 행정공무원이 참여하는 4차례의 자문회의를 통해 수정 및 보완하여 최종안을 확정하였다.

어린이집 원장 및 보육교사 윤리강령의 서문은 보육 및 보육교직원의 정의, 윤리강령의 의의 및 다루고 있는 범위 등을 제시하고 있다. 본문은 영유아에 대한 윤리(1장), 가정에 대한 윤리(2장), 동료에 대한 윤리(3장), 사회에 대한 윤리(4장)의 네 개 영역으로 구성되어 있다. 제1장은 영유아에 대한 윤리를 제시한 것으로 UN 아동권리협약에 의거한 기본권 네 가지, 즉 생존권(2번), 보호권(3, 4, 5번), 발달권(7, 8, 9번), 참여권(10번)을 기반으로 하여 구성하고 있다. 제2장은 영유아가 속한 가정에 대한 윤리로, 보육교사가 학부모와 상호 존중하며 의존하는 동반자로서 긴밀하게 연계하고 협력하는 데 필요한 인식과 태도에 관한 항목을 제시하고 있다. 제3장은 어린이집에서 근무하는 근무자 간에 지켜야 할 윤리에 대한 내용을 담은 것으로 어린이집에 근무하는 모든 사람의 인권과 복지를 보호하기 위해 준수해야 할 윤리적 덕목을 어린이집 원장과 보육교사로 나누어 제시하고 있다. 제4장은 보육교사로서 사회윤리를 인식하고 실천할 것을 제시하는 내용으로, 보육이라는 사회적 활동이 사회 내에서 인정받고 보육인이 사회인으로서 그 책임을 다하기 위해서는 보육인 전체가 하나가 되어야 함을 강조하고 있다. 마지막으로 윤리강령의 부속물로서 '보육인 윤리 선언'을 채택하여 보육교사가 구어로 읽고 다짐하는 데 활용할 수 있도록 하였다. 어린이집 교사의 전문성에 핵심이 되는 윤리강령의 구체적인 내용은 다음과 같다.

어린이집 원장 및 보육교사 윤리강령

서문

보육은 영유아를 건강하게 양육하고, 안전하게 보호하며, 발달 특성에 적합한 교육을 제공하는 복지 서비스이며, 보육인은 사랑과 존중과 전문지식을 바탕으로 영유아의 전인적 성장에 영향을 미치는 전문직업인이다. 그러므로 보육인은 윤리적 의식과 태도를 가지고 사회적 본분에 임해야 한다.

이에 어린이집 원장과 보육교사는 스스로 책무성을 발현하여 윤리강령을 제정함을 밝힌다. 본 강령을 직무수행의 규준으로 삼아, 보육현장에서 발생하는 윤리적 갈등을 해결하고, 생존권 · 보호권 · 발달권 · 참여권 등 영유아의 권리를 보장함으로써, 직무상의 윤리적 책임을 다하여 전문직업인으로서의 위상을 공고히 하고자 한다.

더불어 영유아와 그 가정, 동료와 사회의 존엄성을 존중하는 보육의 실천으로 다각적인 신뢰를 구축하고, 영유아의 잠재력을 최대한 발휘시킴으로써 영유아가 긍정적인 자아 개념을 형성하고 유능한 사회인으로 성장할 수 있도록 도와 궁극적으로는 영유아와 그 가정, 동료와 사회의 통합적 · 이상적 복지 실현에 기여하고자 한다.

제 I 장. 영유아에 대한 윤리

1. 영유아에게 고른 영양과 충분한 휴식을 제공하여, 몸과 마음이 건강한 사람으로 자라도록 돕는다.
2. 성별, 지역, 종교, 인종, 장애 등 어떤 이유에서도 영유아를 차별하지 않고 공평한 기회를 제공한다.
3. 영유아는 다치기 쉬운 존재임을 인식하여 항상 안전하게 보호한다.
4. 영유아에 대한 정서적 · 언어적 · 신체적 학대를 행하지 않는다.
5. 어린이집 내외에서의 영유아 학대나 방임을 민감하게 관찰하며, 필요한 경우 관련 기관('아동보호전문기관' 등)에 보고하고 조치를 취한다.
6. 영유아의 인격을 존중하고, 개인의 잠재력과 개성을 인정한다.
7. 개별적 상호작용 속에서 영유아의 요구를 수용하기 위해 노력한다.
8. 영유아의 사회 · 정서 · 인지 · 신체 발달을 통합적으로 지원하는 보육 프로그램을 실시한다.
9. 특별한 도움을 필요로 하는 경우, 전문가와 협력하여 영유아의 입장에서 최선의

대안을 찾는다.

10. 보육활동을 계획 · 실행 · 평가하는 모든 과정에 영유아의 흥미와 의사를 반영한다.
11. 영유아의 개인적 기록과 정보에 대해 비밀을 보장한다.

제II장. 가정에 대한 윤리

1. 상호 신뢰를 바탕으로 영유아의 가정과 동반자적인 관계를 유지한다.
2. 각 가정의 양육가치와 의사결정을 존중한다.
3. 경제적 수준, 가족 형태, 지역, 문화, 관습, 종교, 언어 등 어떤 것에 의해서도 영유아의 가정을 차별 대우하지 않는다.
4. 보육활동 및 발달 상황에 관한 정보를 정확하게 제공하여 영유아에 대한 가정의 이해를 돕는다. 다문화, 심신장애 등으로 의사소통에 도움이 필요한 경우 문제를 해결할 최선의 방법을 도모한다.
5. 시설 운영에 관한 정보를 공개하여 영유아 가정의 알 권리에 응한다.
6. 보육 프로그램과 주요 의사결정에 영유아의 가정이 참여하도록 안내한다.
7. 필요한 사회적 지원, 전문 서비스 등 관련 정보를 제공하여 영유아 가정의 복리 증진을 돕는다.
8. 영유아 가정의 사생활을 보호하고 익명성을 보장한다.

제III장. 동료에 대한 윤리

[어린이집 원장]

1. 최상의 보육 서비스 제공에 필요한 인적 · 물적 환경의 조성 및 유지를 위해 노력한다.
2. 보육교사를 신뢰하고 존중하며 전문성과 자율성을 인정한다.
3. 성별, 학연, 지연, 인종, 종교 등에 따라 보육교사를 차별하지 않는다.
4. 업무 관련 의사결정이 필요한 경우, 보육교사의 의견 개진 기회를 보장한다.
5. 보육교사에게 지속적 재교육 등 전문적 역량 제고의 기회를 부여한다.
6. 보육교사에게 적정 수준의 보상(보험, 급여 등)을 안정적으로 제공하며, 복지 증진에 힘쓴다.
7. 보육교사 개인의 기록과 정보에 대한 비밀을 보장한다.

[보육교사]

1. 존중과 신뢰를 바탕으로 협력하며, 서로의 전문성과 자율성을 인정한다.
2. 상호 간 역량 계발과 복지 증진에 부합하는 근무 환경이 되도록 힘쓴다.
3. 어린이집 원장 및 동료와 영유아 보육에 대한 신념을 공유한다.
4. 보육교사로서의 전문성 향상을 위해 스스로 노력한다.
5. 어린이집 내에서 영유아 및 보육교사의 인권과 복지를 위협하는 비윤리적 사태가 발생한 경우, 법률규정이나 윤리기준('한국보육시설연합회 윤리강령위원회' 참조)에 따라 조치를 취한다.

제Ⅳ장. 사회에 대한 윤리

1. 공보육에 대한 책임을 인식하고 항상 질 좋은 보육 서비스를 제공한다.
2. 영유아의 안전을 위협하는 환경이나 정책이 발견될 시, 관계기관과 협의하여 개선한다.
3. 공적 책임이 있는 어린이집으로서 재정의 투명성을 유지하고 부정한 방법으로 사적 이익을 취하지 않는다.
4. 영유아의 권익보호를 위해 관련 정책 결정 및 법률 제정에 적극 참여하며, 사회적으로 이를 널리 알리는 데 앞장선다.
5. 지역사회 실정에 맞는 어린이집의 책임과 역할을 인지하고, 실천하고자 노력한다.

보육인 윤리 선언

나는 영유아의 건강한 성장과 발달을 지원하는 보육교사(어린이집 원장)로서, 직무상의 윤리적 책임을 다하여 다음 사항들을 지킬 것을 다짐합니다.

1. 나는 내가 영유아에게 지대한 영향을 미치는 존재임을 잊지 않으며, 항상 스스로의 말과 행동에 신중을 기한다.
1. 나는 영유아의 인격과 권리를 존중하며, 어떠한 경우에도 영유아에게 해가 되는 일을 하지 않는다.
1. 나는 영유아 가정의 다양성을 이해하고 존중하며, 상호 신뢰하는 동반자적 관계를 유지한다.

1. 나는 동료를 존중하고 지지하며, 서로 협력하여 최상의 보육 서비스를 제공하기 위해 노력한다.
1. 나는 보육의 사회적 책임과 역할을 인식하고, 영유아의 권익과 복지를 위한 활동에 앞장선다.
1. 나는 「어린이집 원장 · 교사 윤리강령」을 직무수행의 도덕적 규준으로 삼아 진심을 다하여 충실히 이행한다.

출처: 중앙보육지원센터 홈페이지(https://central.childcare.go.kr/).

3. 보육교사 윤리강령의 적용

보육교사는 보육현장에서 영유아의 이해 및 지도, 영유아의 가정과의 협력, 동료와의 관계, 보육과정 운영, 보육교사 전문성 신장 등을 위한 직무를 수행하는 데 있어서 수많은 윤리적 딜레마를 경험하게 된다. 윤리적 딜레마란 같은 비중의 윤리적 가치가 서로 충돌하여 의사결정을 내리기 어려운 상태를 의미한다. 윤리강령은 실제 교사가 딜레마 상황에 부딪혔을 때 그 문제를 해결하는 데 도움을 준다. 윤리강령을 실제 상황에 적용하기 위해서는 다음의 단계를 거치는 것이 필요하다.

① 상황과 관련된 이슈 분석하기
↓
② 윤리강령에 포함된 원리 찾아 문제해결 지침 세우기
↓
③ 위 원리를 적용하여 초기 문제해결 시도하기
↓
④ 결과를 평가하여 반성하기

[그림 6-1] 윤리강령 적용 단계

보육교사는 개별 영유아를 위해 보육과정, 교수-학습 전략, 보육환경 등을 적절하게 수정해 주어야 하고, 가족과 상담을 하고, 그 영유아가 보육 프로그램으로부터 긍정적 영향을 받아 자신의 잠재력을 최대한으로 발휘할 수 있도록 노력해야 한다. 만약, 영유아와 그 가족과 함께 이러한 노력을 기울인 후에도 별다른 효과를 보지 못하거나 그 프로그램으로부터 효과를 얻을 수 있는 다른 영유아의 기회를 심각하게 방해한다면, 보육교사는 위의 단계를 따라 그 영유아의 현재 요구가 무엇인지 결정하고, 이러한 요구에 가장 적절하게 부합하는 환경과 서비스가 무엇인지 알아내고, 그 영유아가 필요한 서비스를 받을 수 있도록 가족 및 해당 전문가와 의사소통해야 한다.

정리해 봅시다

❖ 윤리강령 바탕으로 토론해 보기

1. 다음에 제시된 기사를 읽어 보세요.
2. 우리 학급에 '안아키(약 안 쓰고 키우기의 줄임말) 치료법'을 따르는 학부모와 영유아가 있다고 가정하고, 학부모의 양육방식을 찬성하는 팀과 반대하는 팀으로 나누어 보세요.
3. 찬성하는 이유와 반대하는 이유를 보육교사 윤리강령에서 찾아보세요.
4. 찾은 윤리강령을 바탕으로 상대 팀을 설득해 보세요.

안아키 김표진 원장 왜 내 책임인가, 선택할 기회 줬을 뿐

안아키(약 안 쓰고 아이 키우기)의 운영자인 한의사 김효진 원장이 안아키 치료법대로 했다가 아이의 병이 더욱 악화됐다는 부모들에게 "그게 왜 내 책임이냐. 선택할 기회를 줬을 뿐이지 내가 손에 쥐어 준 건 아니다."라고 주장했다. 김 원장은 18일 방송된 SBS '그것이 알고 싶다'와의 인터뷰에서 이같이 밝혔다. 이날 방송에서는 아픈 아이를 자연 치유한다는 '안아키'의 실태를 재조명했다.

안아키 온라인 커뮤니티를 운영하는 김 원장은 백신이나 약은 자연 해독력을 잃게 만든다며 약 없이 아이를 키워야 한다는 논리를 내세우고 있다. 하지만 지난 4월 안아키 치료법을 따랐다가 병이 더 악화된 아이들의 상황이 알려지며 아동학대 논란으로 이어졌다.

이날 김 원장은 제작진과의 인터뷰에서 "약을 쓰지 말자는 것이 아니라 약이 듣는 몸으로 만들고 유지하자는 것."이라면서 "실제로 오늘 약을 많이 쓰면 내일은 더 큰 독이 된다. 만약, 약을 쓰면 하루 만에 낫고 약을 안 쓰면 이틀 만에 낫는다면 나는 약을 쓰지 말고 이틀 만에 치료하라고 한다. 그게 내일을 위해 건강을 저금하는 방법이라고 얘기하고 싶다."라고 전했다. 그러면서 "내가 생각하는 근본적 문제는 의료 시스템을 알면서 바꾸고 싶어 하지 않는 사람들이 있기 때문."이라며 "안아키는 문제를 제기한다. 똑똑한 의료소비자를 기르는 게 누군가에게는 몹시 불편할 거다."라고 주장했다.

또 김 원장은 안아키 온라인 커뮤니티의 운영 방식인 이른바 '맘닥터' 제도에 대해서도 반박했다. 맘닥터는 커뮤니티에 올라오는 엄마들의 질문에 답글을 달아 주는 제도로 카페 내에서 치러지는 응시 시험에서 일정 점수를 받은 사람에게 자격이 주어진다. 하지만 시험 관리가 엄격하지 못할 뿐만 아니라 전문적인 의료 지식을 갖추지 못한 엄마들이 김 원장의 가이드라인 내에서 제한적인 답변만 이뤄진다는 지적이다. 이에 김 원장은 "정보의 취사 선택 능력이 개인마다 다르다. 책임의 문제는 다른 문제다. 경찰에서도 이런 얘기 많이 들었다. 계속 이해가 안 갔다. 왜 내 책임이냐. 이건 거래가 아니다. 선택할 기회를 줬을 뿐이지 내가 손에 쥐어 준 건 아니다."라고 반박했다. 반면, 맘닥터 자격으로 댓글 활동을 해 왔다는 이들은 이날 방송에서 안아키 사태 이후 죄책감에 시달렸다고 방송에서 고백했다.

한편, 지난 4월 논란이 일자 안아키 커뮤니티를 폐쇄하고 한의원도 문을 닫았던 김 원장은 최근 온라인 커뮤니티 운영을 재개하고 한의원도 새로 열었다. 그는 여전히 자신의 치료법을 꿋꿋이 주장하고 있었다.

중앙일보(2017. 11. 19.)

출처: http://news.joins.com/article/22128080

▶ 찬성하는 팀

찬성하는 이유	해당 윤리강령

▶ 반대하는 팀

찬성하는 이유	해당 윤리강령

PART 2

보육교사 윤리강령에 비추어 본 현장사례

C·H·A·P·T·E·R 07

현장사례의 이해

※ 본 장은 박은혜(2003). 유아 교육기관에서의 수업사례집에
제시된 내용을 기반으로 구성하였음.

본 장에서는 보육현장을 간접경험할 수 있는 한 방법으로 현장사례를 소개한다. 현장사례의 개념과 활용 목적을 알아보고, 현장사례를 분석하고 이를 바탕으로 토론하는 방법을 살펴봄으로써 유능한 교사처럼 현장에 대처하는 방법을 익히도록 한다.

생각해 봅시다

❖ 다른 사람의 입장에서 생각해 보기

1 아래의 현장사례를 읽어 보세요.
2 김 교사가 이러한 활동을 한 의도는 무엇일지 생각해 보세요.
3 박 유아의 부모가 김 교사에게 전화를 한 이유는 무엇일지 생각해 보세요.
4 내가 김 교사라면 어떻게 대처할지 함께 이야기해 보세요.

김 교사는 여러 유아를 데리고 친환경 유기농 농장으로 체험학습을 갔다. 박 유아가 흙과 흙이 묻은 토마토가 더러워서 싫다고 어린이집 버스에서 내리지 않으려고 했다. 김 교사는 "선생님은 어릴 때 맨발로 흙을 밟고 다니면서 놀았어. 흙이 아주 부드럽거든." 하며, 신발과 양말을 벗고 맨발로 흙을 밟는 것을 보여 주었다. 이를 본 다른 유아들은 저마다 맨발로 신나게 농장을 돌아다녔다. 친구들의 모습을 보던 박 유아는 조심스럽게 신발과 양말을 벗어 흙을 밟고 김 교사를 올려다보았고, 김 교사는 밝게 웃으며 박 유아가 친구들과 함께 맨발로 흙을 탐색해 보도록 격려하였다.

체험학습을 마치고 유아들이 모두 귀가한 후 박 유아의 부모가 어린이집으로 전화를 하여 "체험학습 가서 아이들이 맨발로 돌아다니게 하셨나요? 땅에 기생충도 많고 벌레도 많고 세균이나 대장균도 우글거리는데 그런 데를 맨발로 다니게 하다가, 혹시라도 감염이 되면 어쩌죠? 친환경 유기농만 재배하는 곳이라면 유기농 비료를 쓸 텐데, 어떤 더러운 미생물이 섞여 있는 줄 모르잖아요. 아이들이 어른들보다 면역에 취약하니까 좀 주의해 주세요. 특히, 우리 박 유아는 그렇게 막 키우는 아이가 아니라서요." 하고는 전화를 끊었다.

▶ 김 교사의 의도
•
•
•

▶ 학부모의 의도
•
•
•

▶ 김 교사의 대처 방법
•
•
•

1. 현장사례의 개념 및 활용 목적

예비보육교사나 초임 보육교사는 실제 보육현장에서 과거에 일어났던 문제나 현재 일어나고 있는 문제, 혹은 앞으로 일어날 수 있는 문제에 대하여 보육교사 윤리강령을 바탕으로 문제를 해석하고, 정의해 보고, 가능한 대안을 생각해 보고, 다양한 대안들 중에서 가장 적절한 것을 찾아봄으로써 유사한 문제가 발생했을 때 사용할 수 있는 전략을 학습하는 것이 필요하다. 그러나 예비보육교사의 경우 실제 보육현장에 대한 접근에 제한이 있으며, 보육실습이나 실제 교실 운영을 통해 문제를 경험한다 하더라도 실패에 대한 걱정 없이 가장 적절한 대안을 찾는 것이 쉽지 않다(Merseth, 1996). 그러므로 예비보육교사나 초임 보육교사는 다양한 현장사례를 활용하여 문제해결 능력을 기르고 유능한 교사가 되기 위한 연습을 할 필요가 있다.

현장사례란 법학에서는 판례, 의학에서는 임상사례에 해당하는 것으로, 특정 사건이지만 교사라면 누구에게나 일어날 수 있는 일을 실제 상황에 기초하여 사건, 상황, 맥락, 참여자 등을 자세히 기술한 것이다. 현장사례는 이론으로는 설명하지 못하는 보육실의 다양함과 복합성을 사례를 통하여 분석하고 그에 따라 문제를 해결하거나 의사를 결정하도록 연습함으로써 문제 상황에 대한 간접경험을 하도록 한다(박은혜, 2017).

메르세스(Merseth, 1996), 먼로(Munro, 1999), 슐만(Shulman, 1992) 등 여러 학자들이 교사교육에서 활용하는 현장사례에 대해 내린 정의를 바탕으로 현장사례의 특징을 살펴보면, 현장사례는 허구로 만들어 낸 것이 아니라 교수 상황에서 실제로 일어난 사건에 기초하기 때문에 일반적인 설명이 아니라 지엽적이며 상황적인 특성을 가진다. 또한, 현장사례는 겉으로 드러나는 문제 뒤에 숨어 있는 근본적인 원리들을 반성적으로 사고해 볼 수 있도록 구성되며, 개인적인 이야기에서 그치는 것이 아니라 이론적으로 논의될 수 있는 내용을 포함한다. 현장사례에는 일반적으로 사건이 벌어진 장소 및 지역사회에 대한 일반적인 배경 서술, 등장인물, 대화 등이 포함되고 실제 있었던 사건을 교사의 입장에서 다시 한번 이야기하면서 교사가 겪는 여러 가지 행위, 동기, 욕구, 좌절, 실패 등을 드러낸다.

현장사례를 활용하여 교사교육을 하는 목적은 이론과 실제를 연결해 주는 예시를 교사에게 제공하여 교사가 학급을 운영하고 교육하는 데 내용 지식을 증가시키기 위해서이다. 보육교사교육에 현장사례를 활용하는 목적을 구체적으로 살펴보면 다음과 같다.

첫 번째 현장사례의 활용 목적은 보육교사에게 바람직하고 적절한 예시를 제시하는 것이다. 보육현장과 관련된 일반적인 원리를 가르칠 때 이론적인 지식뿐만 아니라 그 이론적인 지식이 실제에서는 어떻게 나타날 수 있는지를 보여 준다면 예비보육교사는 이론을 좀 더 쉽게 이해할 수 있다. 또한, 현장사례는 유능한 보육교사의 교수방법을 다른 보육교사에게 예시로 제공하여 분석하고 검토하여 교수방법을 개선하는 목적으로 활용될 수도 있다(Broudy, 1990).

두 번째 현장사례의 활용 목적은 보육교사의 의사결정이나 문제해결 능력을 향상시키는 것이다. 보육현장은 이론으로는 설명하기 힘든 다양하고 복합적인 상황의 연속이다. 그러한 상황을 현장사례로 담고, 분석하고 의사를 결정하여 문제를 해결하도록 연습한다. 클라인펠드(Kleinfeld, 1992)는 교육현장 전문성을 가진 교사의 바람직한 현장사례를 선정하여 초임교사에게 제공하였을 때 초임교사는 교육현장에서 일어날 수 있는 문제 상황에 대하여 간접경험을 하게 되고, 유능한 교사가 문제를 해결하는 방법과 그 결과에 대해 반성적 사고를 하는 방법을 볼 수 있으며, 유사한 문제가 발생했을 때 사용할 수 있는 전략을 학습할 수 있도록 도와준다고 하였다.

세 번째 현장사례의 활용 목적은 보육교사가 가지고 있는 개인적 지식을 끌어내는 것이다. 유능한 교사가 복잡한 문제 상황에 직면했을 때 이를 해결하는 전략은 암묵적으로 형성되어 있고 복잡하게 얽혀 있으며, 하나의 이론이나 원리로 설명하기 힘들다. 무엇보다 이론이나 원리를 적용하는 상황과 맥락에 따라 해석과 의미부여가 달라질 수 있고 따라서 적용하는 전략도 달라진다. 이러한 유능한 교사의 실제적인 지식은 대부분 본인의 머릿속에만 머물러 있어 지식을 공유하는 데 제약이 있다. 현장사례는 이야기를 통해 교사가 가지고 있는 개인적 지식을 충분히 끌어낼 수 있는 방법 중 하나이다. 또한, 현장사례를 분석하고 문제해결방안을 모색하는 과정에서 윤리강령을 적용해 봄으로써 윤리적인 민감성을 가지고 전문적으로 의사결정을 하고 문제를 해결하는 과정을 학습할 수 있다.

2. 현장사례 분석하기

새로운 지식을 창조하는 과정에서 가장 중요한 단계는 개인과 개인, 개인과 조직, 조직과 조직이 서로 대화하면서 지식을 공유하는 상호작용 단계이다. 현장사례를 읽는 것만으로는 앞서 제시한 목적을 달성할 수 없다. 반드시 공유된 의사소통, 공동의 의미 창출 과정을 거쳐야 한다(Merseth, 1992). 지식을 공유하여 공동의 의미를 창출하는 과정을 효과적으로 하기 위해서는 현장사례를 미리 읽고 준비하는 과정이 필수적이다.

현장사례를 읽고 분석하는 과정에서 윤리강령을 적용해 보는 것이 필요하다. 현장사례에는 여러 입장 모두 정당하다고 판단할 수 있는 딜레마 상황이 포함되어 있고, 그중에 어느 한 가지 입장을 선택하는 것은 쉬운 일이 아니다. 한 집단 내에서도 개인이 가지는 전문적인 이론과 지식, 개인적인 경험에 따라 다양한 가치관이 존재하며, 같은 사람이라도 상황에 따라 가치관이 다르게 적용되기도 한다. 그래서 보육교사가 따르고 행동해야 할 기준을 세우고 동일하게 적용하도록 연습하

단계	내용
① 기본적인 배경 분석하기	• 사건이 발생한 시간과 장소, 관련된 인물과 특성 등 분석
② 현장사례에 포함된 문제 찾아내기	• 가장 핵심이 되는 이슈, 교수–학습이 일어나고 있는 교실의 상황, 교수활동의 목표, 집단 구성, 영유아의 특성 등 찾기 • 현장사례를 더욱 자세히, 잘 이해하기 위해 추가적으로 필요한 정보 등을 찾기
③ 현장사례에 포함된 모든 사람의 관점에서 생각해 보기	• 현장사례에 관련된 인물 찾아내기 • 부모, 영유아, 교사, 행정가 등 각 사람의 관점에서 문제를 생각해 보기
④ 현장사례에 제시된 상황에 전문적인 지식 적용시켜 보기	• 각 사람의 관점에 해당되는 윤리강령 연결시켜 보기 • 상황과 관련된 이론을 실제와 통합시키게 되고, 이전에 학습했던 지식을 현재 분석하고 있는 특정한 현장사례에 적용시켜 보기
⑤ 교사의 입장에서 문제 해결해 보기	• 현장사례에 나타난 상황을 교사가 보는 관점, 교사가 취한 행동과 결과, 교사가 고려하지 못한 요인, 윤리강령 등 고려하기
⑥ 사례를 읽는 사람의 관점에서 새로운 대안을 찾아 분석하기	• 가장 우선시되는 윤리강령 선정 및 새로운 대안 제시하기 • 새로운 대안을 충분히 평가해 보고, 가장 적절한 방법을 찾은 후, 결정 내릴 사항을 반성적으로 평가하기

[그림 7-1] 현장사례 분석하기

는 것이 필요하며, 윤리강령이 그 기준이 될 수 있다. 윤리강령을 기준으로 삼으면서 현장사례를 읽고 분석하는 과정은 [그림 7-1]과 같다.

먼저, 기본적인 배경 분석하기 단계에서는 사건이 발생한 시간, 장소, 관련된 인물의 수와 특성 등 현장사례가 가지고 있는 기본적인 배경을 분석해 본다.

두 번째 단계에서는 현장사례에 포함된 문제를 찾아낸다. 사례에 따라 문제가 분명하게 드러나는 경우도 있고 드러나지는 않지만 사례를 해결하는 데 연관된 문제가 있을 수 있고 한 사례에 다양한 문제들이 연관되어 나타날 수 있다. 그러나 이 모든 문제를 한 번에 모두 해결하는 것은 불가능에 가까우므로 현장사례에 포함된 문제 찾아내기 단계에서는 사례에 관련된 모든 문제를 찾아내고, 그 문제들 가운데 가장 중요하거나 긴급하여 다른 사람의 권리를 심각하게 침해하는 문제가 무엇인지 파악하여 해결의 우선순위를 정한다. 물론, 교사에 따라 더 중요하다고 생각하는 문제가 다를 수도 있다.

세 번째 단계에서는 현장사례에 포함된 다양한 사람들의 관점에서 문제를 생각해 본다. 해당 사례와 직접적으로 관련된 사람은 누구인지, 사례에 직접적으로 드러나지는 않지만 문제를 이해하기 위해 반드시 고려해야 하는 사람이나 간접적으로 이 문제와 관련이 있을 수 있는 사람은 누구인지 파악하는 것이 필요하다. 관련 인물을 파악하였다면 다음으로는 각 인물의 관점에서 문제를 생각해 보는 것이 필요하다. 이를 통해 여러 사람의 이해관계가 부딪히는 딜레마 상황에서 누구와 누구의 이익이 부딪히는지 파악할 수 있고 문제를 해결하는 데 우선적으로 고려해야 하는 중요한 실마리를 제공할 수도 있다. 이러한 다차원적인 관점에서의 분석은 교사의 문제해결력을 크게 향상시킨다.

네 번째 단계에서는 현장사례에 제시된 상황에 전문적인 지식을 적용해 본다. 이 단계에서 교사는 상황과 관련된 여러 가지 이론들을 통합시키게 되고 이전에 학습했던 지식들을 현재의 현장사례에 적용시킬 수도 있다. 예비교사의 경우 현장사례의 주제와 관련되는 논문을 찾아서 요약하는 것이 도움이 될 수 있다. 이 단계에서는 이론을 적용하여 해결방안을 모색해 볼 수 있고, 윤리강령을 적용하여 해결방안을 모색해 볼 수 있으며, 현실을 고려하여 해결방안을 모색해 볼 수 있다. 앞에서 찾아낸 현장사례에 관련된 인물별로 그 사람의 관점에 해당되는 윤리강령을 찾아보고, 어느 윤리강령이 의사결정에 있어서 우선시되어야 하는지, 그 윤리강령에 부합되는 해결방안은 무엇인지 모색해 볼 수 있다. 즉, 보육교사의 직업윤리를 바탕으로 전문적인 민감성을 가지고 현장에 맞게 딜레마 상황을 분석한다.

다섯 번째 단계에서는 교사의 입장에서 문제를 해결해 본다. 앞선 단계까지가 현장사례에 대하여 표면적인 분석을 하는 단계였다면 이 단계에서는 일반적인 분석을 바탕으로 현장사례의 상황을 교사의 입장에서 초점을 맞추어 다시 한번 분석한다. 수업사례에 나타난 상황을 교사는 어떻게 보고 있는지, 사례에 나타난 교사의 해결방안은 무엇이었는지, 그 결정으로 인한 행동의 결과는 어떠했는지, 교사가 고려하지 못한 요인이나 윤리강령은 무엇인지 등을 분석해 봄으로써 교사의 해결방안이 적절하였는지를 파악한다. 또한, 현장사례의 관련 인물 중 누구의 이익을 보장하고 누구의 이익을 보류하였는지, 따라서 어떤 윤리강령을 따르고 어떤 윤리강령을 보류하였는지를 파악하고 그 선택이 적절하였는지 생각해 볼 수 있다.

마지막 여섯 번째 단계에서는 현장사례를 읽는 사람의 관점에서 새로운 대안을 찾아 분석하는 단계이다. 네 번째 단계에서 제시한 해결방안과 다섯 번째 단계에서 분석한 교사의 해결방안을 바탕으로 최선의 대안을 결정해 볼 수 있다. 앞서 등장인물별로 연결시켜 본 윤리강령 중에서 가장 우선시되는 윤리강령은 무엇인지 선정해 보고 관련된 새로운 대안을 제시해 볼 수 있다.

여러 개의 현장사례를 표면적인 수준에서 읽으면서 문제를 해결하기보다는 같은 현장사례라도 여러 번 반복하여 읽으면서 여러 사람의 관점이나 문제를 보도록 노력할 때 교사의 지식이나 분석 능력이 향상된다. 뿐만 아니라, 보육교사는 자신이 속해 있는 보육실을 벗어나 어린이집, 지역사회, 이를 둘러싸고 있는 사회 · 문화적 환경까지 볼 수 있는 안목이 생긴다. 현장사례에 대한 분석을 원활하게 하기 위해서는 현장사례를 분석할 수 있는 기준을 제시하는 분석 노트를 활용한다. 현장사례를 토론하기 전에 미리 현장사례를 읽고 분석 노트를 작성하는 것이 효과적이다. 다음은 분석 노트의 예시이다.

<table>
<tr><th colspan="4">분석 노트</th></tr>
<tr><td colspan="2">① 기본 정보</td><td colspan="2"></td></tr>
<tr><td colspan="2">② 사례에
나타난 문제</td><td colspan="2"></td></tr>
<tr><td rowspan="6">③ 사례
관련
인물</td><td>관련 있는
사람</td><td colspan="2">• 사례에 드러나는 관련 인물은 누구인가?
–
• 사례에 드러나지 않지만 관련된 인물은 누구인가?
–</td></tr>
<tr><td rowspan="5">인물별
관점</td><td>(예) 영유아</td><td>–</td></tr>
<tr><td>(예) 학부모</td><td>–</td></tr>
<tr><td>(예) 교사</td><td>–</td></tr>
<tr><td>(예) 원장</td><td>–</td></tr>
<tr><td>(예) 기타</td><td>–</td></tr>
<tr><td rowspan="2">④ 관련
지식</td><td>관련
이론</td><td colspan="2"></td></tr>
<tr><td>관련
윤리강령</td><td colspan="2"></td></tr>
<tr><td colspan="2">⑤ 교사의
해결방안 검토</td><td colspan="2"></td></tr>
<tr><td colspan="2">⑥ 토론자 입장에서
대안 모색</td><td colspan="2"></td></tr>
</table>

3. 현장사례 토론하기

현장사례를 다른 교사들과 함께 토론할 때, 특히 초임교사가 경력 있는 교사와 함께 토론을 하는 경우, 경력 있는 교사가 가지고 있는 지식을 통하여 문제의 원인이나 해결책 등을 볼 수 있다. 경험이 많은 교사의 문제해결 방식을 알았다고 해서 초임교사가 그대로 적용할 수 있는 것은 아니다. 그대로 적용한다고 해서 문제가 해결된다는 보장도 없다. 그러나 교사는 현장사례를 읽고 분석하고 토론하는 과정을 통해 자신과는 다른 관점에서 문제를 풀어나가는 과정을 간접적으로 경험하게 되고, 교육에 대한 사고와 추론을 촉진하고, 교수행동에 대한 새로운 지식을 더 많이 형성한다.

현장사례를 토론할 때 토론에 참여하는 교사의 사전 준비와 토론을 이끌어가는 리더의 역할이 가장 중요하다. 리더는 현장사례에 대한 지식을 가지고 있어야 하고, 현장사례가 주는 교육적 의미에 대한 믿음이 있어야 한다. 성공적인 현장사례 토론을 위한 리더의 역할을 정리하면 다음과 같다.

- 지식을 전달해 주는 사람이 아니라 교사 스스로 지식을 구성할 수 있도록 도와주는 역할
- 토론에 참여한 교사보다 말을 더 많이 하지 않도록 주의하며, 말 대신 등장인물의 성격, 관계, 주요 이슈, 해결책, 질문 등을 정리해 주는 역할
- 토론에 참여한 교사가 자신의 관점을 솔직하게 드러내고 타인의 관점에 도전해 볼 수 있도록 안전하고 편안한 분위기를 조성하는 역할
- 토론이 산만해지지 않도록 토론의 초점을 맞추도록 질문하고 확인하는 역할
- 토론에 참여하는 교사가 가지고 있는 부정확한 지식이나 편견을 수정해 주는 역할

4. 현장사례 쓰기

앞에 소개된 현장사례 분석하기와 토론하기는 이미 개발된 현장사례를 가지고 이루어지는 활동이다. 현장사례 활용의 심화활동으로 각자의 경험을 바탕으로 현장사례를 직접 써 보는 것도 도움이 된다. 현장사례를 직접 쓰는 것 또한 보육교사가 자신의 경험을 반성적으로 사고하여 대상을 객관화시켜 주고, 보육현장에서 일어나고 있는 상황을 다각도로 읽을 수 있는 능력을 키울 수 있도록 해 준다. 본 장에서는 현장사례를 쓰는 방법을 알아보고, 현장사례를 활용하여 분석하고 토론하도록 하는 8장부터 15장에서는 심화활동으로 직접 사례를 써 볼 수 있도록 안내한다.

문제해결이나 의사결정을 위한 현장사례는 사례를 분석하고 문제해결 전략 제시, 의사결정, 문제해결을 위한 행동을 취할 수 있도록 할 만큼 구체적으로 문제상황을 묘사하고 있어야 한다. 사건이 발생한 시간 순서대로 나열하는 것보다 객관적으로 사건의 맥락을 잘 이해할 수 있도록 편집하여 현장사례를 기술하면 논의와 분석이 더 활발히 일어날 수 있다. 그리고 현장사례를 쓰고 있는 교사가 사례와 관련하여 해결하지 못한 문제를 제기하는 등 다양한 수준에서 추론을 할 수 있도록 생각할 수 있는 주제가 포함되어야 한다(Merseth, 1992). 이러한 좋은 수업사례를 쓰기 위한 단계를 소개하면 다음과 같다.

1) 주제 정하기

현장사례는 분명하고 생생하게 써야 하기 때문에 자신이나 다른 교사에게 의미 있었던 경험을 기초로 하는 것이 좋다. 영유아의 성장과 발달, 보육과정 개발 및 실행, 가족 및 지역사회와의 연계, 건강 · 안전 · 영양과 관련된 문제, 보육교사의 전문성과 관련된 문제 등 교사가 현장에서 경험하는 모든 것이 현장사례의 주제가 될 수 있다. 현장사례의 구체적인 주제는 다음과 같다.

- 영유아의 성장과 발달
  - 새로 입학한 영유아, 상호작용하기 어려운 영유아, 교사–영유아 간의 갈등 상황, 영유아
  - 영유아 간의 갈등 상황, 가정에 문제가 있는 영유아의 경우, 개인차를 다루기 어려운 경우 등
- 보육과정 개발 및 실행
  - 하루나 학기를 시작하는 날, 적응 기간의 기간과 프로그램, 새로운 수업 내용, 새 학급/연령을 가르치는 경우, 어려운 내용을 가르친 경험, 다양한 집단으로 구성된 학급을 가르치는 경우, 평가 등
- 가족 및 지역사회와의 연계
  - 교사들 간의 협동이나 갈등, 지역사회와의 협동이나 갈등, 학부모와의 관계/갈등, 열린어린이집 운영 등
- 건강 · 안전 · 영양과 관련된 문제
  - 생활지도, 편식 지도 등
- 보육교사의 전문성과 관련된 문제
  - 예비보육교사 교육과정에서 배운 이론을 현장에 적용시킬 때의 문제점 등

2) 원자료의 수집과 조직

현장사례를 쓸 때 객관성과 일관성을 가질 수 있도록 관련된 원자료를 수집하고, 자료를 조직하면서 점검하는 것이 필요하다. 원자료로 이용할 수 있는 것으로는 교사의 저널, 보육계획안, 영유아관찰기록, 보육과정, 기타 교사들이 정기적으로 사용하는 교재, 교사 또는 교육에 관련된 영화나 드라마, 학부모 면담 자료, 동료와의 대화 등이 있다.

3) 형식에 맞추어 현장사례 쓰기

먼저, 사건의 배경이 되는 사회 · 문화적 맥락과 등장인물의 특성을 먼저 기술한다. 등장하는 주요 인물을 설명할 때는 각각의 성격과 관계를 충분히 기술하여 독자들이 상황에 대하여 깊이 알 수 있도록 해야 한다. 다음으로는 현장사례에서 다루고 있는 사건의 성격, 발생 원인과 맥락 등과 같이 분명히 드러나는 사실 전달이나 토론을 이끌어 낼 수 있는 주제를 먼저 제시하고 점차 복잡하고 깊은 차원에서 논의할 수 있는 갈등이나 딜레마를 제시한다. 이때 사건의 진전 상황, 교사의 반응, 사건에 영향을 준 심리적 · 물리적 · 교육적 · 사회적 요인에 대한 설명 등이 포함될 수 있다. 현장사례의 깊이를 더하기 위해 사례에 등장하고 있는 각 인물의 느낌, 동기, 목적, 기대 등을 자세하게 서술하고 대화는 직접화법으로 기록한다. 현장사례에 등장하는 교사가 사건을 보는 관점, 느낌, 반응, 의사결정의 기준, 선택의 결과가 미치는 영향 및 이에 대한 지각 등이 포함된다면 현장사례를 읽는 독자들의 사고를 자극한다. 마지막으로 현장사례를 활용할 수 있는 방안이나 토론의 기초가 될 수 있는 질문을 포함한다.

정리해 봅시다

❖ 현장사례 쓰기에 도전

1. SBS 프로그램 '우리 아이가 달라졌어요' 중 한 에피소드를 골라 시청해 보세요.
   [다시보기 링크: http://programs.sbs.co.kr/culture/mybaby/vods/53311]
2. 시청한 에피소드 중 한 사례를 골라 현장사례를 써 보세요.
3. 작성된 현장사례를 가지고 조별로 분석하고 토론해 보세요.

▶ 현장사례 쓰기

▶ 현장사례 분석하기

분석 노트			
① 기본 정보			
② 사례에 나타난 문제			
③ 사례 관련 인물	관련 있는 사람	• 사례에 드러나는 관련 인물은 누구인가? – • 사례에 드러나지 않지만 관련된 인물은 누구인가? –	
	인물별 관점	(예) 영유아	–
		(예) 학부모	–
		(예) 교사	–
		(예) 원장	–
		(예) 기타	–
④ 관련 지식	관련 이론		
	관련 윤리강령		
⑤ 교사의 해결방안 검토			
⑥ 토론자 입장에서 대안 모색			

C·H·A·P·T·E·R 08

영유아에 대한 윤리 : 영유아 발달에 대한 이해

영유아의 개별적 특성과 현재 발달 수준을 파악하는 것은 영유아에게 적합한 보육을 제공하기 위한 핵심이다. 그러나 보육현장에서는 영유아의 발달을 최우선으로 고려하지 못하는 상황이 종종 발생한다.

본 장에서는 영유아 이해 및 지도를 위한 영유아 발달에 대해 알아본다. 그리고 영유아 발달에 적합한 지도를 방해하는 현장사례를 보육교사 윤리강령에 기반하여 분석해 본다.

1. 영유아 발달 이해의 필요성

인간은 출생 후 신체 · 사회 · 정서 · 인지 · 언어적 측면과 뇌와 신경계 등 생물학적 측면에서 변화를 거듭해 간다. 다른 연령에 비하여 만 0세에서 만 5세까지의 영유아는 발달의 속도가 매우 빠르고 발달하는 폭도 크다. 이후 시기보다 질적으로 다른 성장과 발달의 변화 과정을 보이므로 영유아의 행동, 언어, 사고, 느낌, 관계 등이 성인과는 근본적으로 다르다는 것을 인식하고 지도해야 한다(보건복지부, 2013).

일반적으로 어린이집 학급은 단일 연령으로 구성되는데 같은 연령이라 할지라도 영유아에 따라 발달의 정도가 다르고 한 개인 내에서도 발달 영역 간 격차를 보인다. 신체발달이 매우 빠른 영유아도 언어발달은 늦될 수 있고, 사회 · 정서발달이 빠른 경우에도 인지발달은 상대적으로 차이가 날 수 있다. 따라서 어린이집의 보육교사는 영유아의 발달에 대해 충분한 이해가 있어야 개별 행동 및 보육과정 운영 시 어떻게 지도할지 결정할 수 있다.

2. 연령별 영유아의 발달적 특성

다음은 각 연령별 일반적인 영유아의 발달적 특성에 대해 정리한 자료이다(김명순 · 김일옥 · 김정원 · 김지은 · 백선희 · 조부경, 2005; 이기숙 · 김정원 · 이현숙 · 전선옥, 2017; 장영희, 2004). 교사가 실제 상황에 적용할 때는 발달의 시기와 정도에 따라 다소 차이가 날 수 있음을 염두에 두고 영유아별 개인차를 고려해야 한다.

1) 0세 영아의 발달적 특성

출생부터 12개월까지는 그 어떤 시기보다도 신체 · 사회 · 정서 · 인지 · 언어 모든 측면에서 폭발적인 발달이 이루어진다. 발달의 특성이 짧은 시기에 매우 뚜렷하게 나타나기 때문에 0세의 발달은 0~3개월, 4~6개월, 7~12개월의 세 시기로 나누어 살펴볼 수 있으며, 자세한 발달의 특성은 아래 제시된 〈표 8-1〉과 같다.

〈표 8-1〉 만 0세 영아의 발달적 특성

영역		발달 특성
신체	0~3개월	• 생후 1개월 정도까지는 팔, 다리의 움직임이 반사적이다가 점차 조절 능력 발달 • 생후 1개월까지 파악반사 현상이 점차 없어짐 • 엎드려 있을 때 머리와 가슴을 들기 시작함 • 똑바로 세우면 머리를 꼿꼿하게 들기 시작함
	4~6개월	• 몸을 뒤집을 수 있음 • 도와주면 기대어 앉음 • 잡기 위해 팔을 뻗음 • 대근육 조절 능력 강화로 고개를 자유롭게 움직임 • 6개월 경 이가 나기 시작
	7~12개월	• 혼자서 앉고 기어 다님 • 한 손에 들고 있는 물건을 다른 손으로 옮김 • 기어서 앞뒤로 이동 가능 • 서기 위해 사물을 잡음 • 손을 잡아 주면 몇 발자국 걸을 수 있음 • 손가락 사용이 가능하여 물체를 잡는 행동이 정교해짐 • 음식을 씹을 수 있음

영역		발달 특성
사회	0~3개월	• 만족스러운 것에 긍정적 반응 • 울음이 줄어들고 미소가 증가하며, 사람 얼굴 쳐다보기를 즐김 • 친숙한 사람의 소리가 들리면 찾음 • 타인의 관심을 끌고 유지하는 방법 발달시킴(미소, 웃음, 음성화)
	4~6개월	• 친숙한 사람과 낯선 사람을 구분하기 시작 • 낯선 사람에 대해서 두려움 보임 • 놀이를 좋아하여 양육자와의 상호작용이 일어남 • 안아달라고 몸을 움직임
	7~12개월	• 낯선 사람에 대한 낯가림이 나타나고 격리 불안이 강하게 나타남 • 다른 영아에 대해 반응적이고 또래에 대한 관심 시작 • 자신과 타인의 차이점을 알고 서로 분리되어 있음을 인식 • 칭찬에 반응함 • 까꿍 놀이를 즐겨함
정서	0~3개월	• 쾌와 불쾌의 일차적 기본정서가 나타남 • 양육자에게 반응하고 신뢰와 애착을 형성하는 관계를 맺음 • 생리적 만족이 기분을 좌우함 • 성인의 감정에 대해 인식함
	4~6개월	• 격리불안이 나타나기 시작함 • 거울을 보면 미소 지을 수 있음 • 이가 나기 시작하면 긴장하고 예민해짐
	7~12개월	• 특정 대상에 애착을 갖는 초기 대상 애착 보임 • 슬픔, 두려움 등의 기본정서 표현 • 표정을 보고 상대방의 기분을 인식 • 8~10개월 경, 타인의 정서를 자기 행동의 길잡이로 삼는 사회적 참조가 나타남 • 거울을 보며 두드리고 미소를 지음 • 어리광, 고집을 부리기도 함
인지	0~3개월	• 손을 감각적 · 시각적으로 탐색함 • 자신에 대한 인식 가능–주 양육자 인지 및 반응 • 초보적인 감각 사용 • 주변 사물에 관심을 보이며 입으로 물체 탐색 • 물체가 놓인 거리감 인식
	4~6개월	• 자신의 손과 손가락을 보고 손에 닿는 것을 입으로 가져감 • 엄마의 얼굴과 목소리를 구별함 • 행동을 반복하고 모방함

영역		발달 특성
인지	7~12개월	• 대상영속성이 발달하여 눈앞에 없는 대상을 인지적으로 표상할 수 있음 • 사물 간의 관련성을 파악하여 성취를 위해 의도적 행동을 하는 간단한 문제해결력이 생김 • 모방행동 증가 • 관심 있는 것에 대해서 지속적으로 관심을 나타냄 • 새로운 모양에 관심을 갖고 손을 사용하여 탐색하는 행동을 보임 • 공간개념이 발달하기 시작하면서 높이에 대한 두려움이 생김 • 기억력이 나타남
언어	0~3개월	• 욕구를 울음으로 표현 • 목 울림 소리를 내며, 모음과 비슷한 소리를 만들어 냄 • 생후 1~2개월이 지나면서 울음 외에 즐거운 소리, 쿠잉을 만들어 내고 들을 수 있음
	4~6개월	• 소리 나는 쪽으로 고개를 돌림 • 소리의 변화에 반응 • 쿠잉에서 옹알이로 진행 • 이야기를 하면 쳐다보고 상대방의 이야기가 끝나면 소리를 냄
	7~12개월	• 옹알이가 확장되어 대화처럼 이루어짐 • 주위에서 들리는 소리나 음성을 모방하려고 함 • 싫다고 고개를 흔들며 의사를 표현함 • 자신에게 하는 이야기나 노래를 듣고 반응함 • 도구를 주면 종이에 긁적거리는 흉내를 냄 • 주로 접하는 성인의 억양을 통해 기분을 알아챔

2) 1세 영아의 발달적 특성

만 1세 영아는 목적을 가지고 언어와 몸짓을 사용하여 기초적인 의사소통이 가능해지며, 스스로 걸음을 걷는 등 신체발달이 두드러지게 나타난다. 이 시기의 신체 · 사회 · 정서 · 인지 · 언어의 발달 특성은 아래 제시된 〈표 8-2〉와 같다.

〈표 8-2〉 만 1세 영아의 발달적 특성

영역	발달 특성
신체	• 12개월경부터 붙잡고 걷거나 혼자 걷기를 시작함. 대부분 12~24개월 사이에 걸음마 함 • 18개월경까지는 아직 걷기가 불안정하여 자주 넘어지고 비틀거림
사회	• 친근한 성인이나 형제와 놀이를 하기 시작함 • 거울 속의 자신을 인식함 • 낯선 사람이 있는 장소에 있거나 혼자 있을 때 두려움을 나타냄 • 또래에게 관심을 보임 • 사회적 상호작용을 즐김
정서	• 12개월 이후부터 타인의 정서를 인식하고 이러한 정서를 자신의 행동에 반영함 • 공격적인 행동이 나타나기도 함 • 자신에 대한 긍정적 감정과 부정적 감정이 지속되고 내적 감정과 외적 행동이 똑같이 나타남
인지	• 문제해결을 위해 의도적으로 자신의 행동을 다양하게 변화시켜 보는 행동이 나타남 • 단순한 행동을 모방함 • 행동이나 단어를 기억하여 모방할 수 있음 • 이전 단계보다 대상영속성이 발달함 • 초보적 인과관계적 사고가 나타남
언어	• 요구나 감정을 몸짓, 언어를 사용하여 전달함 • 12개월 경 한 단어 시기, 18개월 경 두 단어 시기가 나타남 • 자신에게 친숙한 대상이나 행위를 지칭하는 단어에 익숙해짐 • 간단한 명령과 지시를 따름 • 과잉일반화 현상이 나타남 • 그림책을 즐겨 보기 시작함

3) 2세 영아의 발달적 특성

만 2세 영아는 어휘력이 폭발적으로 증가하여 언어발달이 두드러지게 나타난다. 뿐만 아니라, 기본적인 자조 능력이 생겨 스스로 할 수 있는 일이 이전보다 많아지고 대소변을 가릴 수 있게 된다. 이 시기의 신체 · 사회 · 정서 · 인지 · 언어의 발달 특성은 아래 제시된 〈표 8-3〉과 같다.

〈표 8-3〉 만 2세 영아의 발달적 특성

영역	발달 특성
신체	• 전체 신체 대비 머리의 비율이 줄어들고 몸의 균형감이 잡힘 • 비교적 안정된 자세로 걸을 수 있음 • 기본적인 자조 능력을 갖기 시작함 • 간단한 퍼즐이나 끼워 맞추기를 할 수 있음 • 블록을 늘여 놓거나 쌓을 수 있음 • 대소변 의사를 표현할 수 있음 • 특정 음식에 대한 선호가 생김
사회	• 자아 개념 및 자아 존중감이 발달하기 시작함 • 독립적으로 행동하려고 함 • 또래의 놀이활동에 관심을 나타내고 놀잇감에 대한 관심도 높아짐 • 소유 개념이 생기기 시작하여 순서를 기다리기 어려워함 • 성 유형화된 놀잇감 선호가 점차 나타남 • 상상놀이를 즐김
정서	• 분노, 공포, 애정, 기쁨, 질투 등 거의 모든 정서가 나타남 • 정서반응의 상태가 매우 짧고 정서 표현이 폭발적임 • 감정이입 능력이 나타나기 시작함 • 자신의 정서를 언어로 나타낼 수 있음 • 고집을 부리기 시작함 • 자기 자신과 놀잇감에 애정을 보이고 인형이나 봉제완구를 좋아함
인지	• 인지 기능이 점차 복잡해짐 • 정신적 표상 능력이 생기고 내적 문제해결을 하며, 상상놀이가 발달됨 • 자신이 의도한 행동과 의도하지 않은 행동을 구분하기 시작함 • 주변 환경에 호기심을 느끼고 적극적으로 환경을 탐색함 • 간단한 수학적 개념이 생기기 시작함
언어	• 언어발달이 급속도로 이루어짐 • 18~24개월 정도에 '어휘폭발기'라고 불릴 만큼 단어 습득의 속도가 급격히 증가함 • 단어의 의미를 과잉축소, 과잉확대하여 해석하는 현상을 보임 • 2~3개의 단어로 의미를 표현하는 전보식 문장 형태의 발화를 보임 • 반복되는 운율과 리듬을 즐김 • 긁적거리는 행동, 책을 읽는 척하는 행동 등 초기 읽기 · 쓰기 행동을 보임

4) 3세 유아의 발달적 특성

만 3세 유아는 신체적으로 대 · 소근육이 발달하여 스스로 도구를 사용할 수 있게 되며, 긁적거리기와 같은 쓰기를 시도하기도 한다. 또한, 또래 관계에 관심을 갖게 되는 사회성이 발현되기 시작한다. 이 시기의 신체 · 사회 · 정서 · 인지 · 언어의 발달 특성은 아래 제시된 〈표 8-4〉와 같다.

〈표 8-4〉 만 3세 유아의 발달적 특성

영역	발달 특성
신체	• 대근육 운동 능력, 균형감각이 점차 향상 • 달리기를 할 때 속도를 조절할 수 있음 • 소근육이 발달하여 쓰기 도구, 가위 등을 사용할 수 있음 • 눈과 손의 협응 능력, 신체 조절 능력이 점차 향상 • 자조 기술 향상
사회	• 병행놀이를 하거나 한두 명의 유아와 놀이하는 것을 즐김 • 성별 구별 없이 친구를 사귀고 일시적인 우정을 보임 • 놀잇감 나누기, 양보하기, 차례 기다리기 등에 한계가 있음 • 초보적인 사회적 기술 보임 • 상징놀이, 역할놀이 시작
정서	• 자아 개념 발달 • 자기중심적인 특성을 보이며 독립적으로 행동하려고 함 • 정서 및 행동을 조절하지만, 아직은 완전히 조절하지 못하고 쉽게 화를 내기도 함 • 두려움, 애착과 같은 강한 감정을 표현함
인지	• 선택한 활동을 수행하는 시간이 점차 길어짐 • 자신에게 의미가 있거나 인상적인 것을 기억하여 어느 정도 재생할 수 있음 • 인과관계를 점차 알아감 • 단순하고 구체적이며 감각적인 사고를 함 • 정확하지는 않지만 시간지각이 나타남 • 간단한 수 세기를 할 수 있음 • 자주 사용하는 색과 모양을 인식하고 구분할 수 있음
언어	• 어휘 수가 급격히 증가하고 문장 형태로 말할 수 있게 됨 • 3세 말경이 되면 문장의 기본 구조를 획득함 • 스스로 책을 읽는 척하는 행동을 보임 • 새로운 단어에 관심이 많고 말놀이를 좋아함 • 몸짓을 많이 사용하여 말하고 의미를 강조하기 위한 어구 사용 • 말하는 것 자체를 즐기고 질문을 많이 함 • 긁적거리기를 즐기고 무언가 쓰려는 시도가 나타남

5) 4세 유아의 발달적 특성

만 4세 유아는 인지적으로 논리적인 사고를 할 수 있게 되어 인과관계를 추론하여 생각할 수 있게 된다. 또한, 사회적인 기술도 발달하여 상황에 따라 협상하기, 놀잇감 공유하기, 차례 지키기와 같은 다양한 기술을 사용하여 또래와 함께 놀이하는 것이 가능해진다. 이 시기의 신체 · 사회 · 정서 · 인지 · 언어의 발달 특성은 아래 제시된 〈표 8-5〉와 같다.

〈표 8-5〉 만 4세 유아의 발달적 특성

영역	발달 특성
신체	• 대근육 활동 영역이 확장되고 점차 정교해짐 • 소근육 협응 능력이 점차 발달하여 도구 사용이 점차 유능해짐 • 실제 사물과 점차 닮아가는 창작물을 만들 수 있음 • 양발을 교대로 계단을 내려갈 수 있음 • 공을 잡을 때 팔보다 손을 사용함
사회	• 타인에게 관심이 많아지고 특히 동성 유아를 좋아함 • 친구를 좋아하고 타인을 이해하는 능력이 발달하기 시작하면서 역할놀이에 참여함 • 상황에 따라 협상, 공유, 차례 지키기를 하면서 놀이함 • 타인의 요구사항을 이해하고, 규칙을 만들고 지킬 수 있음 • 성역할에 대한 인식이 생김
정서	• 정서의 원인과 결과에 대해 언어 표현을 할 수 있게 됨 • 감정이입을 발달시키면서 우정의 지속에도 영향을 미침 • 공평성에 대한 인식 및 편견이 형성될 수 있는 시기임 • 성인의 인정과 칭찬에 민감하게 반응하고 긍정적으로 강화됨 • 어느 정도 행동을 통제할 수 있지만, 강한 감정을 조절하는 데에는 성인의 도움이 필요할 수도 있음
인지	• 호기심이 많고, 어떤 탐색을 일정 기간 지속적으로 하는 것이 가능함 • 인과관계를 추론하여 간단한 사건의 이유를 설명할 수 있음 • 논리적으로 사고하려는 경향이 발달함 • 상상과 가상을 구별하여 현실을 인식함 • 사물의 분류 능력이 형성되며, 두 범주 이상으로도 분류 가능함 • 모양, 색, 촉감 등에 관심을 가지고 명명하고, 구분할 수 있음 • 10개 정도 수량을 세고 수학적 관계에 대한 이해 능력 향상

영역	발달 특성
언어	• 5~6개의 단어를 사용하여 완전한 문장으로 말할 수 있음 • 확장된 대화가 가능하며 문장이 더 복잡해지는데 말하는 것보다 더 많은 단어를 이해할 수 있음 • 상상과 사실을 섞어 이야기를 잘 만들어 냄 • 유머를 좋아함 • 의문을 해소하기 위한 질문을 많이 함 • 숫자, 글자의 이름 및 단어를 인식하기 시작하며 인쇄물에 관심을 가짐 • 쓰기에 관심을 가지며, 글자와 비슷한 형태의 쓰기가 나타남

6) 5세 유아의 발달적 특성

만 5세 유아는 정서적인 측면에서 타인에 대한 감정이입은 가능하나 아직 인지적으로 다른 사람의 입장에서 생각하는 것은 아직 어렵다. 그러나 극놀이, 역할놀이와 같은 역할가작 활동을 통해 다른 사람의 감정을 이해하고 그 사람의 입장을 고려하는 것을 연습할 수 있다. 이 시기의 신체 · 사회 · 정서 · 인지 · 언어의 발달 특성은 아래 제시된 〈표 8-6〉과 같다.

〈표 8-6〉 만 5세 유아의 발달적 특성

영역	발달 특성
신체	• 스키핑, 균형 잡기, 뛰어내리기, 오르기, 던지고 잡기 등에 능숙해짐 • 소근육 협응력이 더욱 발달하고, 다양한 쌓기놀이를 즐길 수 있음 • 섬세한 소근육 기술이 필요한 활동을 보다 정교하고 능숙하게 하며 즐김 • 쓰기 도구를 능숙하게 사용함 • 수면 시간이 줄어 낮잠을 자지 않는 유아가 많음
사회	• 연합놀이와 더불어 협동놀이가 나타남 • 놀이집단의 놀이를 모방하는 행동이 나타남 • 또래와 우정을 나누기를 원하여 또래를 존중하는 한편 또래를 배척하기도 함 • 다른 사람의 권리를 인정하지만 자신이 잘못하였을 때 인정하기 싫어하기도 함 • 사회과학적 지식과 사회적 이슈에 대한 관심이 나타남
정서	• 타인에 대한 감정이입이 가능해짐 • 정서의 표현이 분명해짐 • 책임 의식이 생기고 독립적인 특성과 더불어 경쟁심도 있어서 성취를 즐김

영역	발달 특성
정서	• 상상력이 증가함에 따라 두려움도 증가할 수 있음 • 다른 유아를 놀리고, 위협하는 등 언어적 공격성이 나타날 수 있음 • 세상을 이해해가면서 현실감각이 생김 • 성 고정적인 역할을 선택하는 경향이 증가함
인지	• 다른 사람의 입장에서 생각하는 것이 아직 어려움 • 결과를 예측하고 계획하는 능력이 생겨 계획에 따라 행동하기도 함 • 각 형태가 지니는 기하학적 속성을 이해할 수 있음 • 일상생활 속에서 수와 관련된 간단한 문제를 해결할 수 있음 • 크기, 색, 모양, 종류에 따라 사물을 분류할 수 있음 • 물활론적 사고를 여전히 가지고 있음 • 사건을 기억하고 이야기 속에서의 사건 순서를 이해할 수 있음 • 시계와 달력에 관심을 가짐 • 과학과 자연현상에 관심이 있음
언어	• 언어표현기술이 발달하여 친숙하지 않은 사람도 유아의 말을 알아들을 수 있음 • 주제와 관련된 질문을 하며 정보를 모으기 위해 질문을 함 • 문법에 맞고 길이가 긴 문장을 사용할 수 있음 • 읽기에 관심이 많아 부분적으로 글자를 읽으며, 이는 단이 몇 개를 사용하여 그림을 보고 꾸며 말하는 형태로 읽을 수 있음 • 관심 있는 이야기를 기억하고 극화할 수 있음 • 쓰기 능력이 향상됨 • 동시, 노래를 반복하는 것을 즐기고 이야기를 행동으로 나타내는 것을 좋아함

보육교사는 영유아의 연령에 따른 발달 특성을 고려하여 지도해야 한다. 어린이집 평가인증지표에서도 영유아의 발달과 관련된 평가 항목을 여러 영역에서 찾아볼 수 있다. 다음의 〈표 8-7〉은 어린이집 평가인증지표 가운데 영유아 발달 이해와 관련된 평가 항목을 제시한 것이다.

〈표 8-7〉 제3차 어린이집 평가인증 통합지표 중 영유아 발달 이해 관련 지표

평가 영역	평가지표	평가 항목
1. 보육과정 및 상호작용	1-6. 평가	1. 영유아의 행동을 객관적으로 관찰 · 기록한다. 2. 보육과정 목표와 내용을 준거로 영유아의 발달특성과 변화를 기록한다.
2. 보육환경 및 운영관리	2-1. 실내공간 구성	1. 보육실 내 흥미영역은 영유아의 연령 및 발달 특성을 고려하여 충분한 공간에 구성한다. 3. 실내 시설 및 설비가 영유아의 발달 수준에 적합하다. 4. 계획안의 주제와 관련된 활동자료들을 영유아의 연령 수준에 맞게 영역별로 다양하게 구비하고 있다.
	2-2. 실외공간 구성	2. 영유아 발달에 적합하고 다양한 놀이기구를 구비하고 있다.
3. 건강 · 안전	3-2. 급 · 간식	1. 영양의 균형을 고려한 급 · 간식을 제공하고 있다. ① 영유아의 연령 및 영양 균형을 맞춘 식단이 수립되어 있고, 식단에 따른 급 · 간식을 제공한다. ② 인스턴트식품보다 자연식품 위주로 급 · 간식을 제공한다. ③ 영유아의 연령 특성을 고려한 급 · 간식(크기, 맛, 조리 형태 등)을 제공한다. ④ 충분한 양의 급 · 간식을 제공한다. ⑤ 식품 알레르기 질환에 대한 지침을 마련하여 실행한다.

출처: 보건복지부 · 한국보육진흥원(2018). pp. 119, 120, 123.

어린이집 평가인증지표에서 영유아 발달 이해와 관련된 평가 항목은 보육과정 및 상호작용, 보육환경 및 운영관리, 건강 · 안전의 3개 영역에 걸쳐 제시되었다. 이는 보육교사의 전반적인 보육활동에서 영유아 발달이 적절하게 고려되어야 함을 의미한다. 영유아 발달을 보육활동 전반에 적절하게 고려하기 위하여 무엇보다도 보육교사가 학급 영유아의 발달을 객관적으로 평가하는 것이 매우 중요하다. 보육교사는 영유아 평가를 기반으로 여러 가지 보육활동과 관련된 의사결정을 내려야 하기 때문이다.

3. 현장사례 분석 및 토론

보육교사는 종종 영유아의 발달과 영유아를 둘러싼 주변 사람들의 요구가 상충되는 상황에 놓이게 된다. 이를 알아차리기 위해 보육교사는 영유아의 일반적인 발달에 대한 이해뿐만 아니라 영유아 개개인의 발달과 영유아의 개별적인 요구를 이해하는 것이 필요하다. 이를 위해서는 다양한 교육 경험과 개별 영유아를 세심하게 관찰하는 것이 필요하다.

예비교사 혹은 초임교사의 경우 영유아를 관찰하고 지도하는 실제적인 경험의 폭이 넓지 않아 딜레마 상황을 겪으면 더욱 어려움을 느끼게 된다. 예비교사는 다음에 제시하는 사례를 분석해 보는 경험을 통해 현장에서 마주하는 딜레마 상황을 인식하고, 양성교육의 단계에서 습득한 이론적 지식과 보육교사 윤리강령을 현장에 적용해 봄으로써 간접경험의 폭을 넓힐 수 있다.

분석해 봅시다

❖ 영유아 발달에 대한 이해 현장사례 분석

1 제시된 현장사례를 읽어 보세요.
2 7장에서 배운 현장사례 분석의 틀을 활용하여 분석해 보세요.

낮잠을 거부하는 영아 지도

고양이반은 만 1세 영아 10명(남아 3명, 여아 7명)으로 구성되어 있다. 고양이반의 하루 일과는 8시 반부터 등원을 시작하여 오전 일과를 보내고, 11시쯤 점심을 먹고, 12시 반쯤 낮잠을 위해 자리에 눕는다. 학기 말이 되자, 고양이반 영아들은 이러한 일과에 익숙해져 점심 식사 후에는 낮잠을 잘 것이라는 것을 이해하고, 낮잠 시간이 되면 자신의 이불을 찾아 낮잠 매트에 누울 수 있게 되었다. 그리고 조용한 분위기에서 교사가 토닥여 주면, 대부분의 영아들은 30분 안에는 잠이 들고,

2시 반쯤까지 낮잠을 지속한다. 하지만 고양이반 막내인 다율이(23개월)는 떼를 쓰며 낮잠을 거부하거나, 엄마를 찾으며 크게 울어 다른 영아들의 낮잠에 피해를 주고 있다.

다율이는 고양이반에 오기 전 주 양육자(베이비시터)가 3~4차례 바뀌는 경험을 하였으며, 일 때문에 바쁜 어머니와 안정적으로 애착을 형성할 기회가 없었다. 또한, 월령이 느리고(12월생), 기질상 자신의 주장이 강한 다율이는 고양이반이라는 새로운 환경과 교사, 또래에 쉽게 적응할 수 없어 오전 일과를 울음으로 보냈었다. 더구나 잠이 없어 낮잠을 거부하는 다율이에게 낮잠을 적응시키는 것은 더욱 힘들었다. 학기 초 일을 그만두신 어머님께서는 다율이가 낮잠을 많이 힘들어하면 만 1세 동안은 낮잠을 재우지 않고 하원시키겠다고 하셨다. 하지만 1학기 후반, 다율이가 오전 일과 중 울음을 멈추고 조금씩 놀이하게 되자(여전히 등 · 하원 시 우는 상황), 다시 어머님께서는 다율이의 낮잠을 원하셨다. 이 때문에 고양이반에서는 다율이만을 위한 낮잠 적응 프로그램이 다시 시작되었다.

다율이는 눕는 것조차 거부하며 1시간 이상 크게 울다가 지쳐 잠들곤 했었다. 그러다 대변을 보면 샤워하기 위해 일어날 수 있다는 것을 알게 된 다율이는 한 달 동안 매일 울다가 배에 힘을 주어 억지로 대변을 보기도 했다. 더구나 힘들게 잠이 들어서도 낮잠을 30분 이상 지속할 수 없었다. 처음에는 낮잠에서 깬 후 큰 목소리로 울어 1시 반이 되기 전에 모든 고양이반 영아들을 깨워버렸었다. 이 때문에 일찍 잠이 깬 다율이를 1명의 교사가 교실에서 분리시켜 일대일 케어를 했었다. 하지만 매번 교사 2명이 영아들의 낮잠을 지도하는 것에 어려움이 있어, 낮잠에서 깬 다율이가 장시간 울지 않을 정도로 적응한 다음부터는 다른 영아들처럼 낮잠을 깬 후에도 자신의 매트에 누워 휴식을 취하도록 하고 있다.

현재 다율이는 낮잠에 많이 적응하여 엄마를 찾으며 울지만 눕는 것을 거부하지는 않고, 우는 시간(5~30분)도 많이 줄어들었다. 하지만 1시경 깬 다율이는 남은 낮잠 시간을 조용히 누워 있지 못하고 중얼거리고 노래를 부르며 소리를 내거나, 교사 몰래 기어가 친구나 놀잇감을 만지면서 다른 영아들의 낮잠을 방해하고 있다. 몇몇 예민한 영아들은 그 소리를 듣고 일어나 다시 잠을 이루지 못하는데, 일찍 잠을 깨서 조용히 매트에 누워 있는 다른 영아들을 보면 안타깝고 미안한 생각이 든다. 이 때문에 교사는 다율이의 액션이나 소리가 너무 커져서 다른 친구들을 방해하지 않도록 남은 낮잠 시간을 지도하고 있다.

여전히 다율이의 낮잠은 고양이반 교사들에게 힘든 과제이며, 지도방법에 대해서도 고민스럽다. 낮잠이 영아의 성장과 발달에 중요한 영향을 미치므로 낮잠 시간을 가지도록 해야 할지, 아니면 잠이 없는 다율이의 성향을 인정하고 교실 이외의 장소에서 1명의 교사가 온전히 다율이만을 위한 다른 일과를 계획하는 것이 맞는 것인지 고민스럽다. 만약, 교실에서 조용하게 할 수 있는 활동을 제공한다 해도 다율이의 특성상 분명히 조용하게 놀이할 수 없으므로, 그 소음 때문에 잠을 깬 다른 영아들도 다율이와 함께 활동할 수 있도록 인정해 주어야 할 것인지도 고민스럽다.

다율이가 낮잠 시간 동안 함께 생활하고 있는 다른 영아들에게 큰 피해를 주고 있지만, 다율이 어머님께서는 그에 대한 미안함보다는 자신의 입장만을 생각하시는 것 같아 속상하기도 하다. 학기 초 10시 반에 등원하는 어머님께 다율이의 적응을 위해서 늦어도 9시까지는 등원해 달라고 여러 차례 부탁을 드렸지만, 매번 '집이 멀다', '차가 밀렸다'라며, 10시 등원을 고수하고 계신다. 며칠 전에는 다율이가 낮잠을 자지 않은 날은 힘들어하다 9시면 금방 잠이 들지만, 고양이반에서 30분이라도 낮잠을 잔 날은 11시 넘어도 잠을 자려 하지 않는다고 고민하셨다. 그러면서 다율이가 이토록 낮잠을 거부한다면 굳이 낮잠을 재우지 않고 1명의 교사가 교실 이외의 공간에서 다율이만 케어해 줄 수 없는지에 대해 문의하셨다. 하지만 다율이가 오후 일과를 기분 좋게 보내기 위해서는 짧은 낮잠이라도 필수적이라는 교사의 신념과 상충되는 다율이 어머님의 요구에 대하여 어떻게 받아들이고 이해시켜야 할지 궁금하다. 또한, 학기 초에 비해 고양이반 생활과 낮잠에 적응한 다율이의 성장을 대견하게 여기기보다 "왜 다율이만 이럴까요?"라고 고민을 토로하지만, 만약 다율이가 조금이라도 성장한 모습을 보이면 금방 교사에게 더 많은 것을 요구하는 어머님을 어떻게 대해야 할지도 고민스럽다.

출처: A 어린이집 내부장학을 위한 현장사례 모음.

▶ 현장사례 분석

<table>
<tr><th colspan="4">분석 노트</th></tr>
<tr><td colspan="2">① 기본 정보</td><td colspan="2"></td></tr>
<tr><td colspan="2">② 사례에
나타난 문제</td><td colspan="2"></td></tr>
<tr><td rowspan="5">③ 사례
관련
인물</td><td>관련 있는
사람</td><td colspan="2"></td></tr>
<tr><td rowspan="4">인물별
관점</td><td></td><td>–</td></tr>
<tr><td></td><td>–</td></tr>
<tr><td></td><td>–</td></tr>
<tr><td></td><td>–</td></tr>
<tr><td rowspan="2">④ 관련
지식</td><td>관련
이론</td><td colspan="2"></td></tr>
<tr><td>관련
윤리강령</td><td colspan="2"></td></tr>
<tr><td colspan="2">⑤ 교사의
해결방안 검토</td><td colspan="2"></td></tr>
<tr><td colspan="2">⑥ 토론자 입장에서
대안 모색</td><td colspan="2"></td></tr>
</table>

❖ 다시 생각해 보기

1. 사례에 나타나는 인물과 관련 있는 윤리강령을 모두 찾아봅시다.
2. 사례에 나타난 교사의 입장에서 생각해 봅시다. 교사의 해결방안은 무엇이었나요? 현장사례의 관련 인물 중 누구의 이익을 보장하고, 누구의 이익을 보류하였나요?
3. 〈영유아에 대한 윤리〉를 읽어 보고, 빠뜨린 윤리강령이 있는지 생각해 봅시다.
4. 그중에서 가장 중요하게 고려해야 할 윤리강령은 무엇인지, 해당 윤리강령에 기초한 해결방법에 대해 이야기 나누어 보세요.

〈영유아에 대한 윤리〉

① 영유아에게 고른 영양과 충분한 휴식을 제공하여, 몸과 마음이 건강한 사람으로 자라도록 돕는다.
② 성별, 지역, 종교, 인종, 장애 등 어떤 이유에서도 영유아를 차별하지 않고, 공평한 기회를 제공한다.
③ 영유아는 다치기 쉬운 존재임을 인식하여 항상 안전하게 보호한다.
④ 영유아에 대한 정서적 · 언어적 · 신체적 학대를 행하지 않는다.
⑤ 어린이집 내외에서의 영유아 학대나 방임을 민감하게 관찰하며, 필요한 경우 관련 기관('아동보호전문기관' 등)에 보고하고 조치를 취한다.
⑥ 영유아의 인격을 존중하고, 개인의 잠재력과 개성을 인정한다.
⑦ 개별적 상호작용 속에서 영유아의 요구를 수용하기 위해 노력한다.
⑧ 영유아의 사회 · 정서 · 인지 · 신체 발달을 통합적으로 지원하는 보육 프로그램을 실시한다.
⑨ 특별한 도움을 필요로 하는 경우, 전문가와 협력하여 영유아의 입장에서 최선의 대안을 찾는다.
⑩ 보육활동을 계획, 실행, 평가하는 모든 과정에 영유아의 흥미와 의사를 반영한다.
⑪ 영유아의 개인적 기록과 정보에 대한 비밀을 보장한다.

TIP!

다음에 제시된 예는 보육교사가 처한 딜레마 상황에서 영유아의 발달을 고려한 분석의 예이다.

<table>
<tr><th colspan="4">분석 노트</th></tr>
<tr><td colspan="2">① 기본 정보</td><td colspan="2">• 만 1세 영아에게 휴식이 필요한 이유
• 만 1세 영아의 일과 패턴
• 다율이 가정에서 기관까지의 거리(소요 시간)
• 다율이네 가정의 생활 패턴</td></tr>
<tr><td colspan="2">② 사례에 나타난 문제</td><td colspan="2">• 기관에 입소하기 전 낮잠 습관: 아기 때부터 낮잠을 거부함
• 가정에서 낮잠을 재우는 방식: 어린이집과 동일한 시간대에 동일한 방법으로 낮잠을 지도해 주도록 부탁했지만, 주말에는 낮잠을 재우지 않고 있음
• 기상 시간: 다율이는 아침잠도 없어 6시면 기상하지만, 고양이반 등원은 10시 이후에 함</td></tr>
<tr><td rowspan="5">③ 사례 관련 인물</td><td>관련 있는 사람</td><td colspan="2">• 다율 • 다율 어머니 • 다른 영아들 • 교사</td></tr>
<tr><td rowspan="4">인물별 관점</td><td>다율</td><td>– 30분만 낮잠을 자고 일어나서 다른 친구들이 낮잠 잘 시간 동안 가만히 휴식하는 것이 어려우며 심심함</td></tr>
<tr><td>다율 어머니</td><td>– 다율이를 돌보는 것에 대한 부담감과 스트레스가 있음
– 어린이집 교사가 많은 부분 다율이의 양육을 도와주기를 바라고 있음</td></tr>
<tr><td>다른 영아들</td><td>– 다율이가 내는 소음 때문에 시끄럽고, 다율이가 놀고 있는 모습을 보면 함께 놀고 싶다는 생각을 함</td></tr>
<tr><td>교사</td><td>– 다율이의 낮잠을 지도하는 것에 대해 스트레스를 받음
– 한편으로는 조금씩 낮잠에 적응해가며 성장하는 모습이 대견하기도 함</td></tr>
<tr><td rowspan="2">④ 관련 지식</td><td>관련 이론</td><td colspan="2">• 영아 일상생활 지도 방법</td></tr>
<tr><td>관련 윤리강령</td><td colspan="2"><영유아에 대한 윤리>
① 영유아에게 고른 영양과 충분한 휴식을 제공하여, 몸과 마음이 건강한 사람으로 자라도록 돕는다.
⑥ 영유아의 인격을 존중하고, 개인의 잠재력과 개성을 인정한다.</td></tr>
<tr><td colspan="2">⑤ 교사의 해결방안 검토</td><td colspan="2">• 다율이가 일찍 잠에서 깨면 다른 영아를 방해하지 않도록 지도하고 있음</td></tr>
</table>

분석 노트	
⑥ 토론자 입장에서 대안 모색	• 다율이만 낮잠 시간을 다소 늦게 시작하여 다른 영아들과 깨는 시간을 비슷하게 맞추도록 하기 • 오전 일과 중에 신체 활동, 산책 등 햇빛을 받고 에너지를 발산할 수 있는 활동을 계획하여 낮잠을 잘 잘 수 있도록 교육과정 계획하기 • 지속적으로 가정에 협조를 구하기

※ 현장사례에서 절대적으로 옳은 단 하나의 해결방안은 결코 있을 수 없다. 딜레마 상황에서 보육교사는 그 순간에 최선이라고 생각하는 해결방법을 모색해야 하고, 그 해결방안이 적절했는지를 끊임없이 반성적 사고를 통해 되돌아봐야 한다. 이때 보육교사는 영유아의 목소리에 귀를 기울였는지, 영유아의 목소리를 대변하고 있는지를 항상 고려하는 것이 필요하다.

C·H·A·P·T·E·R 09

영유아에 대한 윤리 : 보육과정 운영

보육과정은 어린이집에서 이루어지는 보육의 시작이자 지침이며, 영유아에게 질 높은 보육을 제공하기 위한 중요한 토대이다.

본 장에서는 질 높은 보육과정을 운영하기 위하여 고려해야 하는 특성에 대해 알아본다. 그리고 보육과정 운영과 관련된 현장사례를 보육교사 윤리강령에 기반하여 분석해 본다.

1. 보육교사의 보육과정 운영

어린이집의 운영 목적은 영유아의 심신이 건강하게 성장하고 발달할 수 있도록 최선의 도움을 주는 데 있다. 어린이집은 영유아를 위하여 유의미한 보육 · 교육적 상황을 마련하고, 모든 종류의 표면적 · 잠재적 교수-학습 경험을 체계적으로 구성하여 운영해야 한다(박찬옥 · 서동미 · 곽현주 · 박성희 · 한남주 · 홍찬의, 2017). 어린이집 보육과정은 영유아의 전인발달과 성장을 위해 계획되고 조직된 학습경험의 총체이다(이기숙 · 김정원 · 이현숙 · 전선옥, 2017). 어린이집은 국가수준의 보육과정을 운영할 의무가 있고, 보육교사는 보육과정을 영유아의 발달에 맞게 적합하도록 실제로 구현해야 한다.

영유아를 위한 보육과정을 운영할 때 다음과 같은 특성을 고려해야 한다(이기숙 외, 2017). 첫째, 대상 연령의 폭이 매우 넓다. 어린이집에 취원 가능한 연령이 만 0세부터 초등학교 취학 전에 이르므로 영유아의 연령 범위가 넓고 발달의 변화가 큰 시기이므로 개개인의 발달 수준과 흥미에 따른 보육과정 운영이 이루어져야 한다. 둘째, 어린이집의 유형과 프로그램이 매우 다양하므로 표준보육과정을 기본 전제로 하되 개별 어린이집에서는 각 기관의 철학, 기관 유형, 대상 연령, 가족 및 지역사회 특성 등을 고려하여 보육과정을 운영해야 한다. 셋째, 어린이집은 보살핌과 더불어 가르침의 역할을 수행하는 곳으로 과거에 가정에서 이루어졌던 교육까지 기관으로 이관된 특성을 보이므로 이를 유념하여 보육과정을 구성해야 한다.

넷째, 영유아가 주변 환경에서 접하는 모든 사물이 교재 · 교구가 되고, 모든 유형의 상호작용이 교수방법으로 작용하게 되므로 교사는 영유아를 위한 교수방법과 교재 · 교구를 고려하여 보육과정을 운영해야 한다.

2. 어린이집 표준보육과정

표준보육과정은 어린이집에 다니는 0~5세 영유아를 위한 국가수준의 보육과정으로 어린이집의 보육 목적과 목표를 달성하기 위한 보편적 보육 내용을 제시한 것이다. 어린이집 표준보육과정 총론에서 제시하고 있는 기본 전제는 다음의 〈표 9-1〉과 같다. 첫째, 영유아는 개별적인 특성을 지닌 고유한 존재로서 교사는 이를 반영하여 보육과정을 운영하여야 한다. 모든 영유아는 다른 환경에서 태어나 자라면서 유전적 특성, 기질, 발달, 외모, 성격 등 여러 측면에서 개인차를 보인다. 교사는 영유아 개개인을 있는 그대로 받아들이며 존중해야 한다. 둘째, 영유아는 연령에 따라 발달적 특성이 질적으로 다르다는 것을 이해해야 한다. 영유아는 단순히 성인의 축소판이 아니며, 발달이 양적으로 팽창할 뿐만 아니라, 질적으로

〈표 9-1〉 어린이집 표준보육과정의 기본 전제

어린이집 표준보육과정의 기본 전제
첫째, 영유아는 개별적인 특성을 지닌 고유한 존재이다.
둘째, 영유아는 연령에 따라 발달적 특성이 질적으로 다르다.
셋째, 영유아는 그 자체로서 존중받아야 하는 존재이다.
넷째, 영유아는 직접적으로 경험할 때 의미 있는 지식, 기술 및 바람직한 태도를 형성해 간다.
다섯째, 영유아는 일상생활이 편안하고 학습과 경험이 놀이중심으로 이루어질 때, 최대의 능력이 발휘된다.
여섯째, 영유아는 민감하고 반응적인 성인과의 신뢰로운 관계 속에서 최적의 발달을 이룬다.
일곱째, 영유아가 속한 가정, 지역사회가 함께 협력할 때 영유아에게 가장 긍정적인 영향을 미친다.

출처: 보건복지부 · 한국보육진흥원(2018). pp. 15-17.

다른 차원으로 발달해 나가므로 영유아를 적합하게 보육하기 위한 노력을 해야 한다. 셋째, 영유아는 그 자체로서 존중받아야 하는 존재이다. 영유아는 어떤 조건으로도 차별받아서는 안 되고 편견 없이 한 사람으로 존중받아야 한다. 넷째, 영유아는 직접적으로 경험할 때 의미 있는 지식, 기술 및 바람직한 태도를 형성해 간다. 다른 학습자와는 달리 논리적이거나 상징적인 사고가 발달하지 않았으며, 감각적이고 실제적으로 지식과 현상을 받아들이는 특성이 있으므로 일상생활과 관련 있고 자신에게 의미 있는 경험을 통하여 지식, 기술, 태도를 형성해 나갈 수 있다. 다섯째, 영유아는 일상생활이 편안하고 학습과 경험이 놀이중심으로 이루어질 때 최대의 능력이 발휘된다. 놀이중심교육의 지속적인 강조에도 불구하고 많은 기관에서는 교사 지시적이거나 대집단 중심으로 보육과정을 운영하고 있는 것이 현실이다. 따라서 교사는 보육과정을 운영할 때 놀이중심교육을 우선적으로 고려하여 계획해야 할 것이다. 여섯째, 영유아는 민감하고 반응적인 성인과의 신뢰로운 관계 속에서 최적의 발달을 이룬다. 아직 의사 표현이 자유롭지 못한 영유아는 다양한 비언어적인 메시지를 보낸다. 교사가 이를 민감하게 포착하고 반응적으로 상호작용해 준다면 영유아는 교사를 믿을 수 있는 존재로 인식할 것이고 심리적으로 안정감을 느껴 발달에 도움을 받을 것이다. 일곱째, 영유아가 속한 가정, 지역사회가 함께 협력할 때 영유아에게 가장 긍정적인 영향을 미친다. 어린이집과 가정이 일관된 보육을 제공할 때 영유아는 긍정적이고 안정된 상태로 발달해가므로 교사는 가정과의 긴밀한 협력을 통하여 보육과정을 운영해야 한다. 또한, 지역사회의 여러 인적 · 물적 자원을 보육과정에 포함시켜 운영함으로써 영유아의 사회 · 문화적인 맥락 속에서 자연스럽게 의미 있는 교육적 경험이 되도록 한다.

이처럼 표준보육과정이 보육현장에서 잘 구현하고 있는지는 어린이집 평가인증제도를 통해 확인한다. 어린이집 평가인증에서는 보육과정 관련 내용이 보육 계획 수립 및 실행, 일과 운영, 교수-학습 방법 및 놀이지원의 세 가지 지표에 걸쳐 주요하게 다루어지고 있다. 평가인증지표 가운데 보육과정과 관련된 일부 내용은 다음의 〈표 9-2〉와 같다.

〈표 9-2〉 제3차 어린이집 평가인증 통합지표 중 보육과정 관련 지표

평가 영역	평가지표	평가 항목
1. 보육과정 및 상호작용	1-1. 보육계획 수립 및 실행	1. 국가수준의 보육과정에 제시된 목표 및 내용을 반영한다. 2. 영유아의 발달 수준 및 반 특성을 고려하여 연간, 월간, 주간, 일일 계획안을 작성한다. 3. 연간, 월간, 주간, 일일 계획안의 목표 및 내용이 적절하며, 연계성이 있다. 4. 표준보육과정(누리과정 포함)의 영역을 반영하여 보육활동을 실시한다.
	1-2. 일과운영	1. 계획에 따라 영유아의 연령에 적합한 놀이, 활동, 일상생활 경험을 균형 있게 통합적으로 운영한다. 2. 자유선택활동 시간을 매일 충분히 배정하여 운영한다. 3. 바깥놀이 시간을 매일 충분히 배정하여 운영한다. 4. 놀이나 활동을 융통성 있게 운영한다. 5. 장애영유아를 위한 관련 서비스(치료지원 포함)를 일과 중에 통합적으로 제공한다.
	1-3. 교수-학습 방법 및 놀이지원	1. 주제에 적합한 활동계획을 수립하고 그에 적절한 교수-학습 방법과 자료를 활용한다. 2. 교사는 영유아가 활동에 대한 흥미나 호기심을 갖도록 한다. 3. 교사는 다양한 놀이와 활동이 영유아의 자발적 선택에 의해 주도적으로 이루어지도록 격려한다. 4. 교사는 영유아의 놀이 상황을 관찰하면서 놀이를 지원한다. 5. 교사는 영유아가 다양하게 생각하여 대답할 수 있도록 발문한다. 6. 교사의 태도가 안정되고 자신감이 있다.

출처: 보건복지부 · 한국보육진흥원(2018), pp. 117-118.

보육교사는 어린이집 표준보육과정의 기본 전제를 바탕으로 보육과정을 운영하는 데 있어 영유아의 발달을 고려하여 보육계획을 수립 및 실행해야 한다. 이를 토대로 균형적이고 융통적으로 일과를 운영해야 하며, 그 과정에서 적절한 교수-학습 방법 및 놀이지원이 충분히 이루어져야 한다.

3. 현장사례 분석 및 토론

보육교사는 보육과정 운영 시 종종 주변 사람과 환경의 요구가 서로 부딪혀 갈등을 겪는 상황에 놓이게 된다. 이를 잘 해결하기 위해 보육교사는 영유아에게 적합한 보육과정을 이해하는 것이 필요하며, 영유아를 둘러싼 주변 사람과 환경의 요구가 무엇인지 정확하게 파악하는 것이 필요하다.

예비교사 혹은 초임교사의 경우 영유아를 지도하는 실제적인 경험의 폭이 넓지 않아 보육과정을 융통성 있게 운영하는 것에 더욱 어려움을 겪는다. 다음에 제시하는 현장의 사례를 분석해 보는 경험을 통해 현장에서 마주하는 딜레마 상황을 인식하고, 예비교사 교육에서 습득한 이론적 지식과 보육교사 윤리강령을 현장에 적용해 봄으로써 간접경험의 폭을 넓혀, 여러 가지 상황과 맥락을 고려한 의사결정을 내리는 데에 도움을 받을 수 있을 것이다.

분석해 봅시다

❖ 영유아 보육과정 현장사례 분석

1 제시된 현장사례를 읽어 보세요.
2 7장에서 배운 현장사례 분석의 틀을 활용하여 분석해 보세요.

어린이집에서 권하지 않는 놀이를 하는 영아

만 2세 유완이는 바쁜 부모님 대신 외할머니 손에서 거의 자라서 부모님도 양육 주도권이 외할머니에게 있다고 생각하신다. 하원 시 데리러 오는 양육자가 엄마일 때보다 외할머니일 때 더 행복해할 만큼 유완이와 외할머니의 안정 애착이 잘 되어 있다. 유완이가 서기 시작한 어린 시절부터 외할머니께서 창문에 김이 서릴 때마다 "아침 먹고 땡~ 아이고 무서워 해골바가지" 노래를 불러 주시며 해골 그림을 그려 주셔서 그런지 유완이가 어릴 때부터 해골에 대한 애착이 강했고 단순한 해골 그림에서 확장되어 깃발에 해골이 그려진 해적선도 좋아하게 됐다고 한다. 또한, 거미를 좋아해서 할머니와 함께 스파이더맨 그림을 보며 '거미 아찌' 별명도 지어 주었고 현재도 할머니께서 사주신 스파이더맨 옷과 신발을 매우 즐겨 입는다.

이런 배경지식을 접했기 때문에 유완이가 낯선 교실에서 안정감을 느낄 수 있도록 적응 프로그램 때부터 교사와 함께 해골 그림을 그리거나 해적처럼 땅을 파며 보물을 찾거나 산책을 나가 거미를 관찰하며 스파이더맨 이야기를 하면서 즐겁게 놀이를 했었다. 1학기에 혼자 놀이를 할 때는 교사와 유완이가 일대일 상황에서 놀이했기 때문에 해골, 해적, 스파이더맨 주제로 놀이를 하더라도 별다른 걱정이 없었다.

그런데 2학기가 되면서 생일이 느린데도 사회성 발달이 매우 빠른 유완이가 놀이를 주도하게 되면서 자꾸 해골, 해적, 스파이더맨 놀이가 병행놀이, 때로는 연합놀이 형태로까지 진행되어 교사로서 걱정이 되기 시작했다. 유완이는 '해적선' 자체에 흥미를 두고 친구들과 함께 해적선과 망원경을 만들어 보물을 찾는 순수한 의도로 놀이를 시작하지만 보물을 뺏는 해적의 특성상 놀이에 몰입하게 되면 놀이에 참여하는 다른 영아들이 총, 칼을 만들어 보물을 뺏으려고 하거나 친구를 미는 공격적인 놀이로 확장될 때가 있다. 또한, 유완이가 스파이더맨을 흉내 내는 모습을 본 다른 영아들이 유완이를 따라 하면서 손에서 거미줄이 나오는 것을 이용해 교실을 뛰어다니면서 친구를 잡는 공격적인 놀이로 변형시키기도 한다.

"거미 아찌는 나쁜 사람을 잡는 일을 하잖아. 그런데 별빛반에는 나쁜 사람들이 없어서 지금은 거미 아찌가 필요 없을 것 같아!" 하며 영아들이 이해할 수 있는 수준에서 가볍게 제한을 두고 있다. 그런데 이 과정에서 거미줄을 만들어 벽에 붙는 놀이를 하는 유완이까지 스파이더맨 놀이를 못 하게 될 때 유완이의 속상해하는 모습을 보면서 나 또한 안타깝다. 해골, 스파이더맨, 해적이 가지고 있는 공격적 특성 때문에 유완이의 의도와 달리 놀이가 진행되다 보면 공격적인 놀이로 변형되기 때문에 놀이에 제한을 두고 싶은데 언제 어느 정도까지 제한을 해야 하는지, 이를 영아인 유완이에게 어떤 방식으로 설명을 해야 좋을지 고민이 된다.

항상 자신감 있게 놀이를 시작했던 유완이가 요새 놀이를 시작할 때마다 "이거는 별빛반에서 해도 되는 놀이에요?"라며 확인을 받으려고 하는데 나는 유완이가 흥미 있어 하는 놀이를 제한하는 사람인가 하는 미안함마저 들 때가 있다. 그림책을 많이 읽어 해적, 해골의 부정적인 이미지에 익숙한 여자 어린이들이 해골, 해적 이야기를 듣는 자체를 무서워해서 유완이의 놀이 자체가 공격적이지 않음에도 유완이가 해골, 해적을 이야기하면 바로 "그 놀이는 듣기 불편해!"라고 이야기할 때가 있는데 교실에서 해골, 해적 놀이를 아예 제한을 해야 하나 고민도 된다.

그런데 학기 초에 교사와 함께 즐겁게 했던 놀이인데 이제 와서 다른 어린이들이 듣기 힘들어한다고 제한하자니 교사로서 일관성이 없어지는 것 같고 또한 이런 놀이들이 유완이의 애착대상인 할머니와 주로 하는 놀이인데 교사의 놀이 제한이 유완이가 할머니와 하는 놀이를 부정하는 것처럼 비춰질까 봐 조심스럽다.

출처: A 어린이집 내부장학을 위한 현장사례 모음.

▶ 현장사례 분석

<table>
<tr><th colspan="4">분석 노트</th></tr>
<tr><td colspan="2">① 기본 정보</td><td colspan="2"></td></tr>
<tr><td colspan="2">② 사례에 나타난 문제</td><td colspan="2"></td></tr>
<tr><td rowspan="5">③ 사례 관련 인물</td><td>관련 있는 사람</td><td colspan="2"></td></tr>
<tr><td rowspan="4">인물별 관점</td><td></td><td>–</td></tr>
<tr><td></td><td>–</td></tr>
<tr><td></td><td>–</td></tr>
<tr><td></td><td></td></tr>
<tr><td rowspan="2">④ 관련 지식</td><td>관련 이론</td><td colspan="2"></td></tr>
<tr><td>관련 윤리강령</td><td colspan="2"></td></tr>
<tr><td colspan="2">⑤ 교사의 해결방안 검토</td><td colspan="2"></td></tr>
<tr><td colspan="2">⑥ 토론자 입장에서 대안 모색</td><td colspan="2"></td></tr>
</table>

❖ 다시 생각해 보기

1 사례에 나타나는 인물과 관련 있는 윤리강령을 모두 찾아보세요.

2 사례에 나타난 교사의 입장에서 생각해 보세요. 교사의 해결방안은 무엇이었나요? 현장사례의 관련 인물 중 누구의 이익을 보장하고, 누구의 이익을 보류하였나요?

3 〈영유아에 대한 윤리〉를 읽어 보고, 빠뜨린 윤리강령이 있는지 생각해 보세요.

4 그중에서 가장 중요하게 고려해야 할 윤리강령은 무엇인지, 해당 윤리강령에 기초한 해결방법에 대해 이야기 나누어 보세요.

〈영유아에 대한 윤리〉

① 영유아에게 고른 영양과 충분한 휴식을 제공하여, 몸과 마음이 건강한 사람으로 자라도록 돕는다.

② 성별, 지역, 종교, 인종, 장애 등 어떤 이유에서도 영유아를 차별하지 않고, 공평한 기회를 제공한다.

③ 영유아는 다치기 쉬운 존재임을 인식하여 항상 안전하게 보호한다.

④ 영유아에 대한 정서적·언어적·신체적 학대를 행하지 않는다.

⑤ 어린이집 내외에서의 영유아 학대나 방임을 민감하게 관찰하며, 필요한 경우 관련 기관('아동보호전문기관' 등)에 보고하고 조치를 취한다.

⑥ 영유아의 인격을 존중하고, 개인의 잠재력과 개성을 인정한다.

⑦ 개별적 상호작용 속에서 영유아의 요구를 수용하기 위해 노력한다.

⑧ 영유아의 사회·정서·인지·신체 발달을 통합적으로 지원하는 보육 프로그램을 실시한다.

⑨ 특별한 도움을 필요로 하는 경우, 전문가와 협력하여 영유아의 입장에서 최선의 대안을 찾는다.

⑩ 보육활동을 계획, 실행, 평가하는 모든 과정에 영유아의 흥미와 의사를 반영한다.

⑪ 영유아의 개인적 기록과 정보에 대한 비밀을 보장한다.

TIP!

다음에 제시된 예는 보육교사가 처한 딜레마 상황에서 보육과정을 고려한 분석의 예이다.

<table>
<tr><th colspan="4">분석 노트</th></tr>
<tr><td colspan="2">① 기본 정보</td><td colspan="2">• 만 2세 영아의 발달 특성
• 유완이의 양육 배경
• 놀이 유형 및 교사의 전략</td></tr>
<tr><td colspan="2">② 사례에 나타난 문제</td><td colspan="2">• 만 2세인 유완이가 주 양육자인 외할머니의 영향을 받아 해골, 해적, 거미 등을 소재로 놀이하기를 좋아함
• 사회성 발달이 빠른 유완이가 놀이를 주도하다 보니 전체 영아들이 영향을 받아 주로 공격적인 놀이가 교실에서 이루어짐</td></tr>
<tr><td rowspan="5">③ 사례 관련 인물</td><td>관련 있는 사람</td><td colspan="2">• 유완 • 유완 어머니 • 유완 할머니 • 교사</td></tr>
<tr><td rowspan="4">인물별 관점</td><td>유완</td><td>– 가족들이랑 집에서 해골, 해적, 스파이더맨으로 즐겁게 놀이하는데 그중에서도 외할머니가 가장 잘 놀아 주심
낯선 별빛반에 왔을 때 처음엔 선생님이랑 둘이서 놀면서 이런 놀이를 재밌게 했었는데 요새 선생님이 내가 하고 싶은 놀이를 못 하게 하는 게 이해가 잘 되지 않음
– 별빛반에서 어떤 놀이를 할 수 있고 없는지 잘 모르겠어서 놀이를 할 때마다 선생님의 반응을 살피게 됨</td></tr>
<tr><td>유완 어머니</td><td>– 맞벌이로 유완이에게 많은 신경을 쓰지 못하는데 유완이가 외할머니에게 안정애착이 잘 되어 있어 다행임
– 할머니께서 유완이가 좋아하는 스파이더맨 등의 옷도 많이 사주시고 유완이와 즐겁게 놀이해 주셔서 그런지 유완이가 행복해 보여 마음이 놓임</td></tr>
<tr><td>유완 할머니</td><td>– 맞벌이로 부모와 시간을 자주 보내지 못했던 유완이가 나와 애착이 잘 되어 있다가 어린 나이에 낯선 기관에 처음 들어갔는데 특별한 적응 기간 없이 잘 지내고 있어서 다행임
– 아마 어렸을 때부터 유완이의 흥미대로 같이 잘 놀이해 준 내가 있어 유완이의 사회성 발달이 빨랐던 것 같음</td></tr>
<tr><td>교사</td><td>– 11월 생일로 월령이 제일 느린 유완이가 사회성 발달이 빨라 친구들과 함께 놀이하는 형태까지 놀이 수준이 높게 나타나 기쁨
– 학기 초엔 유완이와 일대일 놀이 상황이라서 유완이의 흥미대로 해골, 해적, 스파이더맨 등의 놀이를 진행해도 걱정이 없었는데 2학기가 되면서 다른 영아들이 놀이를 이끄는 유완이를 많이 따라</td></tr>
</table>

분석 노트			
③ 사례 관련 인물	인물별 관점	교사	하는 것이 걱정돼 요새 조금씩 놀이에 제한을 두고 있는데 교사로서 일관적인 기준이 없는 것처럼 비춰질까 걱정임 – 유완이의 속상해하는 모습도 안타깝지만 어린이집에서 권하지 않는 놀이를 하는 영아에게 영아가 이해할 수 있는 수준에서 놀이를 언제, 얼마만큼, 어떤 방식으로 제한을 두어야 하는지 기준이 모호해 난감함 – 등·하원 시 자주 접하는 부모님이 아니고 한 달에 한두 번 뵙는 외할머니에 관련된 일인데 교사의 놀이 제한이 유완이와 할머니의 놀이를 부정하는 것처럼 잘못 전달될까 봐 걱정됨 – 어린이집에서 해적, 해골놀이를 한다고 다른 영아들이 집에 가서 말한다고 할 때마다 매우 난처함. 놀이가 즐겁고 긍정적인 방식으로 진행되도록 영아들의 놀이에 적절히 개입하는데 해골, 해적의 부정적 어감으로 인해 다른 부모님들이 놀이 이름만 듣고 어린이집에서 공격적인 놀이를 허용하는 것으로 오해하실까 봐 걱정됨
④ 관련 지식	관련 이론		• 만 2세 영아의 놀이 및 발달 특성에 대한 이론
	관련 윤리강령		〈영유아에 대한 윤리〉 ⑧ 영유아의 사회·정서·인지·신체 발달을 통합적으로 지원하는 보육 프로그램을 실시한다. ⑩ 보육활동을 계획, 실행, 평가하는 모든 과정에 영유아의 흥미와 의사를 반영한다.
⑤ 교사의 해결방안 검토			• 영아의 수준에서 이해할 수 있는 방법으로 놀이를 제한하고 있음 • 이로 인해 유완이는 자신의 놀이를 인정받지 못한다고 생각하여 즐겁게 놀이를 이어가지 못함
⑥ 토론자 입장에서 대안 모색			• 해골, 해적, 거미 등 유완이가 좋아하는 소재 이외에도 다른 놀잇감에 관심을 느낄 수 있도록 다양한 교구 제공 • 유완이의 흥미를 인정해 놀이를 시작하되, 놀이 내에서 긍정적인 상호작용이 일어날 수 있도록 놀이 상황을 설정하기 • 가정에서도 영아의 긍정적인 놀이를 인정해 주고 지지해 줄 수 있도록 지원

※ 현장사례에서 절대적으로 옳은 단 하나의 해결방안은 결코 있을 수 없다. 딜레마 상황에서 보육교사는 그 순간에 최선이라고 생각하는 해결방법을 모색해야 하고, 그 해결방안이 적절했는지를 끊임없이 반성적 사고를 통해 되돌아봐야 한다. 이때 보육교사는 영유아의 목소리에 귀를 기울였는지, 영유아의 목소리를 대변하고 있는지를 항상 고려하는 것이 필요하다.

C·H·A·P·T·E·R 10

영유아에 대한 윤리
: 영유아-교사 상호작용

어린이집에서 이루어지는 영유아와 교사와의 상호작용은 매 순간이 중요하다. 영유아는 교사와의 상호작용을 통하여 성장하고 발달하며, 이는 향후 긍정적인 인간관계 형성에 중요한 토대가 된다.

본 장에서는 영유아와 교사의 상호작용이 왜 중요한지 살펴보고, 교사가 영유아와 상호작용할 때 고려해야 하는 원리에 대해 알아본다. 그리고 영유아-교사 상호작용과 관련된 현장사례를 보육교사 윤리강령에 기반하여 분석해 본다.

1. 영유아와 교사의 상호작용

영유아와 교사의 상호작용은 보육 일과 전체에서 이루어진다. 영유아의 성장과 발달을 지원하는 교사는 보육과정 운영을 위해 하루 일과 계획, 교수-학습 활동 운영 및 놀이지원, 교사-영유아 상호작용, 보육과정 평가, 일상생활 지도 등 역할을 수행한다. 또한, 영유아의 건강 및 안전을 위해 실내외 공간의 청결과 안전 점검, 급·간식 지도, 건강교육, 안전교육 등을 계획하고 실행하는 과정에서 최우선으로 영유아를 고려해야 하며, 영유아와 질적인 상호작용을 해야 한다.

영유아와 함께 생활하는 보육교사는 스스로 인성적 자질을 갖추고 영유아에게 인성교육을 실천할 수 있는 역량을 가져야 한다. 현대의 사회 변화와 맞물려 영유아에 대한 보호와 교육의 책임이 어린이집으로 일정 부분 전이되었으며, 취원 연령의 하향화 및 어린이집에서 장시간 지내는 영유아가 증가함에 따라 교사의 영향력이 더욱 커지게 되었다. 영유아는 성인과 동일시하며 모방학습을 통해 배우는 존재이다. 다른 학습자에 비하여 교사의 행동, 말투, 성격, 태도 등에 크게 영향을 받는다는 것을 기억하고 그 누구보다도 영유아와의 상호작용에 주의를 기울여야 한다(서현·임지윤·박미자, 2013; Berkowitz & Grych, 1998; Berkowitz & Grych, 2000).

2. 영유아와의 상호작용 전략

영유아와 교사의 질 높은 상호작용은 신체 · 언어 · 정서 · 사회성 발달 등에 영향을 미친다. 상호작용에 영향을 주는 주요한 요소들로는 영유아의 기질, 장애, 가정환경과 같은 개인적 특징, 교사의 교수-학습 방법, 유아교육기관의 맥락, 사회적 배경 등이 있다. 유아교사가 성공적으로 영유아와 상호작용을 하기 위해 필요한 전략은 다음과 같다(박은혜, 2017, pp. 243-244).

- 영유아를 존중하는 자세와 태도: 교사는 영유아를 상하 관계가 아닌 평등한 인간관계 속에서 한 인격체로 존중해야 한다. 계층, 성별, 신체 조건, 사회 · 문화적 배경 등의 편견을 갖지 않고 영유아의 학습과 발달을 증진할 수 있는 교육내용과 방법을 제공하고자 노력해야 한다. 영유아와 대화할 때는 눈높이를 맞추어 자세를 낮추고 영유아의 눈을 바라보면서 경청하는 자세로 이야기를 나누는 것이 바람직하다.
- 부드럽고 따뜻한 상호작용: 교사는 영유아에게 애정을 담아 부드럽고 따뜻하게 대화 나누기, 미소 짓기, 격려하기, 인정하기 등 언어적 · 비언어적인 방법을 활용하여 상호작용해야 한다. 교사는 영유아가 준비한 활동에 대해 흥미와 기대감을 가지고 적극적으로 참여할 수 있도록 돕고 밝고 즐거운 교실 분위기를 만들어 활동에 집중할 수 있도록 조력해야 한다.
- 영유아의 정서 표현이나 요구 등에 개인차를 고려하여 민감하게 반응: 영유아는 발달의 차이와 개인차 등의 이유로 인하여 언어적으로 능숙하게 표현하거나 적절한 시간과 장소에 개인의 의견을 표출하는 것이 어렵다. 그러므로 교사는 영유아가 보이는 정서 표현에 민감하게 반응하고 어떠한 요구를 하는지 잘 포착하는 것이 중요하다. 영유아의 개별적인 생각과 느낌을 존중하고 격려함으로써 일상생활에 잘 적응하고 활동에 적극적으로 참여하도록 돕는다. 특히, 영아는 자신의 요구를 말로 표현하는 데 한계가 있으므로 영아반의

교사는 영아가 필요로 하는 것을 관찰을 통해 민감하게 알아차릴 수 있어야 한다.

- 영유아의 성장과 발달 지원: 영유아가 어린이집에서 지내는 매 순간은 성장과 발달에 있어 의미 있는 시간이다. 영유아가 사물이나 현상에 대해 질문하고 호기심을 보일 때 교사는 영유아의 흥미를 유지하고 보다 깊이 탐색할 수 있도록 적절한 언어적 상호작용을 제공해야 한다. 일상생활과 관련된 활동을 통해 영유아 스스로 생활할 수 있도록 하고 협동하기, 순서 지키기, 나누기, 양보하기 등의 친사회적 행동을 발달시킬 수 있도록 지원한다. 또한, 교사는 영유아가 이전의 경험과 지식을 활용하여 반성적으로 사고하고 다양한 방법으로 문제를 해결하는 기회를 가질 수 있도록 도우며, 필요한 경우 영유아가 자신의 생각을 분명하게 표현할 수 있도록 언어적 표현력을 자극하고 사고과정을 돕는 등 영유아의 전인발달을 지원해야 한다.
- 영아에게 일관되고 긍정적인 반응: 특별히 영아에게는 자신을 돌보는 주 양육자와 신뢰감에 바탕을 둔 애착을 형성하는 것이 가장 중요하다. 영아반 교사일 경우 학기 초 적응을 위하여 애착 형성에 총력을 기울여야 한다. 영아반은 가능한 한 급격한 변화는 줄이도록 노력하고 상호작용을 할 때에는 일관적이고 긍정적인 반응을 보이는 것이 매우 중요하다.

보육기관의 질적 우수성을 평가할 수 있는 어린이집 평가인증에서도 교사-영유아 상호작용을 평가하고 확인하기 위한 지표가 있다. 이 중 교사-영유아 상호작용은 교사-영유아 상호작용, 영유아 간 상호작용 시 교사 역할의 두 가지 평가지표에 걸쳐 주요하게 다루어진다. 평가인증지표 가운데 상호작용과 관련된 내용은 다음의 〈표 10-1〉과 같다.

〈표 10-1〉 제3차 어린이집 평가인증 통합지표 중 영유아-교사 상호작용 관련 지표

평가 영역	평가지표	평가 항목
1. 보육과정 및 상호작용	1-4. 교사-영유아 상호작용	1. 교사는 신체적 특성, 가족 및 민족 배경 등으로 인한 편견 없이 모든 영유아를 존중한다. 2. 교사는 영유아의 기질, 정서적 상태, 놀이 선호 등을 파악하여 적절히 반응한다. 3. 교사는 영유아의 개별적 요구나 질문을 주의 깊게 듣고, 적절하게 반응한다. 4. 교사는 영유아가 이해할 수 있는 내용으로 눈을 마주치며 이야기한다. 5. 교사는 위협, 비난, 조롱 등 부정적 언어를 사용하지 않는다. 6. 교사는 칭찬과 격려를 통해 영유아에게 자신감을 준다.
	1-5. 영유아 간 상호작용 시 교사 역할	1. 교사는 영유아가 일상에서 또래와 긍정적 상호작용을 하도록 격려한다. 2. 교사는 영유아가 자신의 의견이나 생각을 또래에게 말로 표현하도록 격려한다. 3. 교사는 영유아가 적절한 약속과 규칙을 알고 지킬 수 있도록 격려한다. 4. 교사는 영유아 간 다툼이나 문제가 발생하지 않도록 환경을 마련하고, 발생 시 적절히 개입한다.

출처: 보건복지부 · 한국보육진흥원(2018). p. 118.

3. 현장사례 분석 및 토론

어린이집에서 일어나는 영유아와 교사와의 상호작용은 하루 일과 내에서 끊임없이 이루어진다. 일상적으로 일어나서 소홀하기 쉽지만, 영유아-교사 상호작용은 영유아의 성장과 발달을 위한 중요한 요인이 된다(Samuelsson, Sheridan, & Williams, 2006). 얼마나 지속적이고 빈번하게 질 높은 상호작용이 일어나는지의 여부가 보육 프로그램의 질적 수준에 영향을 준다(중앙보육정보센터, 2006).

영유아와의 상호작용은 이론적 학습만으로는 실제 현장에서 경험하고 대처하는 것에 한계가 있다. 예비교사는 다음에 제시하는 상호작용에 대한 현장사례 분석을 통하여 딜레마 상황에서 누구의 권리를 우선할 것인지, 윤리강령에 비추어 나의 결정에 문제가 없는지를 파악하고 영유아와의 적절한 상호작용을 위한 최선의 결정을 하는 데 도움을 받을 수 있다.

분석해 봅시다

❖ 영유아 상호작용 현장사례 분석

1 제시된 현장사례를 읽어 보세요.
2 7장에서 배운 현장사례 분석의 틀을 활용하여 분석해 보세요.

수업을 방해하는 유아

만 3세인 상호는 자유선택활동 시간에는 주로 쌓기영역에서 자동차를 가지고 논다. 놀이를 하다가 다른 유아와 갈등 상황이 잦아 상호가 불편하게 했다거나 놀잇감을 말없이 빼앗아 갔다고 울면서 담임 교사에게 하소연하는 경우가 종종 발생한다. 대집단 활동 시간에는 다른 소리를 내거나 우는 경우가 많아 수업을 방해하는 행동을 자주 한다. 또한, 낮잠 시간에는 머리를 흔들거나 손발을 허우적거리며 다른 유아가 잠드는 것을 방해하기도 한다.

담임인 김 선생님은 부담임 선생님이 상호 옆에 온종일 붙어 있을 때 수업이 더 수월하게 진행되는 것을 느낀다. 부담임 선생님은 일과의 대부분을 상호를 전담하여 돌보고, 상호의 행동에 뒷수습을 하느라 지칠 때가 있다. 가끔 울음을 쉽게 그치지 않아 수업 진행이 어려울 때에는 원장실로 보내 진정될 때까지 있도록 한다. 그러나 원장 선생님은 다른 학부모와 상담 중일 경우 기관에 대한 편견을 주게 될까 봐 걱정되고 당황스럽다. 이런 일이 반복될 때마다 원장으로서 교사의 지도 능력에 의심이 드는 것이 어쩔 수 없는 사실이다.

어느 날 수영이 어머니가 김 선생님에게 전화를 걸어 상호가 수영이를 괴롭힌다며 불만을 토로하였다. 수영이 어머니는 선생님들이 모든 유아에게 골고루 관심을 기울였으면 좋겠다고 말하며 상호를 언급하였다. 김 선생님은 상호 어머니에게 바로 전화하여 수영이와의 일과 몇몇 문제 행동 사례를 이야기하였다. 상호 어머니는 김 선생님의 얘기를 대수롭지 않게 여기며 "아직 아기라… 이제 적응하는 중인데요. 집에서도 낮잠을 안 자요. 놀 게 없으면 그러는 것 같더라고요."라고 말하였다.

출처: A 어린이집 내부장학을 위한 현장사례 모음.

▶ 현장사례 분석

<table>
<tr><th colspan="4">분석 노트</th></tr>
<tr><td colspan="2">① 기본 정보</td><td colspan="2"></td></tr>
<tr><td colspan="2">② 사례에
나타난 문제</td><td colspan="2"></td></tr>
<tr><td rowspan="4">③ 사례
관련
인물</td><td>관련 있는
사람</td><td colspan="2"></td></tr>
<tr><td rowspan="3">인물별
관점</td><td></td><td>–</td></tr>
<tr><td></td><td>–</td></tr>
<tr><td></td><td>–

–</td></tr>
<tr><td rowspan="2">④ 관련
지식</td><td>관련
이론</td><td colspan="2"></td></tr>
<tr><td>관련
윤리강령</td><td colspan="2"></td></tr>
<tr><td colspan="2">⑤ 교사의
해결방안 검토</td><td colspan="2"></td></tr>
<tr><td colspan="2">⑥ 토론자 입장에서
대안 모색</td><td colspan="2"></td></tr>
</table>

❖ 다시 생각해 보기

1 사례에 나타나는 인물과 관련 있는 윤리강령을 모두 찾아봅시다.

2 사례에 나타난 교사의 입장에서 생각해 봅시다. 교사의 해결방안은 무엇이었나요? 현장사례의 관련 인물 중 누구의 이익을 보장하고, 누구의 이익을 보류하였나요?

3 〈영유아에 대한 윤리〉를 읽어 보고, 빠뜨린 윤리강령이 있는지 생각해 봅시다.

4 그중에서 가장 중요하게 고려해야 할 윤리강령은 무엇인지, 해당 윤리강령에 기초한 해결방법에 대해 이야기 나누어 보세요.

〈영유아에 대한 윤리〉

① 영유아에게 고른 영양과 충분한 휴식을 제공하여, 몸과 마음이 건강한 사람으로 자라도록 돕는다.
② 성별, 지역, 종교, 인종, 장애 등 어떤 이유에서도 영유아를 차별하지 않고, 공평한 기회를 제공한다.
③ 영유아는 다치기 쉬운 존재임을 인식하여 항상 안전하게 보호한다.
④ 영유아에 대한 정서적 · 언어적 · 신체적 학대를 행하지 않는다.
⑤ 어린이집 내외에서의 영유아 학대나 방임을 민감하게 관찰하며, 필요한 경우 관련 기관('아동보호전문기관' 등)에 보고하고 조치를 취한다.
⑥ 영유아의 인격을 존중하고, 개인의 잠재력과 개성을 인정한다.
⑦ 개별적 상호작용 속에서 영유아의 요구를 수용하기 위해 노력한다.
⑧ 영유아의 사회 · 정서 · 인지 · 신체 발달을 통합적으로 지원하는 보육 프로그램을 실시한다.
⑨ 특별한 도움을 필요로 하는 경우, 전문가와 협력하여 영유아의 입장에서 최선의 대안을 찾는다.
⑩ 보육활동을 계획, 실행, 평가하는 모든 과정에 영유아의 흥미와 의사를 반영한다.
⑪ 영유아의 개인적 기록과 정보에 대한 비밀을 보장한다.

TIP!

다음에 제시된 예는 보육교사가 처한 딜레마 상황에서 영유아와의 상호작용을 고려한 분석의 예이다.

<table>
<tr><th colspan="4">분석 노트</th></tr>
<tr><td colspan="2">① 기본 정보</td><td colspan="2">• 만 3세 유아의 특성
• 상호의 행동 유형
• 상호와 수영이의 관계</td></tr>
<tr><td colspan="2">② 사례에 나타난 문제</td><td colspan="2">• 만 3세인 상호가 수업을 방해하는 행동을 자주 하여 부담임교사가 거의 항상 옆에 앉아 있음
• 같은 반 수영이 어머니로부터 상호가 수영이를 괴롭힌다는 얘기와 상호에게만 선생님의 관심이 집중되는 것 같다는 항의 전화를 받음</td></tr>
<tr><td rowspan="6">③ 사례 관련 인물</td><td>관련 있는 사람</td><td colspan="2">• 담임교사
• 부담임교사
• 상호 또는 상호 어머니
• 수영 또는 수영 어머니
• 같은 반 어린이들
• 원장</td></tr>
<tr><td rowspan="5">인물별 관점</td><td>담임교사</td><td>– 전체 수업을 원활하게 진행하기 위하여 수업을 방해하는 상호를 부담임이 맡아 주길 바람
– 상호에게는 집단 활동에 참여하는 것보다 개별지도가 더 필요하다고 생각함</td></tr>
<tr><td>부담임교사</td><td>– 온종일 상호를 맡고 있느라 다른 유아와 상호작용하거나 수업을 보기 어려움
– 상호의 행동에 일일이 반응하고 뒷수습을 하느라 지칠 때가 있음</td></tr>
<tr><td>상호 또는 상호 어머니</td><td>– 상호 입장에서는 수영이나 다른 친구들과 놀고 싶은 마음임
– 집단생활에 적응하는 과정에 있음
– 만 3세 유아의 일반적인 특성이라고 생각함
– 수업이 지루하거나 낮잠 자는 것이 싫어서 하는 행동임</td></tr>
<tr><td>수영 또는 수영 어머니</td><td>– 수영이 입장에서는 상호가 놀잇감을 마음대로 가지고 가고 상호 때문에 즐겁게 놀이할 수가 없어서 불편하고 속상함
– 수영이로부터 상호가 괴롭힌다는 이야기를 듣고 매우 속상함
– 선생님들이 상호만 신경 쓰느라 수영이나 다른 유아들에게 소홀할까 봐 걱정됨</td></tr>
<tr><td>같은 반 어린이들</td><td>– 선생님들이 상호 옆에만 있어서 샘남
– 상호가 놀이, 대집단활동, 낮잠 등을 방해해서 불편함
– 상호만 낮잠을 자지 않는 것이 부러움</td></tr>
</table>

<table>
<tr><th colspan="4">분석 노트</th></tr>
<tr><td>③ 사례 관련 인물</td><td>인물별 관점</td><td>원장</td><td>– 가끔 상호가 원장실에 내려올 때 중요한 일이 중단되거나 다른 학부모와 상담 중이어서 당황스러울 때가 있음
– 반에서 지도가 원활히 이루어지지 않는 것 같아 교사의 능력이 의심될 때가 있음
– 다른 학부모들에게 기관 및 교사에 대한 편견을 주게 될까 봐 걱정됨</td></tr>
<tr><td rowspan="2">④ 관련 지식</td><td>관련 이론</td><td colspan="2">• 만 3세 유아의 놀이 및 발달 특성에 대한 이론
• 바람직한 행동에 대한 모델링(행동발달이론)
• 유능한 유아가 도움을 줄 수 있도록 지원(비계설정)</td></tr>
<tr><td>관련 윤리강령</td><td colspan="2"><영유아에 대한 윤리>
① 개별적 상호작용 속에서 영유아의 요구를 수용하기 위해 노력한다.</td></tr>
<tr><td colspan="2">⑤ 교사의 해결방안 검토</td><td colspan="2">• 부담임 교사가 상호를 일대일로 맡아 지도하고 있거나, 울음이 길어질 경우 원장실로 보내어 마음을 가라앉히고 교실로 돌아올 수 있도록 지도하고 있음
• 상호는 담임교사보다 다른 교사와 더 안정적인 애착을 형성하게 될 수 있음</td></tr>
<tr><td colspan="2">⑥ 토론자 입장에서 대안 모색</td><td colspan="2">• 담임과 부담임이 역할을 번갈아 가며 상호를 개별지도하고 상호가 점차 집단 활동에 참여할 수 있도록 함
• 상호의 또래 관계를 파악하여 도움을 줄 수 있는 유아와 활동을 함께 하도록 함
• 상호가 교사 및 또래와 긍정적인 상호작용을 할 수 있도록 또래 관계 증진 지원, 교사의 바람직한 모델링 등의 방법을 사용함</td></tr>
</table>

※ 현장사례에서 절대적으로 옳은 단 하나의 해결방안은 결코 있을 수 없다. 딜레마 상황에서 보육교사는 그 순간에 최선이라고 생각하는 해결방법을 모색해야 하고, 그 해결방안이 적절했는지를 끊임없이 반성적 사고를 통해 되돌아봐야 한다. 이때 보육교사는 영유아의 목소리에 귀를 기울였는지, 영유아의 목소리를 대변하고 있는지를 항상 고려하는 것이 필요하다.

C·H·A·P·T·E·R 11

가정에 대한 윤리
: 가정과의 협력

보육교사와 부모는 영유아를 잘 양육하기 위하여 원활한 의사소통을 통해 동반자적인 관계를 형성하는 것이 필요하다. 그럼에도 불구하고 현장에서는 보육교사와 부모가 긍정적인 관계를 형성하는 데 어려움이 있다.

본 장에서는 보육교사와 부모 관계의 특성과 성공적인 의사소통방법에 대해 알아본다. 그리고 가정과의 협력과 관련된 현장사례를 보육교사 윤리강령에 기반하여 분석해 본다.

1. 보육교사와 부모 관계의 특성

어린이집과 가정의 연계와 협력의 중요성은 다양한 연구를 통해 증명되어 왔으며, 이를 위한 의사소통 또한 매우 중요하게 부각되고 있다. 부모와 교사는 영유아의 긍정적인 성장과 발달이라는 공동의 목표를 공유하고 의사소통함으로써 서로의 교육적 가치, 신념, 행위를 나누고 서로를 이해하는 과정을 거칠 필요가 있다(위수정, 2001).

교사와 부모의 관계는 영유아가 어린이집에 들어오면서 시작된다. 보육교사와 부모의 관계는 영유아의 성장 및 발달에 영향을 미치게 된다(Schaefer, 1991). 관련 연구를 살펴보면 교사와 적극적으로 의사소통하는 어머니일수록 교사에 대해 긍정적인 의사소통 태도를 보였으며, 그러한 어머니의 자녀가 사회적 능력이 높은 것으로 나타났다(배인자 · 위수경, 2004). 또한, 가정과 어린이집 간 의사소통이 다양하게 이루어질수록 부모의 어린이집에 대한 평가가 긍정적이었다(이은해 · 최혜영 · 박주희, 2003). 즉, 교사와 부모의 의사소통 기회가 많아질수록 상호 간 이해 및 동반자적 관계 형성에 도움이 된다는 것이다. 따라서 교사와 부모의 긍정적인 관계 형성을 위해 기관에서는 정기적으로 다양한 의사소통의 기회를 제공해야 한다.

박은혜(2017)는 교사와 부모 관계의 특성을 간접적인 관계, 일시적인 관계, 공식적인 결합 관계의 3가지 특성으로 정리하여 제시하였다. 간접적인 관계란 교사와 부모는 직접적으로 관계를 맺는 것이 아니라 영유아를 사이에 두고 관계를 맺는다는 의미이다. 일시적인 관계란 교사와 부모의 관계는 영유아가 어린이집에 재원하는 기간 에만 유지되는 관계라는 의미이다. 공식적인 결합 관계란 교사와 부모는 영유아의 보육이라고 하는 업무를 중심으로 한 공식적인 관계라는 의미이다. 때문에 교사와 부모는 항상 서로에게 예의를 갖추고 공적인 거리를 유지할 필요가 있다.

2. 성공적인 보육교사-부모 관계

> **불안한 엄마들 SNS에 "안전한 어린이집 어디?"**
>
> 인천 어린이집 원아폭행 사건 후폭풍이 걷잡을 수 없이 퍼지고 있다. 같은 어린이집에 아이를 보낸 학부모들끼리 인터넷 등을 통해 교사 등에 대한 정보를 공유하고 아동학대 사례 수집에 나서는가 하면, '내 아이는 내 손으로 키우겠다'며 어린이집 등록을 취소하는 사례까지 포착되고 있다. 최상의 보육을 위해서는 상호 보완적인 관계가 돼야 할 학부모와 어린이집 사이에 이처럼 불신의 벽이 높아지면서 자칫 이번 사건으로 보육체계 근간이 흔들리는 것 아니냐는 걱정까지 나온다.
>
> 매일경제(2015. 1. 16.).

최근 매스컴을 통해 보도된 어린이집 교사의 아동학대 사건으로 인해 보육교사를 향한 부모의 신뢰가 무너지고 있다. 2015년 1월, 인천의 한 어린이집 원아 폭행 사건이 기사화된 후 어린이집에 대한 학부모의 불신이 높아져 '내 아이는 내가 키우겠다'며 입학을 취소하는 사례도 발생했다. 이런 내용의 보도는 어린이집에 보내야 할 자녀가 있는 부모에게 은연중에 어린이집에 대한 부정적 인식을 심어 주어

불안감과 두려움을 느끼게 하며, 동시에 보육교사에게는 위축감을 느끼게 하여 교사와 부모의 긍정적인 관계를 가로막는 요인이 된다(김지혜, 2012).

사회적 문제뿐만 아니라 교사와 부모가 가지는 개인적 특성이 교사와 부모의 긍정적인 관계 맺음을 어렵게 하는 요인이 될 수도 있다. 김순환, 김하진, 나원정(2014)은 부모-교사 관계에서 어려움을 겪게 하는 교사 및 어머니의 유형을 부담형/극성형, 불만형, 비협조형, 방임형, 비우호형, 회피형으로 나누어 제시하고 있으며, 유형별 특징은 다음의 〈표 11-1〉과 같다. 긍정적인 부모-교사 관계를 가로막는 요인은 교사와 어머니 모두에게 있을 수 있으므로, 긍정적인 관계 형성을 위해 교사 자신의 모습을 먼저 성찰해 보는 것도 매우 중요하다.

〈표 11-1〉 부모-교사 관계에서 어려움을 겪게 하는 교사 및 어머니 유형

유형	교사 유형	어머니 유형
부담형/극성형	어머니에게 과도한 교육적 책임과 역할 부여로 부담을 주는 교사	자녀에 대한 걱정이 많고 교사의 업무에 과다하게 참견 및 개입하려고 하는 어머니
불만형	어머니의 제안이나 요청에 불평불만이 많은 교사	교육기관 운영과 교육 실행, 교사에게 불만이 많은 어머니
비협조형	영유아의 교육과 보호 업무를 충실하게 이행하지 않는 교사	기관의 교육이나 행사에 관심을 갖지 않고 협조를 하지 않는 어머니
방임형	자신의 학급 유아에게 관심을 갖지 않고 신경 쓰지 않는 교사	자신의 자녀에게 관심을 갖지 않고 신경 쓰지 않는 어머니
비우호형	어머니를 인격적으로 존중하거나 대우하지 않는 교사	교사를 인격적으로 존중하거나 대우하지 않는 어머니
회피형	어머니와의 관계 형성을 꺼리며 어머니의 요구나 제안을 회피하는 소극적인 교사	-

출처: 김순환 · 김하진 · 나원정(2014). p. 206.

영유아에게 가장 좋은 환경을 제공하기 위해서는 교사와 부모 모두 서로에게 긍정적인 영향을 미칠 수 있어야 한다. 다음은 박은혜(2017)가 보육교사와 부모가 성공적으로 관계를 맺기 위하여 필요한 요인을 정리한 것이다.

- 신뢰 형성: 교사와 부모는 모두 영유아에게 최적의 보육을 제공하고자 하는 의지가 있다는 것을 서로 신뢰해야 한다. 교사와 부모가 서로를 신뢰하고 협력할 때 보다 더 안정적인 관계를 맺게 된다. 이를 위해 교사는 부모가 자녀에 대한 가장 좋은 정보 제공자라는 것을 인정해야 하며, 부모는 교사가 영유아 보육에 있어서 전문가라는 것을 인정해야 할 필요가 있다.
- 상호협력 체제 구축: 교사와 부모는 모두 각자가 영유아의 발달과 성장에 책임이 있는 사람이라는 것을 인정해야 한다. 이를 위해 일방적으로 자신의 교육철학이나 태도를 관철시키고자 경쟁하는 관계가 아님을 인식해야 한다. 부모는 교사에게 필요한 가정에서의 정보를 제공하고, 교사는 부모에게 필요한 기관에서의 정보를 제공하여 영유아에게 가장 적절한 보육이 이루어질 수 있도록 긴밀하게 협력하는 관계를 맺어야 한다. 이러한 관계는 안정적이고 일관된 보육이 이루어질 수 있도록 하는 원동력이 된다.
- 효과적인 의사소통: 교사와 부모는 각자가 원하는 정보를 효과적으로 전달할 수 있는 의사소통 전략을 가지고 있어야 한다. 교사는 영유아와 관련된 다양한 정보를 일관적이고 정기적으로 전달해야 하며, 부모는 적극적이고 진솔하게 의사소통에 참여해야 한다. 효과적인 의사소통을 위해서 교사는 부모가 쉽게 정보에 접근할 수 있는 방법에 대해 고민할 필요가 있다. 또한, 기관 차원에서는 부모가 공식적이고 일관된 방법으로 의사소통할 수 있는 채널을 마련해 두는 것이 필요하다.
- 상호 존중의 태도: 교사와 부모는 각자의 자리에서 영유아의 발달과 성장을 위해 최선을 다해 조력하고 있음을 인정하고, 그 과정에서 겪는 어려움이 있음을 인정하고 이해할 필요가 있다. 교사는 부모가 가지고 있는 현실적인 어려움과 심리적 부담감 등을 이해해야 하며, 부모는 교사가 갖는 사회적인 압박과 책임에 대해 이해해야 한다. 또한, 각자가 맡은 역할을 분명히 하여 서로의 영역을 존중하는 태도를 갖는 것이 필요하다.

위의 내용을 정리하면 가정과 협력적인 관계를 맺기 위해 보육교사는 부모와 신뢰를 형성하고, 협력할 수 있는 체제를 구축하여 효과적이고 지속적인 의사소통이 이루어져야 한다. 이때 서로를 존중하는 태도를 갖는 것이 중요하다.

어린이집 평가인증지표에서도 가정과의 협력을 보육환경 및 운영관리 영역에서 중요한 평가지표로 제시하고 있으며, 그 내용은 다음의 〈표 11-2〉와 같다.

〈표 11-2〉 제3차 어린이집 평가인증 통합지표 중 가정과의 협력 관련 지표

평가 영역	평가지표	평가 항목
2. 보육환경 및 운영관리	2-4. 가정 및 지역사회와의 연계	1. 부모와 상호 협의하에 어린이집을 개방한다. 2. 부모교육을 다양하게 실시하고 있다. 3. 부모와 개별 면담을 하고 가정과의 소통을 다양한 방법으로 실시하고 있다. 4. 영유아와 가족의 문제를 파악하고 지원한다. 5. 지역사회와 연계한 다양한 활동을 실시하고 있다.
	2-5. 어린이집 이용 보장	1. 어린이집 운영계획을 수립하여 부모에게 안내하고 있다. 2. 종일반 및 맞춤반을 지침에 따라 운영하고 있다.

출처: 보건복지부 · 한국보육진흥원(2018). p. 121.

어린이집 평가인증지표에서는 어린이집 개방, 부모교육 및 개별 면담 실시와 같이 어린이집과 가정이 지속적인 의사소통이 이루어질 수 있는 체제를 제시하고 있다. 뿐만 아니라, 종일반 및 맞춤반 운영을 하는지의 여부도 평가에 포함시켜 어린이집이 각 가정의 다양한 요구에 대응하도록 하고 있다. 이렇듯 보육교사는 가정과 협력하고 다양한 가정의 요구를 받아들일 수 있는 여러 가지 전략을 가지고 있어야 하며, 효과적이고 효율적인 지원이 가능하도록 노력해야 한다. 이를 위해 무엇보다도 영유아와 가족이 가지고 있는 문제가 무엇인지 관심을 가지고 정확하게 파악하는 것이 필요하다.

3. 현장사례 분석 및 토론

교사와 부모의 상호 신뢰를 바탕으로 한 원활한 상호작용은 보육의 질에 많은 영향을 미친다(윤기영, 2005). 긍정적인 관계 형성을 위해서는 서로가 가지는 불안과 불만의 요소를 없애는 것도 중요하지만, 의사소통의 기회를 많이 가지는 것도 필요하다. 특히, 교사가 의사소통을 원활하게 할수록 교사-부모 간에 질 높은 의사소통이 이루어진다(이영애 · 부성숙, 2014). 그러므로 보육교사는 자신의 의사소통 능력을 향상시키는 노력을 기울일 필요가 있다.

교사가 자신의 의사소통 능력을 향상시키기 위해서는 다양한 사람과의 폭넓은 의사소통 경험이 중요한데, 특히나 초임교사의 경우 부모를 대상으로 한 의사소통 경험의 폭이 넓지 않아 더욱 어려움을 겪는다. 예비보육교사는 다음에 제시하는 사례 분석을 통하여 보육현장에서 마주하는 부모와의 딜레마 상황을 인식하고, 나의 의사소통에 문제가 없는지 파악하여 교사의 전문성 발달을 위한 노력을 기울이는 것이 필요하다.

분석해 봅시다

❖ 가정과의 협력 현장사례 분석

1 제시된 현장사례를 읽어 보세요.
2 7장에서 배운 현장사례 분석의 틀을 활용하여 분석해 보세요.

부모와의 원활한 의사소통

언젠가부터 학기 초가 되면 부모님들이 당연하게 담임교사의 개인 연락처를 물어보시고, 원에서도 새로운 반 배정을 공지하면서 담임교사의 핸드폰 번호를 함께 공개한다. 처음에는 급한 연락이나 용무로 인해 개인 핸드폰으로 연락을 하게 될 수도 있기 때문에 핸드폰 번호를 공개하는 것에 딱히 불편함을 못 느꼈다. 그런데 햇수가 지날수록 개인 핸드폰 번호를 부모님께 공개하는 것이 매우 불편하게 생각된다. 특히, 핸드폰 번호와 개인 SNS 계정이 자동으로 연결되는 서비스 때문에 더 그런 것 같다.

개인 톡으로 쉽게 메시지를 보낼 수 있게 되면서 부모님들이 급하지 않은 일임에도 불구하고 개인 톡으로 시도 때도 없이 메시지를 보내신다. 예를 들면, "선생님, 내일 우리 ○○이가 바깥놀이를 간다고 하던데 그런가요?", "선생님, 우리 ○○이가 원에 머리핀을 놓고 왔는데, 한 번 찾아봐 주세요."와 같은 메시지를 밤에 보내시는 것이다. 자는 중에 메시지 알람 소리에 깬 것이 한두 번이 아니라 아예 메시지 알람을 꺼놓고 지내고 있는데, 그러자 이번에는 '메시지를 확인하셨는데, 왜 답을 안 해 주시냐', '왜 내 메시지는 확인하지 않으시는 거냐'고 따지시는 것이다. 엄연히 퇴근 시간 이후이고, 급하지 않은 연락이기 때문에 다음날 출근 후에 회신해도 되는 일임에도 불구하고 바로 답변을 주지 않는 것에 대한 불만을 토로하시는 부모님들 때문에 정말 머리가 아프다. 이런 일이 종종 생기자 개인 톡 상태 메시지는 항상 '톡 사용하지 않습니다. 급한 용무 시 메시지 주세요'이다. 상태 메시지 사진을 바꾸는 것도 눈치 아닌 눈치가 보여 기본 설정에서 바꾸지 않고 있다.

심한 경우는 '아이가 선생님을 너무 보고 싶어 한다'며 영상통화를 거는 부모님도 있다고 한다. 이런 일이 진짜로 있을까 싶었는데 여름 방학 때 옆 반 선생님에게 한 어머님이 영상통화를 걸어 10분이 넘게 아이와 영상통화를 했다는 이야기를 듣고 정말 뜨악했다.

최근에 한 인터넷 커뮤니티 게시판에 '개인 휴대폰 번호를 공개하지 않는 어린이집 선생님에게 정떨어진다'는 내용의 글이 올라온 것을 봤다. 작년 담임교사는 개인 휴대폰 번호를 공개해서 이따금 한 시간씩 통화하면서 아이에 대해 면담을 해서 좋았는데, 올해 담임교사는 여러 번 요청을 해도 절대 개인 번호를 공개하지 않는다면서 이러한 담임의 태도에 정이 떨어진다는 내용이었다. 그 글을 읽고 나니 부모님들이 어떤 마음인지 한편으로는 이해가 되기도 하면서 한편으로는 매우 답답한 마음이 들었다.

물론, 비상시에 연락할 수 있는 연락처가 상호 간에 필요한 것은 사실이다. 그러나 교사의 개인 휴대폰 번호를 부모에게 공개함으로써 얻어지는 불필요한 교사의 사생활 노출과 퇴근 이후에도 이어지는 상담 요청이 과연 적절한 것인가에 대한 고민이 많아진다.

▶ 현장사례 분석

<table>
<tr><th colspan="4">분석 노트</th></tr>
<tr><td colspan="2">① 기본 정보</td><td colspan="2"></td></tr>
<tr><td colspan="2">② 사례에
나타난 문제</td><td colspan="2"></td></tr>
<tr><td rowspan="5">③ 사례
관련
인물</td><td>관련 있는
사람</td><td colspan="2"></td></tr>
<tr><td rowspan="4">인물별
관점</td><td></td><td>–</td></tr>
<tr><td></td><td>–</td></tr>
<tr><td></td><td>–</td></tr>
<tr><td></td><td>–</td></tr>
<tr><td rowspan="2">④ 관련
지식</td><td>관련
이론</td><td colspan="2"></td></tr>
<tr><td>관련
윤리강령</td><td colspan="2"></td></tr>
<tr><td colspan="2">⑤ 교사의
해결방안 검토</td><td colspan="2"></td></tr>
<tr><td colspan="2">⑥ 토론자 입장에서
대안 모색</td><td colspan="2"></td></tr>
</table>

❖ 다시 생각해 보기

1. 사례에 나타나는 인물과 관련있는 윤리강령을 모두 찾아봅시다.
2. 사례에 나타난 교사의 입장에서 생각해 봅시다. 교사의 해결방안은 무엇이었나요? 현장사례의 관련 인물 중 누구의 이익을 보장하고, 누구의 이익을 보류하였나요?
3. 〈가정에 대한 윤리〉를 읽어 보고, 빠뜨린 윤리강령이 있는지 생각해 봅시다.
4. 그중에서 가장 중요하게 고려해야 할 윤리강령은 무엇인지, 해당 윤리강령에 기초한 해결방법에 대해 이야기 나누어 보세요.

〈가정에 대한 윤리〉

① 상호 신뢰를 바탕으로 영유아의 가정과 동반자적인 관계를 유지한다.
② 각 가정의 양육가치와 의사결정을 존중한다.
③ 경제적 수준, 가족 형태, 지역, 문화, 관습, 종교, 언어 등 어떤 것에 의해서도 영유아의 가정을 차별 대우하지 않는다.
④ 보육활동 및 발달 상황에 관한 정보를 정확하게 제공하여 영유아에 대한 가정의 이해를 돕는다. 다문화, 심신장애 등으로 의사소통에 도움이 필요한 경우 문제를 해결할 최선의 방법을 도모한다.
⑤ 시설 운영에 관한 정보를 공개하여 영유아 가정의 알 권리에 응한다.
⑥ 보육 프로그램과 주요 의사결정에 영유아 가정이 참여하도록 안내한다.
⑦ 필요한 사회적 지원, 전문 서비스 등 관련 정보를 제공하여 영유아 가정의 복리 증진을 돕는다.
⑧ 영유아 가정의 사생활을 보호하고 익명성을 보장한다.

TIP!

다음에 제시된 예는 보육교사가 처한 딜레마 상황에서 가정과의 협력을 고려한 분석의 예이다.

<table>
<tr><th colspan="4">분석 노트</th></tr>
<tr><td colspan="2">① 기본 정보</td><td colspan="2">• 해당 기관의 담임교사 개인 휴대폰 번호 공개에 대한 방침
• 해당 기관의 교사-부모 간 다른 연락 채널</td></tr>
<tr><td colspan="2">② 사례에 나타난 문제</td><td colspan="2">• 담임교사의 개인 휴대폰 번호 공개에 따른 담임교사의 부담
• 담임교사의 불필요한 사생활 노출 및 업무 시간 외 업무 요청</td></tr>
<tr><td rowspan="4">③ 사례 관련 인물</td><td>관련 있는 사람</td><td colspan="2">• 담임교사 • 부모 • 유아</td></tr>
<tr><td rowspan="3">인물별 관심</td><td>담임교사</td><td>– 개인 휴대폰 번호로 수시로 연락하는 부모님 때문에 마음이 불편함
– 휴대폰 번호 공개로 인한 여러 가지 상황에 대한 고민이 있음</td></tr>
<tr><td>부모</td><td>– 수시로 담임교사와 연락을 할 수 있어 편함
– 궁금한 사항이나 답답한 점을 바로바로 피드백 받고 싶음
– 그렇게 되지 않을 경우, 담임교사가 책임을 다하지 않는 것 같아 섭섭함</td></tr>
<tr><td>유아</td><td>– 선생님과 자주 연락할 수 있어 좋음
– 선생님과 개인 연락을 하는 것은 선생님과 나와의 관계가 특별해지는 것 같음</td></tr>
<tr><td rowspan="2">④ 관련 지식</td><td>관련 이론</td><td colspan="2">• 어린이집에서의 부모교육과 지원</td></tr>
<tr><td>관련 윤리강령</td><td colspan="2"><가정에 대한 윤리>
① 상호 신뢰를 바탕으로 영유아의 가정과 동반자적인 관계를 유지한다.</td></tr>
<tr><td colspan="2">⑤ 교사의 해결방안 검토</td><td colspan="2">• 현재는 부모의 요구를 수용하고 있으나 마음이 매우 불편한 상황임</td></tr>
<tr><td colspan="2">⑥ 토론자 입장에서 대안 모색</td><td colspan="2">• 담임교사와 공식적인 채널을 통해 의사전달을 할 수 있는 체계 마련
• 기관 단위의 부모-교사 간 비상연락에 대한 가이드라인 마련</td></tr>
</table>

※ 현장사례에서 절대적으로 옳은 단 하나의 해결방안은 결코 있을 수 없다. 딜레마 상황에서 보육교사는 그 순간에 최선이라고 생각하는 해결방법을 모색해야 하고, 그 해결방안이 적절했는지를 끊임없이 반성적 사고를 통해 되돌아봐야 한다. 이때 보육교사는 영유아의 목소리에 귀를 기울였는지, 영유아의 목소리를 대변하고 있는지를 항상 고려하는 것이 필요하다.

C·H·A·P·T·E·R 12

가정에 대한 윤리 : 특수한 요구가 있는 영유아 및 가정 지원하기

부모와 보육교사는 영유아가 잘 발달할 수 있도록 서로 신뢰하고, 협력하는 동반자적 관계를 형성해야 한다. 특히, 보육교사는 특수한 요구가 있는 영유아와 가정에 대한 이해를 바탕으로 적절한 지원을 제공할 필요가 있다.

본 장에서는 특수한 요구가 있는 영유아 가운데 장애아와 다문화 가족 아동에 대한 내용을 중점적으로 알아본다. 그리고 특수한 요구가 있는 영유아 및 가정과 관련된 현장사례를 보육교사 윤리강령에 기반하여 분석해 본다.

1. 장애영유아

1) 장애영유아 현황 및 유형

장애영유아를 보육함에 있어서 교사가 장애, 또는 다른 영유아와 다르게 나타나는 발달의 양상에 대해 그 성격이나 정도를 이해함과 동시에 그에 적절한 상호작용 및 지원을 하는 것은 매우 중요하다.

장애영유아를 보육하는 기관은 장애아전문 어린이집과 장애아통합 어린이집, 그리고 일반 어린이집으로 크게 나누어 볼 수 있다. 장애아전문 어린이집과 통합 어린이집의 경우 전담교사가 배치되어 있어 각 영유아의 장애 특성에 따라 적절한 도움을 받기 수월하지만, 일반 어린이집의 경우 보육교사가 장애에 대한 이해가 없을 경우 적절한 도움과 지원을 제공하는 것이 어려울 수 있다. 장애영유아가 어린이집에 재원하고 있는 현황은 다음과 같다.

〈표 12-1〉 보육시설 유형별 재원 장애아

시설유형	장애아전문	장애아통합	일반	계
재원 장애아 수	6,161명 (52.7%)	4,066명 (34.8%)	1,462명 (12.5%)	11,689명 (100%)

출처: 2017 보육통계.

어린이집에 재원 중인 장애영유아의 장애 유형을 살펴보면 지적장애, 언어장애, 자폐성 장애가 많으며, 특수교육대상자 기준으로는 발달지체, 자폐성 장애, 의사소통 장애가 많은 것으로 나타났다(이정림 · 김은영 · 엄지원 · 강경숙, 2012). 다만, 장애 진단이 주로 36개월 이후에 이루어지고, 장애 인지 후 진단까지 소요 시간이 평균 14.5개월 정도이기 때문에 영유아기의 경우 신체적으로 드러나는 장애 외에는 진단받기 어렵다. 따라서 경계선에 있어 장애로 판명되지 않은 잠재적 장애영유아가 일반 학급에 훨씬 더 많이 있을 수 있다.

실제로 관련된 조사에 따르면 장애로 판명되지는 않았으나 장애로 추정되는 영유아가 있다는 보육교사의 응답이 전체의 30%에 달하는 것으로 나타났다(권미경 · 최효미 · 최지은 · 김건희, 2015). 따라서 보육교사는 학급의 영유아가 특수한 요구를 가지고 있는지 여부에 대해 더욱 세심하게 관찰할 필요가 있으며, 각각의 특수한 요구에 따라 적절히 지원하고, 지도할 수 있어야 한다.

2) 장애영유아에 대한 이해와 지원

보육교사가 장애영유아를 위해 제공하는 보육적 지원의 양과 수준은 개별 영유아에 따라 적절히 적용되어야 한다. 지원의 수준이 너무 높으면 장애영유아가 지나치게 성인에게 의존할 우려가 있고, 반대로 지원의 수준이 너무 낮으면 장애영유아가 활동에 참여하는 양상과 질적 내용에 영향을 미쳐 행동 문제를 가지고 올 수 있기 때문이다(보건복지부, 2014). 보육교사가 사용할 수 있는 지원은 환경적 지원, 자료 수정, 활동의 단순화, 선호도 이용, 특수한 장비, 성인의 지원, 또래의 지원, 보이지 않는 지원의 8가지가 있으며, 그 내용은 다음의 〈표 12-2〉와 같다.

〈표 12-2〉 장애영유아를 대상으로 보육교사가 사용할 수 있는 지원 유형

유형	정의	방법	예
환경적 지원	물리적 · 사회적 · 시간적 환경을 바꾸어 참여를 촉진시킴	• 물리적 환경 변화시키기 • 사회적 환경 변화시키기 • 시간의 구성 및 환경 변화시키기	• 청각장애아의 자리를 입 모양이 잘 보일 수 있는 앞쪽 중앙으로 배치 • ADHD 영유아를 위해 이야기 나누기 수업을 10분 단위로 나누어 진행 • 활동 자리에 사진 또는 그 외 시각적 단서로 표시해 주기
자료 수정	자료의 수정을 통하여 가능한 한 최대로 독립적 참여를 가능하게 함	• 자료를 크게 만들거나 밝게 만들기 • 자료를 고정시키기	• 약시 유아에게 제시되는 문자 과제를 2~3배 확대해서 제시하기 • 색칠하기가 아직 어려운 영유아에게 쉽게 그려지는 도구 제공
활동의 단순화	단계의 순서를 줄이거나 과제 단위를 작은 단위로 나누어 간단하게 과제를 수행할 수 있도록 함	• 난도 낮추기 • 과제별 단계의 수를 낮추거나 바꾸기	• 여름 과일 접기 10단계 색종이 접기를 5단계로 줄여 제시 • 작은 그림을 오려서 풀로 붙이는 작업 대신에 스티커 제시
선호도 이용	과제 수행이 어려울 경우 아동의 선호도를 파악하여 과제와 함께 접목시킴	• 좋아하는 놀잇감 갖기 • 좋아하는 활동 이용 • 좋아하는 사람 이용	• 색칠하기 활동 시 아동이 선호하는 만화의 캐릭터를 활용하여 색칠하기 지도 • 색 변별 활동 지도 시 좋아하는 신체 활동을 이용하여 지도(색깔 유니바)
특수한 장비	참여를 증가시키거나 참여의 수준을 높이기 위해 특수 장비나 수정 장비 고안	• 특수 장비를 이용하여 접근성과 참여 증진	• 뇌병변 아동에게 특수의자 지원 • 식사 시 옆으로 잡을 수 있는 특수 숟가락 제시
성인의 지원	성인의 개입으로 참여나 학습을 지원함	• 시범 보이기 • 함께 놀이에 참여하기 • 강화해 주기	• 화장실 사용 시: "바지 내려야지." (언어적 촉진), 함께 내려 주기(신체적 촉진)
또래 지원	또래의 도움을 이용하여 목표를 성취함	• 시범 보이기 • 도우미 역할하기 • 강화해 주기	• 도우미로 또래가 도움을 주거나 잘했다고 친구를 격려해 주는 행동
보이지 않는 지원	계획된(의도적) 자료배치 및 배열과 진행되는 활동 참여를 자연스럽게 하기	• 순서 바꾸기 • 보육과정 영역 내에서 활동 순서 정하기(일과 구성)	• 선호 교구가 눈에 보이지만 닿지 않는 곳에 두어 요구하게 함 • 동적인 활동과 정적인 활동의 균형을 이루어 일과 구성

출처: 이소현(2004). p. 579.

위와 같은 다양한 전략을 바탕으로 보육교사는 영유아가 가진 장애의 유형과 정도에 따라 각기 다른 전략을 적절하게 사용할 수 있다. 다음에 제시된 참고자료는 지체장애 유아를 위한 조정과 수정방법으로 일상적인 활동에서 보육교사가 취할 수 있는 다양한 전략을 보여 준다.

❖ 지체장애 유아를 위한 조정과 수정방법의 예

이야기 나누기

- 유아들은 바닥보다 의자에 앉도록 하여 휠체어를 탄 유아와 눈높이가 같게 한다.
- 장애유아가 나오는 이야기를 읽어 준다.

노래

- 장애유아가 의사소통에 어려움이 있으면, 그림판을 제공하여 노래나 이야기를 선택하거나 질문에 대답할 수 있게 해 준다.
- 상호작용이 필요한 가사로 수정하여 노래와의 상호작용을 증가시킨다. "우리 모두 다 같이 친구를 안아 줘." 또는 "손을 마주쳐." 등으로 수정할 수 있다.

3) 통합보육: 장애아 유아와 가정에 대한 이해 및 지원

통합보육의 경우 교사가 장애에 대해 잘 모르기 때문에 혹은 접해 보지 않아서 시도하기 어렵다고 막연하게 생각하기 쉽다. 또는 장애영유아만을 위한 지원이라 같은 학급의 영유아에게는 도움이 되지 않는다는 편견을 가지기도 한다. 나아가 장애영유아의 학부모와 일반영유아의 학부모, 장애영유아와 일반영유아 간에 오해와 갈등이 종종 생기기도 한다. 그러나 통합교육 및 보육에 대한 다양한 연구 결과(박승희, 2003; 송준만 · 유효순, 2011; 윤현희 · 강대옥 · 박재국, 2005; 이소현 · 박은혜, 2001; 전경원, 2004; 조윤경 · 김수진, 2008; 한국통합교육학회, 2005)를 살펴보면 잘 이루어진 통합교육 및 보육은 장애영유아뿐만 아니라 일반영유아에게도 긍정적인 영향을 미쳤으며, 장애영유아와 일반영유아의 학부모에게도 긍정적인 영향을 미치는 것으로 나타났다. 통합교육 및 보육에 대한 다양한 이점을 대상별로 정리하면 다음의 〈표 12-3〉과 같다.

〈표 12-3〉 통합교육의 긍정적인 영향

대상	긍정적인 영향
장애영유아	• 장애영유아를 위한 특수학급에서 보다 더 자극적이고 반응적인 경험을 함 • 발달의 병리적 측면보다는 발달에 적합한 교육과정을 경험함 • 보다 높은 수준의 기능을 가진 아동을 관찰하고 그들과 상호작용하고 모방하는 기회를 가짐 • 보다 적절한 행동을 개발할 수 있는 환경이 제공됨
일반영유아	• 장애영유아에게 또래교수를 하면서 모든 영역의 발달이 증진됨 • 장애영유아와의 상호작용을 통해 차이와 다양성을 이해하게 됨 • 장애영유아와의 사회적 관계를 통해 인내심과 포용력을 증진시킴 • 장애에 대해 적절하고 수용적인 태도를 가짐 • 각 영유아에게 개별적인 지도가 가능해져 학업성취도 촉진됨
장애영유아 부모	• 본인의 자녀에 대해 긍정적인 태도를 가지게 됨 • 장애자녀를 보다 현실적으로 바라보게 됨 • 정상적인 발달과정에 대한 정보를 얻음 • 일반유아의 부모와 접촉을 통해 사회적 고립감을 상쇄하여 긍정적인 자아인식에 도움이 됨
일반영유아 부모	• 장애영유아와 장애영유아 가족의 요구에 대한 이해와 관심 증가 • 장애영유아 부모와 접촉을 통해 자녀 양육과 관련된 문제해결의 가능성에 대한 자극을 받음 • 자녀에게 개인 차이와 다양성을 수용하는 자세를 가르칠 수 있음

출처: 이정림 · 김은영 · 엄지원 · 강경숙(2012). pp. 23-24. 재구성.

이상에서 살펴본 바와 같이 보육현장에서 잘 이루어진 통합교육 및 보육은 장애영유아뿐만 아니라 장애영유아의 가정, 일반영유아와 그 가정 모두에게 긍정적인 영향을 미친다. 그러나 단순히 장애영유아와 일반영유아가 일정 시간 동안 같은 물리적 공간에 '함께' 있는 것만으로는 충분한 통합교육 및 보육이 이루어지기는 어렵다.

성공적인 통합교육 및 보육을 위해 무엇보다 교사가 장애유아 개개인의 특별한 요구에 맞는 개별화 교육 프로그램이나 장애유아교육에 관한 전문적 지식과 교육방법에 관한 기술, 장애유아에 대한 긍정적인 태도를 겸비하는 것이 중요하다(유수옥, 1998). 부모 요인도 매우 중요한데, 통합교육 이전에 통합교육의 목적과 자녀에게 미치는 영향 등에 대해 부모에게 정보를 제공해야 하며, 통합교육이 이루어지는 가운데 일반유아의 부모와 장애유아의 부모가 함께할 수 있는 기회를 제공하는 것과 같은 부모교육이 지속적으로 이루어질 필요가 있다(유수옥, 1998).

특히, 보육교사는 장애영유아에 대한 이해와 배려뿐만 아니라 장애영유아를 둘러싼 가족 구성원이 겪는 어려움을 이해하고 이를 극복하기 위한 지원도 제공할 수 있어야 한다. 이를 위한 방법으로 가족지원(family support)이 있는데, 이는 가족 체제를 강화하고 유지하기 위해 지원되는 모든 활동으로 해당 가족이 특수교육대상 영유아가 가진 장애를 인식하고 이해하며 도와주는 것을 의미한다(이소현, 2003). 보육교사가 활용할 수 있는 장애영유아 가족지원 방법은 다음과 같다.

〈표 12-4〉 보육교사가 활용할 수 있는 장애영유아 가족지원 방법

유형	방법	내용
정보 제공	개별 유아의 특성을 고려한 의사소통의 제공	• 장애영유아 개개인의 우선순위로 놓여 있는 발달 영역에 대한 관찰기록 제공
	정기적으로 의사소통하기	• 정기적인 의사소통으로 원활한 상호작용이 이루어질 수 있는 장치 마련
	일일 알림장 활용하기	• 치료실, 가정, 기관에서 장애영유아에 대한 정보를 공유
부모교육 및 부모 역할 훈련	신입 장애아 부모교육	• 어린이집에 처음 입소하게 되는 장애영유아의 부모에게 장애와 발달적 특성에 대한 이해와 수용을 돕도록 하고 양육방법과 교육방법에 대한 정보 제공 • 같은 문제와 관심을 가진 부모의 정기적인 모임을 통해 정보 교환 및 상호 심리적 지지 및 관계 형성
	심리 교육적 부모교육	• 부모 개인의 자아 존중감을 향상시키고 부모 역할에 대한 구체적인 정보 · 지식 · 기술을 제공하여 자신감 회복을 통한 역량 강화
	선배 부모를 통한 역량 강화	• 전문성을 가진 선배나 장애자녀를 키워 본 부모가 자신이 가진 경험을 전달해 줌으로써 장애영유아 부모 간의 긍정적인 상호작용을 장려하여 스스로의 역량 강화
부모 상담		• 부모 개인이 겪는 문제에 대한 심리적 지지 • 장애자녀를 조력하는 방법적 지식 전달
그 외 보육시설 역량에 따른 가족지원		• 보육시설의 역량에 따라 모든 가족이 함께하는 가족 운동회, 장애영유아 가족만을 위한 나들이와 같은 다양한 방법의 가족지원 프로그램을 실시

출처: 한국보육진흥원(2012). pp. 174-178.

가족을 지원하는 방법은 크게 자녀에 대한 객관적인 정보를 제공하는 것에서부터 프로그램을 운영하여 장애에 대한 지식 및 그에 대한 구체적인 지원 방법을 알려 주어 부모의 역량을 강화시키는 부모교육 및 부모 역할 훈련, 그리고 부모의 이야기를 들어 줌으로써 심리적인 문제를 해결할 수 있는 부모 상담의 세 가지 방법이 있다. 위에 제시된 다양한 방법 가운데 보육시설과 보육교사의 역량에 따라 적절한 방법을 선택하여 장애영유아의 가족을 지원할 수 있다.

2. 다문화가족 영유아

1) 다문화가족 유형 및 현황

2000년대를 기점으로 우리나라는 국제결혼의 증가, 외국인 노동자의 유입, 탈북민의 증가 등과 같은 사회적 변화로 다양한 문화가 공존하는 다문화가족(multi-cultural family)이 점차 증가하고 있다. 다문화 가족은 결혼이민자 또는 귀화 허가를 받은 자와 대한민국 국적자로 이루어진 가족으로 국제결혼 가족, 외국인 근로자 가족, 새터민 가족 등으로 나눌 수 있다(두산백과, 2018년 5월 검색).

[그림 12-1]에서 보는 바와 같이 2011년에 비하여 2018년 현재 다문화가족이 급증한 것을 알 수 있다. 다문화가족이 증가하면서 동시에 다문화가족 자녀에 대한 관심도 높아지고 있다. 다문화가족 자녀의 과반수 이상이 만 6세 미만의 영유아기 자녀이며, 소득 수준과 상관없이 영유아의 보육료가 전액 지원됨으로써 어린이집에 취원하는 다문화가족 영유아자녀의 수가 지속적으로 증가하고 있다(보건복지부, 2014; 행정자치부, 2015). 이에 따라 보육교사는 점차 증가하는 다문화가족 영유아에 대한 이해와 그들의 가족을 지원하는 다양한 전략을 습득하여 적절한 지원을 할 수 있어야 한다.

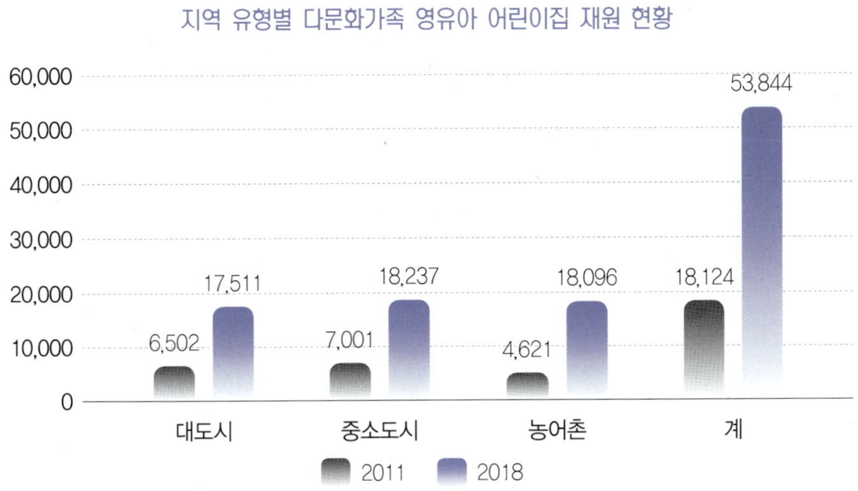

[그림 12-1] 지역 유형별 다문화 가족 영유아 어린이집 재원 현황의 변화

출처: 보육통계(2011; 2018).

2) 다문화가족 영유아와 부모

다문화가족 영유아가 흔히 경험하는 어려움을 살펴보면, 개인적 기술 행동이나 사회적 상호작용, 환경 적응에서 어려움을 보이는 경향이 있다. 또한, 다문화가족 영유아는 자신의 외모에 대해 예민한 반응을 보인다는 특징을 가지고 있다(오재연 · 송미선, 2009). 보육기관에서 가장 두드러지게 나타나는 문제는 언어를 학습해야 하는 영유아기에 풍부한 언어노출 환경이 마련되지 않아 다른 영유아보다 언어발달이 느린 편이라는 점이다. 언어발달의 문제는 이후 또래와의 관계에서 상호작용의 문제, 학습의 문제 등으로 이어진다는 점을 고려하면 더욱 중요하게 지원이 필요하다. 이와 같은 다문화가족 영유아의 어려움은 비단 영유아 개인에게서 비롯하기보다 영유아가 속한 가정이라는 맥락 안에서 나타난다고 볼 수 있다. 따라서 보육교사는 다문화 영유아의 일반적인 특징뿐만 아니라 개별 영유아가 속한 다문화가족이 가진 특수하고 고유한 특성에 대해 열린 마음을 가지고 이해하는 태도가 필요하다.

한편, 다문화가족 부모의 경우, 한국인 남편과 외국인 아내로 이루어진 가족 구성이 가장 많고, 남편과 아내의 연령차가 10살 이상 차이가 나는 경우가 40%가 넘는다(권미경 · 이재희 · 최인화, 2017). 특히, 많은 결혼이민자 아내의 경우 만남에서 결혼까지의 기간이 짧아 한국 문화에 대한 이해가 낮고, 한국어로 의사소통하는 것에 어려움을 겪는 경우가 많으므로 다문화가족과의 관계에서 보육교사는 여러 가지 어려움을 경험할 수 있다. 즉, 결혼 전에 알아야 할 배우자의 특성과 각 나라의 사회문화적 지식이나 언어구사 능력 없이 가정을 형성하고 결혼생활을 지속함에 따라 사회문화적 충돌과 언어 장벽 등을 경험하며, 이로 인해 사회생활과 가정생활에 적응해 나아가는 데 어려움을 겪는다(여성가족부, 2013). 나아가 다문화가족 부모는 일부 또는 양쪽 모두가 외국인이기 때문에 한국의 어린이집 문화나 자녀의 또래 관계 및 발달과정, 학부모 참여 등에 적극적인 참여가 어려울 수 있다. 따라서 어린이집에서는 다문화가족 부모가 보다 적극적으로 자녀 양육에 참여하고, 교사와 원활한 소통을 바탕으로 자녀 양육을 잘 할 수 있도록 상담이나 정보제공 등을 통한 적극적인 지원이 이루어져야 한다.

3) 다문화보육: 다문화 영유아와 가족을 위한 지원

보육교사는 다문화 영유아와 가족에 대한 이해를 바탕으로 적절히 지원할 수 있어야 한다. 다문화 가족의 영유아가 어린이집 생활에 잘 적응해 나가기 위해 보육교사가 고려하고 지원할 수 있는 부분을 구체적으로 살펴보면 다음과 같다(박찬옥 외, 2011). 첫째, 다문화 가족 영유아가 자연스럽게 활동에 참여할 수 있도록 안내해 주는 또래 보호와 지지가 있어야 한다. 둘째, 다문화 가족 유아로 하여금 문화적 차이를 잊게 하고 모두가 문화적으로 다양한 존재이며 함께 더불어 살아갈 존재라는 의식을 심어 준다. 셋째, 특별 프로그램을 마련하여 부진한 언어와 학습 및 원만한 또래 관계 형성을 위한 지도를 한다. 넷째, 특별한 관심은 타인 의식을 가질 수 있으므로 다문화 가족 유아는 한국 아이라고 생각하는 것이 중요하다. 다섯째, 다름에 대해 자유롭게 질문하고 언급할 수 있는 환경 조성 및 편안하게 상호작용하는 기회를 제공한다. 여섯째, 다양한 가정과 가족의 구성원을 이해하고 인정할 수 있도록 다문화 가족에 대한 인식을 심어 준다.

보육교사는 다문화가족 영유아에 대한 고려를 바탕으로 보육과정 운영 시 모든 영유아가 다문화사회에 적응할 수 있도록 다문화 보육 프로그램을 운영할 수 있다. 모든 영유아가 자신과 타인에 대한 긍정적인 마음과 태도를 가지고 다양한 문화에 대하여 개방적인 태도로 다양성을 인정하는 데 그 목적이 있는 다문화교육 및 보육은 타인에 대한 편견을 줄이고 차이를 이해하고 존중함으로써 모든 사람이 더불어 살아가야 함을 알고 실천하는 데 의의가 있다(이정림 · 김은영 · 엄지원 · 강경숙, 2012). 다문화 보육 프로그램 운영 시 중요하게 다루는 목표 및 내용을 살펴보면 다음과 같다.

〈표 12-5〉 다문화 보육 프로그램의 목표 및 내용

목표	내용
문화	문화 간의 유사성과 차이점을 알고, 각 문화에 대한 이해 및 존중심을 기르며, 문화 간 긍정적인 태도를 발달시킨다.
협력	다양한 사람들과의 상호작용 능력과 협동 능력을 증대시킨다.
편견	선입견, 편견, 고정관념 및 차별 대우에 대한 비판적인 사고를 형성하고, 이러한 문제에 직면했을 때 대처할 수 있는 능력을 키워 준다.
정체성	긍정적인 자아 개념과 자아 정체감 및 집단 정체성을 형성할 수 있도록 한다.
평등성	국가, 민족, 인종, 성, 신체적 능력, 사회계층은 모두 다르지만 인간은 모두 평등하다는 긍정적인 태도와 가치를 형성하도록 한다.
다양성	유사점과 차이점을 가지고 있는 다양한 개인과 집단이 존재하는 것을 알고 이러한 다양성에 존중하는 마음을 갖도록 한다.

출처: 보건복지부(2014). p. 21.

다문화 보육 프로그램은 문화, 협력, 편견, 정체성, 평등성, 다양성과 관련된 내용을 다룰 수 있다. 이는 다문화가족 영유아가 어린이집에 잘 적응하고 발달할 수 있도록 지원할 뿐만 아니라 일반영유아가 다문화 사회에 적응할 수 있는 역량을 키우는 데 도움을 줄 수 있다.

다문화보육 외에도 보육교사는 영유아가 속한 다문화가족의 맥락을 무엇보다 먼저 이해하고, 각기 다른 맥락에 따라 필요한 가족지원이 이루어질 수 있도록 적절한 정보를 제공하고 안내할 수 있어야 한다. 다음은 정부의 다문화가족정책 시행과제별 다문화가족 지원 현황이다.

〈표 12-6〉 2018 다문화가족정책 시행과제별 다문화가족 지원 계획

정책과제	과제명	지원 내용
다문화가족 장기정착 지원	결혼이주여성 인권 강화 (가정폭력 예방 및 대응체계 구축)	• 폭력 상황에 대한 초기대응체계 상시 가동 • 폭력피해 이주여성을 위한 전문상담체계 구축 • 폭력피해 이주여성을 위한 주거 지원 확대 및 자립 기반 조성 • 폭력피해 이주여성 지원 종사자의 역량 강화
	국제결혼 피해예방 지원	• 국제결혼 피해예방 프로그램 운영방식 다양화 및 내용 보완 • 국제결혼이민관 파견 추진 • 국제결혼 중개업체 관리 · 감독 강화 • 기관 간 협업을 통한 국제결혼 피해자 지원
	안정된 가족생활 지원	• 결혼이주여성의 정서적 안정 및 자립역량 강화를 위한 사례관리사업 내실화 • 가족관계 증진을 위한 프로그램 다양화 및 상담 체계 강화 • 한부모가족의 자녀 양육 지원 • 다문화 한부모가족의 주거 안정을 위한 제도 개선 • 다문화 가족의 생활안전 대응역량 강화 • 119시스템 내 비언어적 신고체계 마련
	서비스 연계 활성화	• 신규 입국자 정보 공유 및 다문화가족지원서비스 안내 활성화 • 다문화가족의 한국사회 적응지원을 위한 정보 제공 기능 강화
결혼이민자 사회 · 경제적 참여 확대	자립역량 강화	• 결혼이민자 멘토링 프로그램 강화 • 자립지원패키지 프로그램 확대 추진 및 내실화 • 한국어교육 내실화 및 전문성 강화 • 사회통합교육 콘텐츠 내실화 및 접근성 제고 • 학점은행제 및 독학학위제를 통한 고등교육 기회 안내
	취 · 창업 지원 서비스 내실화	• 다문화가족지원센터 및 여성새로일하기센터의 취업기초교육 내실화 • 결혼이민자 적합 일자리의 발굴 · 연계 및 직업교육훈련 강화 • 결혼이민자 선호 언어 · 종목을 중심으로 다국어 자격검정 실시

정책과제	과제명	지원 내용
결혼이민자 사회 · 경제적 참여 확대	취 · 창업 지원 서비스 내실화	• 결혼이주여성의 안정적인 영농 정착 지원 • 결혼이민자 강점 분야 창업 및 경영 지원 • 사회적 기업 및 협동조합 취 · 창업 지원
	사회참여 기회 확대	• 결혼이민자의 정책수립과정 참여 확대 • 지역사회 자원봉사 활동 다양화 • 농촌 지역 결혼이주여성 리더십 제고 프로그램 운영 • 다양한 자조모임 운영지원 및 활성화
다문화가족 자녀의 안정적 성장과 역량 강화	안정적 성장을 위한 환경 조성	• 다문화가족 자녀성장 지원 프로그램(다재다능) 확산 • 청소년기 자녀 및 부모 상담 지원 강화 • 외국어, 예체능 등 다양한 양질의 특기적성교육 프로그램 지원 • 자녀 발달주기별 부모교육 및 정보 제공 강화 • 지역사회 청소년통합지원 체계(CYS-Net)를 통해 위기 다문화 청소년에 대한 맞춤형 서비스 지원
	학업 및 글로벌 역량 강화 지원	• 이중언어 인재 양성 사업 내실화 • 기초학습능력 강화 프로그램 운영 확대 • 글로벌 브릿지 사업 추진 • 국제교류 프로그램(청소년-국가 간 교류 및 해외지원봉사단 등) 참여 활성화
	진로 준비 및 사회 진출 지원	• 다문화 청소년의 진로의식 고취 및 진로직업 체험 기회 확대 • 학교에 진로지도 및 상담 등을 위한 진로활동실 확충 유도 • 자체내 전문인력 양성 및 청년인턴 활성화 • 직업교육훈련기관(다문화 청소년 특화 폴리텍 다솜학교 등) 운영 지원 및 우수사례 발굴
	중도입국자녀 맞춤형 지원 확대	• 중도입국자녀 대상 한국어교육 운영의 내실화 및 질적 수준 제고 • 중도입국자녀의 조기적응을 돕는 레인보우스쿨 확대 및 운영방식 다양화 • 중도입국자녀의 심리 · 정서적 안정 지원을 위한 프로그램 운영 • 중도입국자녀의 공교육 진입 지원을 위한 학력심의위원회 운영 활성화 • 학교생활 조기적응을 위한 다문화 예비학교 확대 및 내실화 • 학교 밖 중도입국청소년 등 교육기회 사각지대에 놓이기 쉬운 다문화 청소년을 위한 내일이룸학교 운영 및 훈련 과정 확대
상호 존중에 기반한 사회적 다문화 수용성 제고	인권 및 다양성이 존중되는 사회환경 조성	• 차별적 법 · 제도 이슈 발굴 및 개선 • 다문화 수용성 조사 및 다문화가족 실태조사를 통한 정책 현황 주기적 모니터링 및 정책 환류 추진

정책과제	과제명	지원 내용
상호존중에 기반한 사회적 다문화 수용성 제고	다문화 이해교육 활성화	• 부처 간 다문화이해교육의 협업 체계 강화 • 유아교육 및 공교육기관의 다문화 이해교육 강화 • 교원의 다문화 역량 제고 및 학교현장의 다문화교육 활성화 지원 • 일반국민 대상 찾아가는 다문화 이해교육 활성화 • 대민 서비스 제공자에 대한 다문화 이해교육 강화
	수용성 제고를 위한 미디어 환경 조성	• 방송통신심의위원회 심의 기능 강화 • 다문화 수용성 제고를 위한 미디어 콘텐츠 개발 및 가이드라인 제공 • 미디어 모니터링단 운영 및 개선 사례 발굴 • 다문화 수용성 제고를 위한 홍보사업 다각화
	지역환경 조성 및 참여 · 교류 프로그램 활성화	• 지역사회 다문화 프로그램 발굴 및 확산 • 다문화 공존을 위한 사회적 공감대 형성 프로그램 발굴, 운영 • 문화시설 내 다문화 프로그램 확대
협력적 다문화가족 정책 운영을 위한 추진체계 강화	정책추진체계 간 협력 강화	• 위원회 협력 및 기본계획 연계 강화 • 지자체 다문화가족정책 추진 역량 강화 • 지역다문화교육지원센터 활성화 및 지역 내 유관기관과의 연계 강화 • 주요 결혼상대국과의 협력채널 지속 운영
	다문화 가족 지원체계 내실화	• 지역별 다문화가족 수요를 반영한 지원체계 운영 추진 • 다문화 가족지원센터의 서비스 역량 제공

출처: 여성가족부(2018). pp. 57-62.

위와 같이 국가적인 차원에서 다문화가족을 지원하기 위한 정책을 마련하여 시행하고 있다. 다문화가족 자녀의 양육 문제는 단순히 영유아를 잘 가르치고 돌보는 데 국한되지 않는다. 그 가족이 경제적 · 사회적 · 심리적으로 견고하게 이 사회에서 자리 잡고 안정적으로 자녀를 양육할 수 있는 기반을 마련하여 그들이 자녀를 잘 양육할 수 있는 토양을 마련해야 한다. 보육교사는 국가에서 시행하는 다양한 정책의 방향을 이해하고, 필요한 경우 다문화가족이 지원받을 수 있도록 정보를 안내해 주는 등 관심을 기울일 필요가 있다.

3. 현장사례 분석 및 토론

예비보육교사는 다음에 제시하는 사례 분석을 통하여 보육현장에서 마주하게 되는 특수한 요구를 가진 영유아 지원하기와 관련된 딜레마 상황을 인식하고, 보육교사 윤리강령을 토대로 나의 의사결정에 문제가 없는지 파악하여 교사의 전문성 발달을 위한 노력을 하는 데 도움을 받을 수 있을 것이다.

분석해 봅시다

❖ 특수한 요구가 있는 영유아 지원하기 현장사례 분석

1 제시된 현장사례를 읽어 보세요.
2 7장에서 배운 현장사례 분석의 틀을 활용하여 분석해 보세요.

발달이 느린 어린이

작년에 나는 만 4세 반을 맡았다. 개구쟁이 남자아이들이 많고 여자아이들이 적은 반이었다. 그중 '유호상'이라는 남자아이는 우리 반에서 생일이 제일 빠른 3월생으로 누가 봐도 눈에 띄었다. 키는 우리 반에서 비교적 작은 편에 속했고, 걸을 때는 마치 오리처럼 뒤뚱뒤뚱 걸었다. 특히, 뛸 때는 안정감이 없고 금방이라도 넘어질 것 같았다. 3월 중순부터 일주일에 한 번씩 체육을 전공한 남자 선생님이 오셔서 강당에서 체육 수업을 해 주셨다. 체육 수업은 작년에 처음으로 시도한 것이었고 아이들이 무척 좋아했다. 매트, 평균대, 유니바, 철봉 등 유치원 교사가 흔히 다루지 않는 기구를 이용해 다양한 방법으로 수업이 진행되었다. 호상이는 다른 아이들에 비해 겁이 많았고 균형 감각이 많이 떨어졌다. 평균대 위는 올라가기 두려워했으며, 유니바 한 개를 바닥에 놓고 두 발로 뛰어넘는 활동은 아예 할 생각을 하지 않아서 나와 체육 선생님이 눈치껏 도와주었다.

현관에는 우리 반 신발장과 옆 반 신발장이 나란히 있었다. 호상이는 교사가 도와주지 않는 날은 꼭 옆 반 아이의 신발을 신고 집에 갔다. 서너 번 그러길래 옆 반 아이한테 너무 미안해서 호상이를 교육시킬 생각으로 현관으로 데려갔다. 호상이 신발장을 가리키며 무슨 동물이냐고 물어보았다. 이름표는 여러 가지 색깔의 동물 모양이었고 호상이 것은 노란색의 토끼 모양이었는데 호상이의 대답은 엉뚱하게도 "빨간색이에요."였다.

나는 내 귀를 의심하고 토끼의 특징을 이야기해 주면서 다시 쉽게 물어보았다. 역시 기대한 대답은 나오지 않았다. 그냥 빨리 교실에 들어가고 싶은 눈치였다. 호상이는 간식을 가져갈 때 보면 3, 4개의 개수도 세지 못해서 마냥 서 있거나 아예 한 움큼 집어 가고, 간식이 더 먹고 싶을 때는 다른 아이한테 가서 양해도 구하지 않고 뺏어 먹곤 했다.

우리 반에서는 자유선택활동 시간에 유아들이 특별히 선호하는 역할놀이와 쌓기 놀이 영역에서 놀 수 있는 인원을 제한해 두었다. 이 두 영역에서는 목걸이가 있는 아이만 놀이를 할 수 있었는데 호상이는 그러한 규칙과 관계없이 자기가 하고 싶은 대로 행동을 하였다. 호상이는 목걸이가 없어도 들어가서 놀았고, 조작놀이에 있는 구슬이나 작은 교구들을 다른 영역의 놀잇감과 섞어 놓았다. 당연히 다른 아이들의 원성이 매우 높았다. 아이들의 다툼 소리가 있을 때면 얼른 달려가 호상이에게 설명해 주려고 하면 별 반응을 보이지 않고 대답만 하고는 도망을 갔다. 점점 시간이 지나면서 은연중에 아이들 사이에서 호상이는 생일이 제일 빠름에도 불구하고 동생처럼 여겨지는 것 같았다. 처음에는 호상이의 비상식적인 행동에 이의를 제기하고 속상해하던 아이들이 나중에는 그냥 참고 지나갔다.

(중략)

작년 1년을 돌이켜 보면 호상이로 인해 힘들고 어려웠던 것보다는 내가 그 아이를 제대로 파악하지 못하고 바람직한 대응을 해 주지 못한 것 같아 미안한 마음이 든다. 그 아이의 행동으로 인해 생긴 결과만 놓고 수습하기 바빴지 근본적으로 그 아이의 문제가 무엇인지, 어떻게 도움을 줄 수 있을 것인지에 대하여 구체적인 노력을 해 보지 못하였다. 호상이가 사회성에 문제를 보여 다른 아이들에게 공격적인 행동을 하였다면 더욱 힘이 들었겠지만 성격이 비교적 낙천적이고 친구들과는 별문제 없이 잘 지냈기 때문에 나머지 문제는 개인적으로 문제가 있는 것으로 보아 그냥 지나갔는지도 모르겠다.

호상이의 어머니도 호상이의 상태를 알고 있지만 딱히 도움을 받을 수 있는 방법은 없다고 하였다. 아예 장애를 가지고 있는 아이라면 특수교육이라도 받겠지만 호상이 같은 상태의 아이들은 도움을 받기가 매우 애매하다고 하였다. 호상이와 같이 딱히 드러나는 장애는 없지만 전반적으로 발달이 늦은 아이를 도와줄 수 있는 방법에는 어떤 것이 있는지 알고 싶다.

출처: 박은혜(2003). 유아교육기관에서의 현장사례집. 이화여자대학교 사범대학. pp. 55-57.

▶ 현장사례 분석

<table>
<tr><th colspan="4">분석 노트</th></tr>
<tr><td colspan="2">① 기본 정보</td><td colspan="2"></td></tr>
<tr><td colspan="2">② 사례에
나타난 문제</td><td colspan="2"></td></tr>
<tr><td rowspan="5">③ 사례
관련
인물</td><td>관련 있는
사람</td><td colspan="2"></td></tr>
<tr><td rowspan="4">인물별
관점</td><td></td><td>–</td></tr>
<tr><td></td><td>–</td></tr>
<tr><td></td><td>–</td></tr>
<tr><td></td><td>–</td></tr>
<tr><td rowspan="2">④ 관련
지식</td><td>관련
이론</td><td colspan="2"></td></tr>
<tr><td>관련
윤리강령</td><td colspan="2"></td></tr>
<tr><td colspan="2">⑤ 교사의
해결방안 검토</td><td colspan="2"></td></tr>
<tr><td colspan="2">⑥ 토론자 입장에서
대안 모색</td><td colspan="2"></td></tr>
</table>

❖ 다시 생각해 보기

1 사례에 나타나는 인물과 관련있는 윤리강령을 모두 찾아봅시다.
2 사례에 나타난 교사의 입장에서 생각해 봅시다. 교사의 해결방안은 무엇이었나요? 현장사례의 관련 인물 중 누구의 이익을 보장하고, 누구의 이익을 보류하였나요?
3 〈가정에 대한 윤리〉를 읽어 보고, 빠뜨린 윤리강령이 있는지 생각해 봅시다.
4 그중에서 가장 중요하게 고려해야 할 윤리강령은 무엇인지, 해당 윤리강령에 기초한 해결방법에 대해 이야기 나누어 보세요.

〈가정에 대한 윤리〉

① 상호 신뢰를 바탕으로 영유아의 가정과 동반자적인 관계를 유지한다.
② 각 가정의 양육가치와 의사결정을 존중한다.
③ 경제적 수준, 가족 형태, 지역, 문화, 관습, 종교, 언어 등 어떤 것에 의해서도 영유아의 가정을 차별 대우하지 않는다.
④ 보육활동 및 발달 상황에 관한 정보를 정확하게 제공하여 영유아에 대한 가정의 이해를 돕는다. 다문화, 심신장애 등으로 의사소통에 도움이 필요한 경우 문제를 해결할 최선의 방법을 도모한다.
⑤ 시설 운영에 관한 정보를 공개하여 영유아 가정의 알 권리에 응한다.
⑥ 보육 프로그램과 주요 의사결정에 영유아 가정이 참여하도록 안내한다.
⑦ 필요한 사회적 지원, 전문 서비스 등 관련 정보를 제공하여 영유아 가정의 복리 증진을 돕는다.
⑧ 영유아 가정의 사생활을 보호하고 익명성을 보장한다.

TIP!

다음에 제시된 예는 특수한 요구가 있는 유아 및 가정 지원하기를 고려한 분석의 예이다.

<table>
<tr><th colspan="4">분석 노트</th></tr>
<tr><td colspan="2">① 기본 정보</td><td colspan="2">• 호상이의 현재 발달 상황 (관찰기록, 호상이의 활동 결과물 등)
• 일반적인 유아의 발달 상황
• 호상이 가정의 특징
• 발달 장애(혹은 발달 지연)에 대한 기본적인 정보</td></tr>
<tr><td colspan="2">② 사례에 나타난 문제</td><td colspan="2">• 발달 지연의 모습을 보이는 호상이의 지도
• 호상이의 또래 관계
• 가정과의 연계가 이루어지지 않음</td></tr>
<tr><td rowspan="5">③ 사례 관련 인물</td><td>관련 있는 사람</td><td colspan="2">• 호상 • 호상 어머니 • 다른 유아 • 교사</td></tr>
<tr><td rowspan="4">인물별 관점</td><td>호상</td><td>– 자신 없는 과제에 대해 두려워하며 스스로 하기를 겁냄
– 또래 관계에서 어려움을 겪음(부끄러움)</td></tr>
<tr><td>호상 어머니</td><td>– 자녀에게 어려움이 있는 것을 알지만 장애로 인정하고 싶지 않음
– 도움받기를 어느 정도 포기함
– 이후 호상이의 상태가 자연적으로 호전되기를 바람</td></tr>
<tr><td>다른 유아</td><td>– 호상이가 활동을 방해하는 것에 대해 불편함
– 활동에 잘 참여하지 못하는 호상이를 동생으로 생각하고 도와주어야 한다고 생각함</td></tr>
<tr><td>교사</td><td>– 또래 안에서 호상이가 ‘어린’ 혹은 ‘도움이 필요한’ 유아로 낙인찍히는 것이 걱정됨
– 경계선에 있는 유아를 지도하는 것이 어려움</td></tr>
<tr><td rowspan="2">④ 관련 지식</td><td>관련 이론</td><td colspan="2">• 특수교육학적 지식– 발달 지연 혹은 발달 장애에 대한 일반적인 지식
• 개별화교수방법</td></tr>
<tr><td>관련 윤리강령</td><td colspan="2"><가정에 대한 윤리>
① 상호 신뢰를 바탕으로 영유아의 가정과 동반자적인 관계를 유지한다.
② 각 가정의 양육가치와 의사결정을 존중한다.
④ 보육활동 및 발달 상황에 관한 정보를 정확하게 제공하여 영유아에 대한 가정의 이해를 돕는다. 다문화, 심신장애 등으로 의사소통에 도움이 필요한 경우 문제를 해결할 최선의 방법을 도모한다.</td></tr>
<tr><td colspan="2">⑤ 교사의 해결방안 검토</td><td colspan="2">• 체육활동 시 체육교사와 눈치껏 호상이의 활동을 도와줌
• 호상이와 일대일로 상호작용하며 다시 필요한 정보를 제공하였으나 호상이는 나의 의도대로 따라와 주지 않아 더 이상 상호작용하지 않음</td></tr>
</table>

분석 노트	
⑥ 토론자 입장에서 대안 모색	• 호상이의 발달 상황을 체크하여 일반적인 유아의 발달 상황과 비교하여 시급하게 도움이 필요한 영역이 무엇인지 규명하기 • 시급하게 도움이 필요한 영역에 대한 전문가의 도움 요청하기 • 부모와의 면담을 통해 호상이의 발달에 대한 객관적인 자료를 공유하여 문제를 인지시키고 협력적인 관계 맺기

※ 현장사례에서 절대적으로 옳은 단 하나의 해결방안은 결코 있을 수 없다. 딜레마 상황에서 보육교사는 그 순간에 최선이라고 생각하는 해결방법을 모색해야 하고, 그 해결방안이 적절했는지를 끊임없이 반성적 사고를 통해 되돌아봐야 한다. 이때 보육교사는 영유아의 목소리에 귀를 기울였는지, 영유아의 목소리를 대변하고 있는지를 항상 고려하는 것이 필요하다.

C·H·A·P·T·E·R 13

동료에 대한 윤리 : 동료와의 관계

보육교사는 원장, 동료 교사를 비롯하여 영양사, 간호사, 서무행정직 사무원, 조리사 등 다양한 동료와의 관계를 맺는다. 보육교사가 맺는 동료와의 관계는 직무 만족도와 이직에 큰 영향을 미치며, 이는 보육의 질에 직접적인 영향을 미친다.

본 장에서는 동료 관계의 특성과 바람직한 동료 관계 형성 방안에 대해 알아보고자 한다. 그리고 동료와의 관계에서 겪게 되는 현장사례를 보육교사 윤리강령에 기반하여 분석해 본다.

1. 보육교사와 동료 관계의 특성

사회생활을 하는 사람은 누구나 조직에 속하여 살아간다. 사람과 사람이 모여 조직을 이루고 있는 곳에는 그 조직만이 가지고 있는 문화가 존재한다. 구성원들이 공유하는 행동적인 특성이나 심리적인 특성, 의사소통 방식 등 그 조직을 동질적으로 유지하기 위한 규범과 이를 벗어나려는 조직 구성원들을 통제하는 방안에 기반하여 조직문화가 형성된다. 조직문화는 구성원들의 가치관, 신념, 행동을 통일시키는 기능을 하여 구성원들에게 정체성을 제공하고 조직에 대한 헌신이 가능하도록 하며, 안정적으로 조직이 유지되도록 한다. 조직문화는 그 조직이 지향하는 목표를 학습하도록 하여 그 구성원들이 의사결정을 하는 과정과 그 결과에도 영향을 미친다(박경렬, 1998).

보육교사는 어린이집이라는 조직에 속한 구성원으로서 근무하는 어린이집이 가지고 있는 조직문화를 학습하고 이를 바탕으로 보육 활동을 하며, 구성원들과 관계를 맺는다. 각 어린이집마다 그 조직만이 가지고 있는 독특한 문화가 존재하지만 어린이집이 공통으로 가지는 조직의 규모, 구성원, 근무 환경 등의 특성으로 인하여 유사한 조직문화를 보인다. 어린이집의 조직적 특징과 이에 따른 조직문화 특성을 살펴보면 다음과 같다.

먼저, 조직의 규모가 작고 조직 구성원의 수도 적기 때문에 체계적 · 과학적 · 합리적으로 운영되기보다는 상황에 맞게 융통적으로 운영된다. 한 명의 교사가 본인 학급의 일뿐만 아니라 공동 업무까지 동시에 여러 가지 과제를 수행하기 때문에 느슨하고 융통성 있는 운영이 부담을 덜어 줄 수도 있지만 역할 분담이 불공정하고 책임 소재가 불분명하다고 여겨지면 그로 인한 교사들 간의 갈등이 발생할 소지가 많아진다(박은혜, 2017).

또한, 조직 구성원 대부분이 여성이기 때문에 사적이며 인간관계 중심인 여성조직의 특성을 가지고 있다. 즉, 역할의 관계보다 정(情)의 관계가 중시된다. 교사 간의 개인적인 상황에 대한 이해와 양해를 통해 사적인 관계를 형성하는 것이 먼저 이루어진 후 공적인 일도 이러한 사적인 관계를 바탕으로 처리하는 경향이 있다(박은혜, 2017). 이는 조직이 가족 같은 분위기의 조직문화로 나타날 수도 있지만 교사들의 연령, 경력, 한 기관에서 근무하는 기간, 출신 배경과 경험이 다양하기 때문에 유사한 맥락이 형성되는 여러 집단으로 조직이 분리되고 집단에 소속된 구성원 간의 친화가 우선시되는 집단문화적인 성향이 형성될 수 있다(김진아 · 이종희, 2008).

어린이집의 근무 환경은 물리적인 측면이나 업무 강도 측면에서 매우 열악하고 성인에 대한 배려가 부족하다. 최근 초과근무수당 지급 강화, 휴게 시간 부여 강화 등으로 인하여 보육교사의 하루 근무 시간이 개선되었으나 여전히 일일 법정 노동시간을 초과하여 근무하는 경우가 많다. 그리고 하루 일과의 대부분을 영유아와 직접적으로 상호작용하면서 고도로 집중하며 긴장된 상태로 있기 때문에 업무 강도가 세다. 소규모 어린이집의 경우 기관 내 교사 휴식 공간은 차치하고, 교사실이 아예 없는 경우도 많은 등, 보육실 내 성인인 교사를 배려한 공간이 없는 경우가 대부분이기 때문에 보육교사들이 업무를 원활하게 수행하는 것도 편하지 않다. 이러한 근무 환경은 교사들을 쉽게 지치게 하고 예민하게 하여 동료 간 호의적인 의사소통을 방해한다.

이처럼 어린이집의 조직문화가 어떠한가는 교사들의 행동 및 심리적 특성, 의사소통 방식, 역할 분담 및 과업 수행을 위한 규범에 영향을 미친다. 즉, 상하 관계가 뚜렷하고 개인주의적인 성향이 강한 조직문화를 가진 어린이집의 보육교사는 다른 교사와 협업을 하기보다는 혼자 문제를 해결하고자 하는 행동을 더 많이 할 것이고, 다른 교사와 협업을 하거나 의사소통을 할 때 더 공적인 태도로 업무에 임할 것이다. 이러한 어린이집의 조직문화는 동료 교사와의 관계 형성에 긍정적인 영향을 미치기도 하고 부정적인 영향을 미치기도 한다. 어린이집은 다른 조직에 비해 그 규모가 작고 함께 일하는 동료 교사의 수도 적기 때문에 구성원이 서로에게 미치는 영향이 큰 편이다. 박은혜(2017)는 조직문화를 바탕으로 동료 교사와의 관계의 특성을 다음과 같이 제시하였다.

- 소집단 속의 관계: 어린이집에서 근무하는 교직원의 수는 적으면 2~3명에서 많으면 30명 내외이다. 근무하는 교직원의 수가 작은 집단에서는 그 집단에 속한 사람들 간의 친밀감이 높아져 사적인 관계로 발전하기 쉽다. 이러한 친밀감은 평소에는 문제가 되지 않지만, 공적인 업무를 처리하는 과정에서는 어려움을 유발하는 요소가 될 수 있다. 또한, 소규모의 집단에서 공적인 관계가 중시되어 철저한 위계질서를 강조할 경우 경직된 관계로 인한 어려움이 있을 수 있다.
- 전문가로 동역하는 관계: 어린이집에서 근무하는 교사는 전문성을 가지고 영유아를 보육한다. 함께 근무하는 동료와는 서로 영유아를 더 잘 가르치고 돌볼 수 있도록 협력하는 관계를 유지해야 한다. 서로의 영유아에 대한 지식과 능력에 대해 존중하고, 어린이집에서 추구하는 가치를 공유하며 교수와 학습에 대한 의견을 주고받으며 서로의 전문성을 신장시키는 협력적인 관계를 맺어야 한다.
- 공동으로 작업하는 관계: 어린이집에서 이루어지는 업무 가운데 다양한 행사와 지역사회 방문, 현장학습 등은 여러 교사가 공동으로 작업해야 하는 상황을 만든다. 특히, 주기적으로 이루어지는 어린이집 평가인증 준비 과정은 필수적으로 공동작업을 요구한다. 공동작업을 할 때 동료 교사 간 서로 솔선수

범하여 업무에 참여한다면 원활하게 진행되겠지만, 업무 수행 방식에 차이가 있거나 자신의 일을 미루는 동료와 함께 일할 경우에는 업무 외에 인간관계에 대한 회의를 느끼며 큰 스트레스를 받게 된다. 그러므로 보육교사는 공동작업에 대한 책임감을 가지고 스스로 솔선수범하여 동료에게 긍정적인 영향을 끼치고자 노력할 필요가 있다.

- 다양한 배경을 가진 관계: 어린이집에 종사하는 사람들은 매우 다양한 경로를 통해 입문한다. 학력도 단기 보육교사 양성기관, 학점은행제, 평생교육원, 2~3년제 대학, 4년제 대학, 대학원 등으로 그 폭이 매우 넓다. 경력의 차이도 다양하며, 연령과 경력이 비례하지 않는 경우도 증가하고 있다. 자녀 양육 경험은 없지만 교사 경력이 풍부한 교사와 보육교사로서의 경력은 짧지만 본인의 자녀를 양육한 경험이 있는 교사, 한 기관에서 오랜 기간 근무한 교사와 여러 기관을 경험하며 경력을 쌓은 교사 등과 같이 다양한 배경을 가진 교사들이 서로의 차이를 인정하면 보완이 되어 시너지 효과를 보이지만 그 차이를 극복하지 못하면 상당한 갈등 관계로 이어질 수 있다.

보육교사는 조직 구성원의 수가 적고 대부분이 여성으로 이루어져 신분과 정을 나누는 관계가 업무수행에 영향을 미치는 조직문화 속에서 동료 교사들과 소집단 속의 관계, 전문가로 동역하는 관계, 공동으로 작업하는 관계, 다양한 배경을 가진 관계를 형성하고 있다. 이러한 동료와의 관계를 통해 새로운 지식과 정보를 얻고 보육현장에서 발생하는 문제를 해결하는 데 도움을 받으며 보육 역량을 향상시키기 위한 조언을 구할 수 있다. 즉, 동료와의 관계는 보육전문가로서 서로의 전문성을 신장시키는 원천이 되고 보육의 질을 향상시키는 주요한 요인이 되므로 서로에 대한 이해를 바탕으로 성공적인 동료 관계 형성을 위해 노력해야 한다.

2. 성공적인 보육교사-동료 관계

긍정적인 동료와의 관계는 교사의 업무 만족도를 향상시킬 뿐만 아니라 교사 효능감에 직접적인 영향을 미치며(류경희 · 강상, 2015) 교사의 전문성 신장에도 유의미한 영향을 미친다. 특히, 동료 교사의 정서적 지지는 교사의 정서지능과 셀프리더십을 높여서 보육효능감을 증진시킨다(서미정 · 이경님, 2017). 하지만 보육교사는 동료 교사와의 관계 속에서 경력에 따른 위계질서, 미흡한 사회적 관계 맺기 기술, 개인이 가진 가치관 및 교육관의 차이, 비지원적인 동료 교사 관계 등으로 인하여 어려움을 겪기도 한다(최미미 · 서영숙, 2013). 이러한 갈등 상황 속에서 교사 개인의 판단 및 관계 개선에 대한 의지에 따라 동료 교사와의 관계를 개선할 수 있으므로 긍정적인 동료 관계를 형성하고 유지하기 위하여 노력을 기울일 필요가 있다.

보육교사의 동료 관계는 보육현장에서 발생하는 여러 문제를 해결해 가는 민주적이고 역동적인 관계가 되어야 한다. 교사들이 사용할 수 있는 전략은 다음과 같다(박은혜, 2017; 박세정 · 박지영 · 석은조 · 오성숙, 2014; 신혜원 · 민성혜 · 김의향 · 신윤승, 2016).

- 긍정적으로 상호 의존하기: 공동체 생활은 기본적으로 구성원들 간에 상호 의존하는 관계에 기반을 둔다. 교사는 구성원들 각자가 가지고 있는 관점과 역할, 지식과 기술, 일하는 스타일 등을 고려하여 최대한의 목표를 성취해 낼 수 있도록 해야 한다. 이때 동료 교사와는 동등한 지위에서 일을 협조하는 관계임을 명심해야 한다. 동료를 감독하거나 경쟁 상대로 적대시하거나 자신이 우위인 척하는 태도는 지양하고, 더 효율적으로 업무를 처리하기 위한 입장으로 상호 의존하는 것이 바람직하다.
- 각 교사의 기여도가 동등하게 존중되는 정기적인 모임 가지기: 어린이집에서 교사들은 비슷한 또래와 취미를 가진 교사들이 짝을 이루어 개인적인 모임을

가질 수도 있고, 동일 연령을 담당하는 교사들끼리 매일 혹은 매주 모임을 가질 수도 있다. 이를 통해 업무 이외의 영역에서 즐거운 경험을 공유하면서 관계를 돈독하게 할 수 있고 동료 교사의 개인적 특성에 대해 좀 더 이해할 수 있다. 뿐만 아니라, 이러한 정기적인 모임을 통해 어린이집의 철학과 목적을 분명하게 확인함으로써 조직 구성원으로서의 정체성과 목표의식을 증진시킬 수 있다.

- 대인 관계 기술 적용하기: 성공적인 인간관계를 위해서는 관계를 맺는 초기에 신뢰감이 형성되어야 하고 의사소통이 원활하게 이루어져야 하며 갈등이 생겼을 때 이를 원만히 처리할 수 있는 능력이 있어야 한다. 기본적으로 가장 중요한 것은 존중이 담긴 언어를 사용하고 서로가 예의를 갖추고 존중하는 마음을 갖는 것이 필요하다. 동료와 갈등 상황이 발생했을 때 다른 동료 교사와 상의하기 전에 불편을 야기한 동료 교사와 직접 갈등을 해결하기 위한 노력이 필요하다. 먼저, 동료 교사의 입장에서 상황을 다시 고려해 보고 동료 교사의 행동이나 태도로 인하여 자신이 어떤 느낌을 받았는지를 본인에게 직접 설명하고 이에 대한 의도를 확인하는 것이 좋다. 개인 간의 문제를 너무 오랫동안 방치하지 않도록 하고, 당사자끼리 해결하기 어려운 문제가 있을 경우 주임교사나 원장에게 도움을 요청하는 것이 필요하다.
- 개별 구성원이 책무성 갖기: 어린이집은 대부분 조직의 규모가 작기 때문에 보육교직원이 함께 업무를 분담하여 처리하는 특성이 있다. 자기 학급의 업무뿐만 아니라 공동업무를 분장하기 때문에 각각의 역할을 소홀히 하면 전체 업무에 차질이 생길 수도 있다. 특히, 어린이집 평가인증 준비, 부모참여수업이나 현장학습, 견학, 어린이집 환경 구성 등 어린이집 전체의 특별한 목적을 위하여 일상의 수업준비와는 달리 교사들이 함께 계획-준비-실행-평가해야 하는 '공동일'이 많다. 이를 위해서는 많은 협의와 협력이 필요하기 때문에 개별 보육교사의 적극적인 관심과 책임의식이 없으면 결국 본인뿐만 아니라 모든 조직 구성원들에게 피해가 돌아간다. 어떤 조직이든 각자에게 주

어진 책임과 역할을 분명하게 하면 그 조직은 기본 이상으로 기능한다. 책임감과 주인의식을 가지고 행동하는 교사는 영유아, 학부모, 동료 교사와의 관계에서 늘 민감하게 반응하고, 문제 상황이 발생했을 때 적극적으로 해결하려는 의지를 보이며, 이 일이 기관에 어떤 영향을 미치는지를 먼저 생각하기 때문이다. 그러므로 기관에서 업무를 처리하는 것, 문제 상황에 대처하는 방식, 학부모와의 관계 형성 등 모든 면에서 책임감과 주인의식을 가지는 것이 중요하다.

- 실행해 본 후 제안하기 & 적절한 사례 교환하기: 보육교사는 개별적인 경험과 성장 배경에 따라 모두 다른 생각을 가진다. 영유아를 가르치는 방식이나 학부모를 대하는 태도에도 다양한 의견이 있으며, 문제 상황을 해결하는 방식도 개별마다 다를 수 있다. 때에 따라서는 자신과 다른 방식으로 업무를 처리하도록 지시하는 원장이나 경력교사의 입장을 이해하기 힘이 들 때도 있다. 이때 업무를 실행해 보지도 않고 반대를 위한 반대를 하기보다는 먼저 그 업무를 실행해 보면서 그 과정에서 어려움이 발생했을 때 무엇이 문제였는지 의견을 제안한다면 신뢰 관계 형성에 도움이 된다. 동료 교사 간에 이러한 상황이 발생한다면 자신에게 도움이 되었던 방법이나 성공적으로 수행했던 사례를 공유하는 것도 동료를 지지하는 효과적인 방법이다.

동료들로부터 신뢰를 받거나 리더로 인정받는 보육교사의 특성을 살펴보면 외향적이고 사회적인 성격이며, 의사결정을 하는 데 있어서 효율적으로 판단을 내리는 데 능하고 적응형 사고를 갖고 있으며, 솔직하게 말하고 행동하며, 무엇보다도 투철한 책임감을 가지고 있다(이재무 · 송영선, 2014; 이재무 · 김행열, 2016). 뿐만 아니라, 대부분 5년 이상의 경력을 가진 교사일수록 이러한 특성을 보이는 경향이 있으므로 보육교사가 이직을 하거나 경력을 단절하지 않고 5년 이상 기관에서 근무할 수 있도록 근무 환경 및 처우 개선, 사회적 인식 개선 등이 필요하다.

3. 현장사례 분석 및 토론

동료 교사와의 긍정적이고 안정적인 관계를 유지하고 발전시키기 위해 다음에서 제시하는 사례 분석을 통하여 보육현장에서 마주하게 되는 동료 교사와의 갈등 상황을 인식하고, 보육교사 윤리강령을 토대로 문제점을 파악하여 보다 원만한 동료와의 관계를 만들어나가는 데 도움을 받을 수 있을 것이다.

분석해 봅시다

❖ 동료와의 관계 현장사례 분석

1 제시된 현장사례를 읽어 보세요.
2 7장에서 배운 현장사례 분석의 틀을 활용하여 분석해 보세요.

동료 교사 간의 태도

어린이집에서 함께 근무하는 D 선생님은 나와 입사 동기로 3년 차 선생님이다. D 선생님은 성격이 다소 내성적인 데다 혼자 일하는 것을 즐겨 하여 입사한 지 여러 해가 지났음에도 불구하고 원내 선생님들과 어울리는 것에 서투른 편이다. 한편, 우리 어린이집에 근무하는 대부분의 선생님은 함께 일하고, 소통하는 것을 즐겨 하는 사람들로 이루어져 있어 활발한 근무 분위기를 지니고 있다.

하루는 아침에 학부모님이 어린이집에 교사용 간식으로 빵을 보내 주셔서 점심시간에 원내 선생님들과 모두 나누어 먹었다. 그런데 점심 때 보니 D 선생님만 빵을 먹는 데서 빠져 있었다. 이런 경우 보통 다른 선생님들은 "나도 빵 먹고 싶었는데..." 하고 가볍게 이야기하고 넘어가는데 D 선생님은 진심으로 마음이 상해 있었다. D 선생님은 하루 종일 화가 나 있었고, 이러한 경우처럼 자기가 받아야 할 것을 못 받은 경우 계속 화가 나 있는 스타일이었다. 나는 D 선생님의 화난 찡그린 얼굴을 하루 종일 맞대고 근무하면서 스트레스를 받을 수밖에 없었다. 그래서 그런지 어린이집 다른 선생님들 또한 D 선생님을 다소 부담스러워 하는 부분이 있다.

출처: 임정수 · 이완정(2009). 유아교사 윤리강령을 토대로 분석한 동료 관계에서의 스트레스와 대처방식. p. 537 재구성.

▶ 현장사례 분석

<table>
<tr><th colspan="4">분석 노트</th></tr>
<tr><td colspan="2">① 기본 정보</td><td colspan="2"></td></tr>
<tr><td colspan="2">② 사례에
나타난 문제</td><td colspan="2"></td></tr>
<tr><td rowspan="5">③ 사례
관련
인물</td><td>관련 있는
사람</td><td colspan="2"></td></tr>
<tr><td rowspan="4">인물별
관점</td><td></td><td>–</td></tr>
<tr><td></td><td>–</td></tr>
<tr><td></td><td>–</td></tr>
<tr><td></td><td>–</td></tr>
<tr><td rowspan="2">④ 관련
지식</td><td>관련
이론</td><td colspan="2"></td></tr>
<tr><td>관련
윤리강령</td><td colspan="2"></td></tr>
<tr><td colspan="2">⑤ 교사의
해결방안 검토</td><td colspan="2"></td></tr>
<tr><td colspan="2">⑥ 토론자 입장에서
대안 모색</td><td colspan="2"></td></tr>
</table>

❖ 다시 생각해 보기

1 사례에 나타나는 인물과 관련 있는 윤리강령을 모두 찾아봅시다.
2 사례에 나타난 교사의 입장에서 생각해 봅시다. 교사의 해결방안은 무엇이었나요? 현장사례의 관련 인물 중 누구의 이익을 보장하고, 누구의 이익을 보류하였나요?
3 〈동료에 대한 윤리〉를 읽어 보고, 빠뜨린 윤리강령이 있는지 생각해 봅시다.
4 그중에서 가장 중요하게 고려해야 할 윤리강령은 무엇인지, 해당 윤리강령에 기초한 해결방법에 대해 이야기 나누어 보세요.

〈동료에 대한 윤리〉

[어린이집 원장]
① 최상의 보육 서비스 제공에 필요한 인적・물적 환경의 조성 및 유지를 위해 노력한다.
② 보육교사를 신뢰하고 존중하며 전문성과 자율성을 인정한다.
③ 성별, 학연, 지연, 인종, 종교 등에 따라 보육교사를 차별하지 않는다.
④ 업무 관련 의사결정이 필요한 경우, 보육교사의 의견 개진 기회를 보장한다.
⑤ 보육교사에게 지속적 재교육 등 전문적 역량 제고의 기회를 부여한다.
⑥ 보육교사에게 적정 수준의 보상(보험, 급여 등)을 안정적으로 제공하며, 복지 증진에 힘쓴다.
⑦ 보육교사 개인의 기록과 정보에 대한 비밀을 보장한다.

[보육교사]
① 존중과 신뢰를 바탕으로 협력하며, 서로의 전문성과 자율성을 인정한다.
② 상호 간 역량 계발과 복지 증진에 부합하는 근무 환경이 되도록 힘쓴다.
③ 어린이집 원장 및 동료와 영유아 보육에 대한 신념을 공유한다.
④ 보육교사로서의 전문성 향상을 위해 스스로 노력한다.
⑤ 시설 내에서 영유아 및 보육교사의 인권과 복지를 위협하는 비윤리적 사태가 발생한 경우, 법률규정이나 윤리기준('한국보육시설연합회 윤리강령위원회' 참조)에 따라 조치를 취한다.

TIP!

다음에 제시된 예는 동료와의 관계에서 겪는 딜레마 상황에서 간과하기 쉬운 동료에 대한 이론과 윤리강령을 바탕으로 한 해결방안을 도출해 본 분석의 예이다.

<table>
<tr><th colspan="4">분석 노트</th></tr>
<tr><td colspan="2">① 기본 정보</td><td colspan="2">• 기관의 전반적인 조직 분위기
• 구성원 간의 관계도
• 구성원 개개인의 성격이나 성향</td></tr>
<tr><td colspan="2">② 사례에 나타난 문제</td><td colspan="2">• 대상이 없는 자리에서 그 대상에 대한 험담을 하는 행위
• 동료를 배려하지 않고 자신의 감정을 여과 없이 표출하는 행위</td></tr>
<tr><td rowspan="3">③ 사례 관련 인물</td><td>관련 있는 사람</td><td colspan="2">• 글을 쓴 교사 • D 교사</td></tr>
<tr><td rowspan="2">인물별 관점</td><td>글을 쓴 교사</td><td>– 다른 사람을 배려하지 않고 자신의 감정을 그대로 표출하는 D 교사에 대한 불만이 있음</td></tr>
<tr><td>D 교사</td><td>– 그때그때 느끼는 자신의 감정을 그대로 표출하는 것이 나의 성격이라고 생각함
– 그런 점이 다른 사람에게 왜 불편을 주는지 모르겠음
– 내지는 불편을 주고 싶기 때문에 일부러 티를 내는 것임. 내가 왜 이런 행동을 하는지 확실하게 알려주고 싶음</td></tr>
<tr><td rowspan="2">④ 관련 지식</td><td>관련 이론</td><td colspan="2">• 보육교사 윤리강령
• 교직 스트레스</td></tr>
<tr><td>관련 윤리강령</td><td colspan="2"><동료에 대한 윤리>
① 존중과 신뢰를 바탕으로 협력하며, 서로의 전문성과 자율성을 인정한다.
② 상호 간 역량 계발과 복지 증진에 부합하는 근무 환경이 되도록 힘쓴다.</td></tr>
<tr><td colspan="2">⑤ 교사의 해결방안 검토</td><td colspan="2">• 구체적인 해결방안 제시되지 않음</td></tr>
<tr><td colspan="2">⑥ 토론자 입장에서 대안 모색</td><td colspan="2">• 개인의 특성에 대해 이해할 수 있는 원내 워크숍 구성하기
• 교사 모임, 사례 연구 등을 통해 자신이 겪는 어려움에 대한 공식적인 해결방법을 모색해 보기
• 긍정적인 동료 관계에 대한 이야기 나누기
• 스트레스 해소 방안 마련하기</td></tr>
</table>

※ 현장사례에서 절대적으로 옳은 단 하나의 해결방안은 결코 있을 수 없다. 딜레마 상황에서 보육교사는 그 순간에 최선이라고 생각하는 해결방법을 모색해야 하고, 그 해결방안이 적절했는지를 끊임없이 반성적 사고를 통해 되돌아봐야 한다. 이때 보육교사는 영유아의 목소리에 귀를 기울였는지, 영유아의 목소리를 대변하고 있는지를 항상 고려하는 것이 필요하다.

C·H·A·P·T·E·R 14

동료에 대한 윤리 : 전문성 신장

보육교사의 전문성은 영유아에게 양질의 보육 서비스를 제공하기 위해서 보육교사가 갖추어야 할 지식과 기술로, 질 높은 보육을 제공하기 위해 가장 중요한 요소이다.

본 장에서는 보육교사 전문성 향상을 위한 보수교육과 장학에 대해 알아본다. 그리고 보육교사의 전문성 신장과 관련된 현장사례를 보육교사 윤리강령에 기반하여 분석해 본다.

1. 보수교육

보수교육이란 보육교직원의 자질 향상을 위해 실시하는 교육으로 급변하는 사회에 적절한 자질과 역량을 갖추어 영유아에게 질 높은 교육과 보육을 제공하는 토대로 매우 중요하다. 보육교직원을 위한 보수교육은 '보육교사와 원장의 자질 향상을 위해 실시하는 현직교육'이다. 이는 보육교사가 정기적으로 받는 직무교육과 보육교사가 상위 등급의 자격을 취득하기 위해 받아야 하는 승급교육으로 구분한다(보건복지부, 2017).

직무교육은 보육교사와 어린이집 원장을 대상으로 하는 일반직무교육(기본교육, 심화교육)과 영아보육, 장애아보육, 방과후보육을 담당하고 있는 보육교사와 원장을 대상으로 하는 특별 직무교육이 있다. 상위 등급 자격 취득을 위한 승급교육은 2급과 1급 승급교육이 있으며, 어린이집 원장 자격 취득을 위한 원장 사전직무교육이 있다. 보육교사는 반드시 매 3년마다 직무교육을 이수해야 한다. 어린이집 보수교육의 유형, 대상, 기간에 대한 내용은 〈표 14-1〉과 같다.

〈표 14-1〉 교육 구분별 보수교육 대상자

교육 구분			교육 대상	교육 시간	비고
직무 교육	일반 직무 교육	보육 교사	현직에 종사하고 있는 보육교사로서 보육업무 경력이 만 2년을 경과한 자와 보육교사 직무교육(승급교육 포함)받은 해부터 만 2년이 경과한 자	40 시간	매 3년마다
		원장	어린이집 원장의 직무를 담당한 때부터 만 2년이 지난 경우	40 시간	매 3년마다
	특별 직무 교육	영아 보육	영아보육을 담당하고 있는 일반직무교육 대상자와 영아보육을 담당하고자 하는 보육교사 및 어린이집 원장	40 시간	이수하고자 하는 자
		장애아 보육	장애아보육을 담당하고 있는 일반직무교육 대상자와 장애아보육을 담당하고자 하는 보육교사 및 어린이집 원장	40 시간	이수하고자 하는 자
		방과후 보육	방과후보육을 담당하고 있는 일반직무교육 대상자와 방과후보육을 담당하고자 하는 보육교사 및 어린이집 원장	40 시간	이수하고자 하는 자
승급 교육	2급 승급교육		보육교사 3급의 자격을 취득한 후 보육업무 경력이 만 1년을 경과한 자	80 시간	이수하고자 하는 자
	1급 승급교육		보육교사 2급의 자격을 취득한 후 보육업무 경력이 만 2년이 경과한 자 및 보육교사 2급의 자격을 취득한 후 보육 관련 대학원에서 석사학위를 취득한 경우 보육업무 경력이 만 6개월 경과한 자	80 시간	이수하고자 하는 자
원장 사전 직무 교육	–		「영유아보육법 시행령」 [별표 1] 제1호의 가목부터 라목(일반, 가정, 영아전담, 장애아전담 어린이집 원장)까지 어느 하나의 자격을 취득하고자 하는 자		이수하고자 하는 자

출처: 보건복지부(2018). p. 218.

2. 장학

장학은 교사의 교육활동 개선을 위하여 이루어지는 지도 및 조언을 포함한 집단적이고 협력적인 모든 활동이라고 볼 수 있다. 어린이집 안에서 이루어지는 교사 장학은 주로 원내 자율장학의 형태로 나타나는데, 이때 원내 자율장학은 외부의 통제나 지시를 받지 않고 어린이집의 원장과 교사들이 상호 협조하면서 자율적으로 교사의 전문성 신장과 교수학습방법 및 환경 개선을 위해 노력하는 과정으로 정의한다(김봉옥, 1998).

원내 자율장학 방식은 다음과 같은 이유에서 바람직하다(조성연 · 고영미, 2007). 첫째, 장학은 원장, 주임교사를 비롯한 한 기관의 책임자들이 교육의 질 향상을 위한 노력을 기울이게 하여 지도력을 발휘하는 기회를 제공하며, 이를 통해 교사의 전문성이 신장된다. 둘째, 장학은 교사의 능력을 최대한 발휘할 수 있는 기회를 제공할 수 있으며, 교사의 능력과 자질을 적절하게 활용하도록 지원하는 계기가 된다. 셋째, 원내 자율장학은 구성원 간의 의사소통체제를 유지하게 한다. 넷째, 원내 자율장학은 원내에서 발생하는 문제 상황에 적절히 접근함으로써 문제해결에 도움을 준다. 다섯째, 원내 자율장학은 각 교실에 필요한 부분에 대한 맞춤 지원을 제공할 수 있어 보육의 질을 향상시킨다. 여섯째, 장학은 교수방법과 관련하여 교사의 능력에 따라 적절한 개선 방향을 제시한다. 일곱째, 개별 교사의 특성이나 기관의 특성이 충분히 고려된 상태에서 장학이 이루어지기 때문에 효과적이다.

원내 자율장학의 형태로는 자기장학, 동료장학, 발달장학, 컨설팅장학 등을 들 수 있으며, 이를 구체적으로 살펴보면 다음과 같다.

1) 자기장학

자기장학은 외부의 통제나 지도에 의지하지 않고 교사 스스로 자기의 전문적인 성장을 위해 계획을 세워 실천하고, 그 결과에 대해 반성적 평가를 해 나아가는 과정이다(김정한, 2002). 자기장학에서는 교사를 자기 주도적이며 새로운 일을 배우는 데 적극적인 의지가 있는 성인 학습자로 보며, 성격상 독립심이 강하고 전문성 발달에 있어서 높은 동기를 가진 교사, 경력이 많은 교사에게 적합한 장학의 형태로 인식되고 있다.

자기장학은 자기수업 분석 및 연구, 자기수업 평가 및 반성, 개인연구, 전문 서적 탐독, 대학원 등록 수강, 전문기관 및 전문가 방문, 현장 방문, 학술대회나 강연회 참석, 연수, 전문단체 참여 등의 다양한 방법이 있다(이윤식, 1993). 이와 같은 자기장학은 단일 학급으로 운영되는 기관에 근무하는 교사의 경우에도 큰 어려움 없이 실시할 수 있으며, 다학급 기관에 근무하는 교사의 경우에도 외부의 간섭이나 통제 없이 교사 개인이 스스로 계획을 세워 구체적으로 활동을 실천해 나갈 수 있으므로 교사의 내적 동기 유발 및 자율성을 증진하는 데 많은 도움을 준다.

2) 동료장학

동료장학은 둘 이상의 교사가 서로 수업을 관찰하고, 관찰한 내용에 대해 상호 피드백을 제공하며, 서로의 전문적인 관심사를 공유함으로써 자신의 전문성 발달을 함께 추구해 나아가는 과정을 의미한다(Sergiovanni & Starratt, 1988). 동료장학은 수평적 장학이며, 교사들의 자율성과 협력, 평등을 기본 전제로 하는 장학으로, 교사 개인의 수업 향상에 긍정적인 영향을 미칠 뿐만 아니라 전체 교사들의 학습 공동체 형성을 통한 전문성 증진에도 크게 기여하는 장학의 한 형태이다.

교사는 장학사나 원장, 원감보다 동료 교사에게 더 자연스럽게 도움을 요청할 수 있으며, 수업 개선을 위해 교사가 다른 교사를 돕는 일은 매우 자연스러운 일로 받아들여지는 경향이 있다(김정한, 2002). 어린이집의 경우에는 교직원 편성이 단순하며, 그 수가 적어 동료 교사들 간에 공동체 의식이 매우 강한 편이므로 정서적인 유대감에 토대를 둔 동료장학을 활성화하는 것이 장학의 효과 면에서 긍정적인 결과를 초래한다. 단, 동료가 장학요원으로서의 역할을 보다 충실히 이행하기 위해서는 장학요원으로서의 지식, 기술, 성향을 고루 갖추어야 한다.

3) 발달장학

발달장학은 교사의 개별적인 요구 및 발달 수준을 고려하여 지원함으로써 교사가 다양한 교수학습방법을 습득하고 확장해 나아갈 수 있도록 돕는 장학의 한 형태이다(Glickman, Gordon, & Ross-Gordon, 2001). 발달장학은 장학의 과정에서 이루어지는 교사의 자율성, 주도성, 책무성을 무엇보다도 중요하게 여기며, 최근에는 교사의 반성적 사고를 촉진하는 것에도 많은 강조점을 두고 있다.

이와 같은 발달장학은 교사의 개인적 특성을 고려하여 진행되므로 장학에 대한 교사의 거부감을 줄일 수 있고, 따라서 장학의 효과 면에서 보다 성공적인 결과를 낳을 수 있다. 그러나 이러한 이점에도 불구하고 발달장학은 교사의 발달 수준을 정확히 측정하기 어렵다는 점과 장학요원이 교사의 독특한 발달적 특성을 고려하여 오랜 시간 장학을 진행하기가 어렵다는 한계점을 갖고 있다.

4) 컨설팅장학

컨설팅장학은 전문적인 지식이나 기술이 필요한 곳에 도움을 제공하는 컨설팅의 개념이 포함된 장학의 한 형태이다. 즉, 교사가 학생들의 학습과 적응을 향상시키기 위해 필요로 하는 전문적 지식과 교육적 서비스를 제공하는 협력과정이라고 정의할 수 있다(Erchul & Martens, 1997, 백연희, 2010, 재인용). 컨설팅장학은 장학을 받는 교사가 자신이 컨설팅받고 싶은 부분에 대한 지원을 요청하기 때문에 장학에서 교사의 자발성이 반영된다.

이와 같은 컨설팅장학은 교사의 요구에 따라 진행되므로 그 과정에서 교사의 상황과 이해 수준 등이 고려된 종합적인 지원이 가능하다(백연희, 2010). 그러나 컨설팅을 의뢰하는 교사가 자신의 문제를 정확하게 진단하고 컨설팅을 의뢰하지 못하거나, 컨설턴트가 교사가 의뢰한 분야에 전문적인 지식이나 기술을 갖고 있지 않은 경우 효과적인 장학이 이루어지기 어렵다는 한계점을 가지고 있다(김영신, 2012; 손희순, 2015).

3. 현장사례 분석 및 토론

1) 보수교육과 관련된 현장사례

영유아기 발달 특성상 보육교사가 영유아에 미치는 영향력이 매우 크므로 보육교사는 스스로의 자질과 전문성 향상을 위해 끊임없이 노력해야 한다. 보육교사는 영유아와 마찬가지로 교직생활을 통해 끊임없이 성장하고 변화하는 성인 학습자로, 일률적인 교사교육이 아닌 각 교사별 개인적 특성과 맥락을 바탕으로 개인적 성장과 발달을 돕기 위한 교사교육이 매우 중요하며, 이러한 방법 중 한 가지가 장학이다(조성연 · 강재희, 2007).

장학을 통한 보육교사의 전문성 발달은 매우 중요한 요소이나 실제 교사들은 보육현장에서 마주하는 다양한 어려움과 현실적인 여건으로 인해 교사 자신의 자질 향상이나 발달과 관련된 부분은 상대적으로 소외되어 왔다. 예비교사들은 다음에서 제시하는 현장사례 분석을 통하여 보육현장에서 마주하는 다양한 딜레마 상황을 인식하고, 보육교사 윤리강령을 토대로 나의 결정에 문제가 없는지 파악하여 교사의 전문성 발달을 위한 최선의 결정을 하는 데 도움을 받을 수 있을 것이다.

분석해 봅시다

❖ 전문성 신장 현장사례 분석

1 제시된 현장사례를 읽어 보세요.
2 7장에서 배운 현장사례 분석의 틀을 활용하여 분석해 보세요.

장학에 대한 서로 다른 두 관점

나는 올해로 11년째 민간 어린이집을 운영하고 있다. 나는 이제껏 어린이집을 운영하면서 보육의 질은 교사가 얼마만큼 나아지려고 노력하는가 하는 부분이 좌우한다고 믿고 운영해 왔다. 그래서 한 학기에 연령별로 한 반씩 자율장학을 주기적으로 시행하여 왔다. 장학의 과정이 끝난 후 교사나 나 모두에게 발전된 모습을 보여 주리라 굳게 믿기 때문이다.

그러나 해마다 연초에 자율장학에 대한 계획을 세우는 교사 회의를 하면서 교사들은 장학에 대한 부담감을 직접적으로 표현하기 바쁘다. 당연히 나는 교사들에게 미안한 감정을 느끼게 되고, 어떨 때는 내가 악덕 기업주가 된 기분이 들기도 한다. 교사들은 이미 있는 업무에 장학이라는 업무가 더해지는 데 대해 일종의 추가 보상이 있었으면 하는 마음을 비치나, 보상에 관해서는 나 혼자 해결할 수 있는 문제가 아니기에 좌절스럽다. 교사 대우에 대한 구조적인 한계에 부딪힐 때마다 정부 탓을 할 수도 없고 보육의 질을 좌우하는 교사 개개인의 성장은 매우 중요하고… 이럴 때마다 딜레마에 빠지게 된다. (어린이집 원장 저널, 2009. 5. 4.)

나는 ㅇㅇ 어린이집에서 올해로 4년 차 교사로 근무하고 있다. 입사 때부터 영아반을 주로 담당해 왔고, 현재는 영아반 주임교사로 근무하고 있다. 영아반은 유아반과는 다르게 아이들과 있는 시간 동안 긴장의 끈을 놓기 어려운 편이다.

오늘 하루도 너무나 정신이 없었다. 내일은 휴일인데 연구수업 준비를 해야 해서 출근을 해야 한다. 출근하는 주중에는 아이들과의 끊임없는 일과로 쉴 수 없고, 휴일에는 연구수업을 하기 위해 또 일해야 한다고 생각하니 벌써부터 스트레스를 받는다. 과연 연구수업, 장학을 함으로써 나에게 남는 것이 무엇인가 싶다. (E 교사 저널, 2009. 5. 4.)

출처: 이명조(2007). 가정보육교사의 전문성 향상을 위한 현직교육 프로그램 현황과 과제 연구 내 사례 발췌.

▶ 현장사례 분석

<table>
<tr><th colspan="4">분석 노트</th></tr>
<tr><td colspan="2">① 기본 정보</td><td colspan="2"></td></tr>
<tr><td colspan="2">② 사례에
나타난 문제</td><td colspan="2"></td></tr>
<tr><td rowspan="5">③ 사례
관련
인물</td><td>관련 있는
사람</td><td colspan="2"></td></tr>
<tr><td rowspan="4">인물별
관점</td><td></td><td>–</td></tr>
<tr><td></td><td>–</td></tr>
<tr><td></td><td>–</td></tr>
<tr><td></td><td>–</td></tr>
<tr><td rowspan="2">④ 관련
지식</td><td>관련
이론</td><td colspan="2"></td></tr>
<tr><td>관련
윤리강령</td><td colspan="2"></td></tr>
<tr><td colspan="2">⑤ 교사의
해결방안 검토</td><td colspan="2"></td></tr>
<tr><td colspan="2">⑥ 토론자 입장에서
대안 모색</td><td colspan="2"></td></tr>
</table>

❖ 다시 생각해 보기

1 사례에 나타나는 인물과 관련 있는 윤리강령을 모두 찾아보세요.
2 사례에 나타난 교사의 입장에서 생각해 보세요. 교사의 해결방안은 무엇이었나요? 현장사례의 관련 인물 중 누구의 이익을 보장하고, 누구의 이익을 보류하였나요?
3 〈동료에 대한 윤리〉를 읽어 보고, 빠뜨린 윤리강령이 있는지 생각해 보세요.
4 그중에서 가장 중요하게 고려해야 할 윤리강령은 무엇인지, 해당 윤리강령에 기초한 해결방법에 대해 이야기 나누어 보세요.

〈동료에 대한 윤리〉

[어린이집 원장]

① 최상의 보육 서비스 제공에 필요한 인적·물적 환경의 조성 및 유지를 위해 노력한다.
② 보육교사를 신뢰하고 존중하며 전문성과 자율성을 인정한다.
③ 성별, 학연, 지연, 인종, 종교 등에 따라 보육교사를 차별하지 않는다.
④ 업무 관련 의사결정이 필요한 경우, 보육교사의 의견 개진 기회를 보장한다.
⑤ 보육교사에게 지속적 재교육 등 전문적 역량 제고의 기회를 부여한다.
⑥ 보육교사에게 적정 수준의 보상(보험, 급여 등)을 안정적으로 제공하며, 복지 증진에 힘쓴다.
⑦ 보육교사 개인의 기록과 정보에 대한 비밀을 보장한다.

[보육교사]

① 존중과 신뢰를 바탕으로 협력하며, 서로의 전문성과 자율성을 인정한다.
② 상호 간 역량 계발과 복지 증진에 부합하는 근무 환경이 되도록 힘쓴다.
③ 어린이집 원장 및 동료와 영유아 보육에 대한 신념을 공유한다.
④ 보육교사로서의 전문성 향상을 위해 스스로 노력한다.
⑤ 시설 내에서 영유아 및 보육교사의 인권과 복지를 위협하는 비윤리적 사태가 발생한 경우, 법률규정이나 윤리기준('한국보육시설연합회 윤리강령위원회' 참조)에 따라 조치를 취한다.

TIP!

다음에 제시된 예는 동료와의 관계 가운데 장학과 관련된 딜레마 상황에서 전문성 신장을 고려한 분석의 예이다.

<table>
<tr><th colspan="4">분석 노트</th></tr>
<tr><td colspan="2">① 기본 정보</td><td colspan="2">• 해당 기관의 장학 정보(일정, 시기, 횟수, 역할, 방식 등)</td></tr>
<tr><td colspan="2">② 사례에 나타난 문제</td><td colspan="2">• 원내 자율장학에 대한 교사와 어린이집 원장의 서로 다른 이해 및 관점</td></tr>
<tr><td rowspan="3">③ 사례 관련 인물</td><td>관련 있는 사람</td><td colspan="2">• 어린이집 원장 • 교사</td></tr>
<tr><td rowspan="2">인물별 관점</td><td>어린이집 원장</td><td>– 보육교사의 전문성 향상과 보육의 질을 위해서는 경력 선배의 관점에서 지원하는 원내 자율장학이 효과적이라 생각함
– 실제 장학에 부담을 느끼는 교사에 대한 보상 측면과 관련된 보다 체계적인 지원 시스템이 필요하다고 여김</td></tr>
<tr><td>교사</td><td>– 주기적으로 실시되는 원내 자율장학에 대한 부담, 스트레스가 큼
– 장학으로 인해 스스로의 전문성이 향상되는지 의문임</td></tr>
<tr><td rowspan="2">④ 관련 지식</td><td>관련 이론</td><td colspan="2">• 장학의 다양한 유형 및 방법
• 교사 학습공동체 의미 및 운영 방식</td></tr>
<tr><td>관련 윤리강령</td><td colspan="2">〈동료에 대한 윤리〉
[어린이집 원장]
① 최상의 보육 서비스 제공에 필요한 인적·물적 환경의 조성 및 유지를 위해 노력한다.
⑤ 보육교사에게 지속적 재교육 등 전문성 역량 제고의 기회를 부여한다.
[보육교사]
④ 보육교사로서의 전문성 향상을 위해 스스로 노력한다.</td></tr>
<tr><td colspan="2">⑤ 교사의 해결방안 검토</td><td colspan="2">• 구체적인 해결방안 제시되어 있지 않음</td></tr>
<tr><td colspan="2">⑥ 토론자 입장에서 대안 모색</td><td colspan="2">• 원내 자율장학 방식의 다양화를 모색하여 교사들의 실질적인 부담은 줄이되 실제적으로 도움을 줄 수 있는 방식 찾아보기
• 장학의 횟수, 시기를 조정하여 교사들이 공적인 삶과 사적인 삶을 균형적으로 양립할 수 있도록 하기
• 장학에 대한 보상 측면에서 금전적인 보상 외에 기관 차원에서 제공할 수 있는 보상 마련하여 적용하기</td></tr>
</table>

※ 현장사례에서 절대적으로 옳은 단 하나의 해결방안은 결코 있을 수 없다. 딜레마 상황에서 보육교사는 그 순간에 최선이라고 생각하는 해결방법을 모색해야 하고, 그 해결방안이 적절했는지를 끊임없이 반성적 사고를 통해 되돌아봐야 한다. 이때 보육교사는 영유아의 목소리에 귀를 기울였는지, 영유아의 목소리를 대변하고 있는지를 항상 고려하는 것이 필요하다.

C·H·A·P·T·E·R 15

사회에 대한 윤리
: 보육교사의 책무와 권리

우리나라 보육환경은 최근 10여 년간 국민적 관심과 요구, 그리고 확대된 재정 지원 등의 요인으로 크게 발전되어 왔다. 뿐만 아니라, 어린이집에서 근무하는 보육교직원의 질을 높이기 위해 역량 강화를 위한 맞춤형 교육 및 지원사업도 실시하고 있다. 그럼에도 불구하고 보육교사의 책무와 권리에 대한 이해는 아직도 미흡한 실정이다.

이에 본 장에서는 아동의 권리 관점에서 보육교사의 책무를 살펴보고, 동시에 보육교사의 권리에 대해서도 함께 알아보고자 한다. 그리고 보육교사의 책무와 권리와 관련된 현장사례를 보육교사 윤리강령에 기반하여 분석해 본다.

1. 보육교사의 책무

보육교사의 직무로는 교수학습 관련 업무, 전문성 신장, 영유아 보호 관련, 학부모, 행사, 사무, 시설설비, 대인 관계 및 사회적인 업무 등이 있으며, 대부분의 직무는 영유아와 직·간접적으로 연결되어 있다(육아정책연구소, 2012). 「영유아보육법」 제18조의 제2항에 의하면 보육교사는 영유아를 보육함에 있어 영유아에게 신체적 고통이나 고성·폭언 등의 정신적 고통을 가해서는 안 되며, 영유아의 생명과 안전을 보호하고 위험을 방지하기 위한 주의의무를 다해야 할 책무가 있다. 즉, 보육교사는 아동이 누려야 할 권리가 무엇인지 인지하고 존중해야 한다. 보육교사가 알아야 할 아동권리는 다음과 같다.

1) 유엔아동권리협약

1989년 11월 유엔총회에서 채택된 유엔아동권리협약은 국제적인 인권조약으로 아동의 생존, 보호, 발달, 참여의 권리 등 아동과 관련된 모든 권리를 규정하였다. 유엔아동권리협약에서 제시한 아동의 기본 권리는 다음의 〈표 15-1〉과 같다.

〈표 15-1〉 유엔아동권리협약 4대 기본권

4대 기본권	내용
생존권	• 기본적인 삶을 누릴 수 있는 권리 – 적절한 생활 수준, 안전한 거주지, 충분한 영양 섭취와 의료서비스
보호권	• 모든 위험과 차별로부터 보호받을 수 있는 권리 – 모든 형태의 폭력, 차별, 과도한 노동, 부당한 대우, 약물, 유해환경으로부터 보호
발달권	• 아동의 잠재능력을 최대한 발휘하는 데 필요한 권리 – 교육, 여가와 문화생활, 정보 획득, 생각과 양심의 자유 등
참여권	• 자신에게 영향을 주는 문제에 참여할 수 있는 권리 – 의사 표현의 자유, 아동의견 존중, 정보 접근, 모임의 자유 등

출처: 세이브더칠드런(2014). p. 6.

교사는 아동의 4대 기본권인 생존권, 보호권, 발달권, 참여권을 보장함으로써 직무상 윤리적 책임을 다할 의무를 가진다. 또한, 다른 권리와 아동의 권리가 상충될 때 무엇보다 아동의 권리를 우선하여야 할 책임과 의무를 가진다. 따라서 보육교사는 아동권리에 대한 이해를 바탕으로 교사로서의 모든 직무에서 아동의 권리를 존중해야 할 책임이 있다.

2) 아동권리와 아동학대

아동권리가 실현되지 못하고 심각하게 침해당하는 것을 아동학대라고 한다. 「아동복지법」 제3조에 따르면 아동학대는 '보호자를 포함한 성인이 아동의 건강 또는 복지를 해치거나, 정상적 발달을 저해할 수 있는 신체적 · 정신적 · 성적 폭력이나 가혹 행위를 하는 것과 아동의 보호자가 아동을 유기하거나 방임하는 것'으로 정의되어 있다.

〈표 15-2〉 아동학대의 종류

학대의 종류	내용
신체학대	• 손, 발 등을 직접 사용하거나, 도구를 사용해 신체에 가해하는 행위 • 신체에 유해한 물질로 신체를 가해하거나, 완력을 사용해 신체를 위협하는 행동 ※ 36개월 이하 영아에게 가해지는 모든 체벌은 신체학대에 해당
정서학대	• 언어적 폭력 행위나 정서적 위협, 아동에 대한 비현실적 기대 또는 강요 행위 • 보호자의 종교를 강요하는 행위 • 형제나 친구 등과 비교, 차별, 편애하거나 따돌리는 행위 등
성 학대	• 자신의 성적 만족을 위해 아동을 관찰하거나 아동에게 성적 노출을 하는 행위 • 아동을 성적으로 추행하거나, 유사 성행위 및 성교를 하는 행위 • 성매매를 시키거나 성매매를 매개하는 행위
방임, 유기	• 물리적 방임: 의식주를 제공하지 않거나, 상해 · 위험으로부터 아동을 보호하지 않는 행위 등 • 교육적 방임: 학교를 보내지 않거나, 아동의 무단결석을 허용하는 행위 등 • 의료적 방임: 의료적 처치를 하지 않거나, 예방접종을 실시하지 않는 행위 등 • 유기: 아동을 보호하지 않고 버리거나, 병원에 입원시키고 사라지는 행위 등

출처: 세이브더칠드런(2014). p. 10.

보육교사는 아동학대를 알게 된 경우 즉시 아동보호전문기관이나 수사기관에 신고하여야 하는 신고의무자다. 보육교사는 신고의무자이기도 하지만 자신도 모르게 아동의 권리를 침해하는 학대행위자가 될 수도 있으므로 스스로의 행동과 결정에 대해 되돌아보아야 할 필요가 있다.

아동학대는 생존권, 보호권과 같은 아동의 기본권과 직결된다. 어린이집 평가인증에서도 이러한 내용을 인식하고 건강 · 안전 영역에서 영유아가 안전하게 보호받을 수 있도록 평가 항목을 제시하고 있다. 다음의 〈표 15–3〉은 어린이집 평가인증 통합지표 가운데 영유아의 건강 및 안전과 관련된 보육교사의 책무 관련 지표이다.

〈표 15-3〉 제3차 어린이집 평가인증 통합지표 중 보육교사의 책무와 권리 관련 지표

평가 영역	평가 지표	평가 항목
3. 건강 · 안전	3-4. 등 · 하원의 안전	1. 영유아는 등원부터 하원까지 성인의 보호 하에 있다. ① 영유아의 인계과정에 대한 규정이 있고, 규정에 따라 안전하게 이루어진다. ② 영유아의 보호자에게 받은 귀가동의서를 구비하고 있다. ③ 교직원은 영유아의 안전을 위해 항상 전체 상황을 주시한다. ④ 영유아를 두고 자리를 비울 때는 책임 있는 성인에게 인계한다.
		2. 등 · 하원 차량을 운행할 경우 안전요건을 갖추어 관리한다. ① 차량 내부에 안전수칙을 게시하고, 영아용 보호장구, 차량용 소화기, 구급상자를 구비하고 있다. ② 매일 차량 안전점검을 실시한다. ③ 차량 운행 시 성인이 동승한다. ④ 차량기사와 차량에 동승한 성인은 영유아를 안전하게 보호한다.
	3-5. 안전교육 및 사고 대책	2. 교직원은 안전교육을 받고 영유아 학대 예방 지침을 준수한다. ① 교직원을 대상으로 기본적인 안전교육을 정기적으로 실시한다(영유아 학대 예방교육 포함). ② 교직원은 안전관리 시설 및 설비(소화기 등)의 사용법을 숙지하고 있다. ③ 비상시 교직원의 대처방안과 업무분장이 체계적으로 수립되어 있고, 교직원은 자신의 역할을 숙지하고 있다. ④ 교직원 중에 응급처치(심폐소생술) 관련 교육에 참여한 직원이 있다. ⑤ 영유아 학대 예방 지침(체벌 금지 포함)을 준수한다.(필수)

출처: 보건복지부, 한국보육진흥원(2018). pp. 125-127.

영유아의 건강 · 안전에 대한 내용은 영유아의 생명과도 직결되는 매우 중요한 사안이므로 보육교사는 특히 주의하여 영유아를 지도해야 한다. 특히, 등 · 하원 차량에서 영유아가 방치되어 사망한 사건(연합뉴스, 2016. 7. 30.), 보육교사의 학대로 영유아가 사망하는 사건(MBC뉴스, 2018. 7. 19.) 등이 지속적으로 나타나고 있으므로 보육교사는 영유아의 건강 및 안전에 대한 관리에 더 유의해야 할 것이다.

2. 보육교사의 권리와 의무

1) 보육교사의 법적 지위

보육교사의 법적 지위에 관련된 법률은 「영유아보육법」, 「대한민국 헌법」, 「사회보장기본법」, 「사회복지사업법」, 「사회복지사 등의 처우 및 지위 향상을 위한 법률」, 「근로기준법」 등에 근거한다(김광병 · 김기화, 2015; 황보영란, 2014). 보육교사는 법적으로 교원으로 규정되어 있지 않아 「근로기준법」의 근로 조건 기준, 기본 생활 보장과 향상 등이 보육교직원의 근로 조건과 신분 보장에 대한 법적 근거이다(서영숙 외, 2014). 즉, 법적인 측면에서 보육교사는 근로자로서의 지위를 가진다.

2) 보육교사의 권리와 의무

보육교사의 법적인 지위는 근로자이지만, 보육현장에서는 교원의 역할을 주요하게 담당하고 있는 것은 사실이다. 교직의 본질인 전문성, 공공성, 근로성에 근거한 영유아 교사의 권리와 의무는 다음과 같다(백명희, 1997; 송영미, 2017에서 재인용).

〈표 15-4〉 영유아 교사의 권리와 의무

교직의 본질	교직의 특성	교육 · 보육상 권리	교육 · 보육상 의무
전문성	• 인간 가치의 실현 • 사회 개혁과 발전 • 학습자의 능력과 소질을 최대한으로 개발	• 교육 · 보육과정 편성 및 운영권 • 교재의 선택 · 결정권 • 교육 · 보육내용 및 방법 결정권 • 영유아 지도권 • 영유아 평가권	• 엄격한 표준 유지의 의무 • 연수의 의무 • 윤리강령 제정과 자율적 규제의 의무

교직의 본질	교직의 특성	교육 · 보육상 권리	교육 · 보육상 의무
공공성	• 교육받을 기회 • 교육의 기회균등 • 종교적 · 정치적 · 행정적 중립	• 신분상의 권리 – 신분보장권 – 소송제기권 – 불체포특권 • 재산상의 권리 – 보수청구권 – 실비변상청구권 – 복지 및 후생 요구권	• 신분상의 의무 – 비밀 엄수의 의무 – 품위 유지 청렴 의무 – 정치 활동 금지 의무 – 집단 행위 금지 의무 – 영리 행위 금지 의무 – 성실의 의무
근로성	• 개인으로서의 지위 • 집단을 통한 지위	• 노동에 대한 권리 • 단체 결성권 • 근무 조건 개선 요구권	• 근로 조건 준수 의무 • 충실 의무

위의 표에서 제시한 영유아 교사의 교육 · 보육상 권리 가운데 보육교사는 신분보장권과 불체포특권을 제외한 모든 권리가 보장된다. 그러나 많은 보육교사는 자신이 가지는 권리에 대해 잘 인지하지 못하고 있다.

현재 보육교사는 하루 평균 9시간 58분 근무하며, 성인을 위한 휴게 공간과 휴게 시간이 마땅하지 않아 체력적 · 정서적으로 무리하게 된다. 이러한 근무 실태에 대한 요구와 관련하여 보육교사 휴게 시간을 의무화하는 개정 「근로기준법」(2018. 7. 1. 시행)이 마련되었으나 현장에 대한 충분한 고려가 다소 부족한 실정이다(중앙일보, 2018. 6. 30.). 전반적인 보육교사의 근무 여건 향상을 위해서는 현장의 보육교사가 자신의 목소리를 내야 하며, 이를 기반으로 한 추가적인 지원책이 마련되어야 한다.

3. 보육교사의 책무와 권리 관련 현장사례 분석

보육교사에게는 학급 운영 및 업무에 대한 책임이 부과되는 동시에 보장받아야 할 권리도 있다. 다음에서 제시하는 사례 분석을 통하여 보육현장에서 마주하게 되는 교사의 책무와 권리 관련 딜레마 상황을 인식하고, 보육교사 윤리강령을 토대로 좀 더 바람직한 의사결정을 내리는 데 도움을 받을 수 있을 것이다.

분석해 봅시다

❖ 보육교사의 책무와 권리 현장사례 분석

1 제시된 현장사례를 읽어 보세요.
2 7장에서 배운 현장사례 분석의 틀을 활용하여 분석해 보세요.

아동학대 영상

내가 근무하는 인천의 ㅇㅇ 어린이집은 한창 인천 내 어린이집 아동학대 사건이 보도될 당시부터 CCTV를 설치하였다. 교실 내에 설치된 CCTV는 마치 교사를 감시하기 위한 용도라는 생각이 들어 나와 동료 교사들은 매우 부담스러운 감정을 느끼는 것은 사실이나 학부모의 요구를 넘어서 법으로 제정된 만큼 피할 수는 없는 문제라 생각된다.

요즘 뉴스에서 보도되고 있는 아동학대 CCTV 영상을 보면 많은 생각이 든다. 정말 저 교사가 아동을 학대한 것일지, CCTV가 있다는 것을 알고 있었을 텐데 정말 그랬을지, 아니면 음성지원이 되지 않기 때문에 교사의 행동이 잘못 비추어져 오해를 부른 것은 아닌지 많은 생각이 든다. 사실 CCTV가 있기 때문에 교사의 스킨십이나 순간적인 실수들이 아동학대로 비추어질 수도 있는 부분도 있다고 생각한다. 살짝 그 아이를 잡은 것인데 마치 세게 잡아당겨 넘어진 것처럼 보일 수도 있다.

실제 뉴스에서 보도된 CCTV 영상이 사실 여부가 판명이 안 된 상태에서 보도가 되는 경우도 있고, 조사하고 보니 학대가 아니었음에도 불구하고 이미 보도가 된 이후여서 어린이집에 대한 안 좋은 인식이 생겨 문을 닫는 경우 또한 많다고 들었다. CCTV가 이처럼 일방적으로 교사를 감시하고, 교사의 잘못된 점을 잡는 데에만 사용되는 용도로 전락된다면 어린이집 교사의 권리인 아이들을 잘 지도할 권리, 돌볼 권리 등이 오히려 침해당할 수 있다고 생각한다. (교사면담, 2013. 5. 21.)

출처: 임수정 · 이일랑 · 이대균(2013). CCTV와 함께 생활하는 유아교사 이야기, p. 444 재구성.

▶ 현장사례 분석

<table>
<tr><th colspan="4">분석 노트</th></tr>
<tr><td colspan="2">① 기본 정보</td><td colspan="2"></td></tr>
<tr><td colspan="2">② 사례에
나타난 문제</td><td colspan="2"></td></tr>
<tr><td rowspan="5">③ 사례
관련
인물</td><td>관련 있는
사람</td><td colspan="2"></td></tr>
<tr><td rowspan="4">인물별
관점</td><td></td><td>–</td></tr>
<tr><td></td><td>–</td></tr>
<tr><td></td><td>–</td></tr>
<tr><td></td><td>–</td></tr>
<tr><td rowspan="2">④ 관련
지식</td><td>관련
이론</td><td colspan="2"></td></tr>
<tr><td>관련
윤리강령</td><td colspan="2"></td></tr>
<tr><td colspan="2">⑤ 교사의
해결방안 검토</td><td colspan="2"></td></tr>
<tr><td colspan="2">⑥ 토론자 입장에서
대안 모색</td><td colspan="2"></td></tr>
</table>

❖ 다시 생각해 보기

1 사례에 나타나는 인물과 관련 있는 윤리강령을 모두 찾아보세요.

2 사례에 나타난 교사의 입장에서 생각해 봅시다. 교사의 해결방안은 무엇이었나요? 현장사례의 관련 인물 중 누구의 이익을 보장하고, 누구의 이익을 보류하였나요?

3 〈사회에 대한 윤리〉를 읽어 보고, 빠뜨린 윤리강령이 있는지 생각해 봅시다.

4 그중에서 가장 중요하게 고려해야 할 윤리강령은 무엇인지, 해당 윤리강령에 기초한 해결방법에 대해 이야기 나누어 보세요.

〈사회에 대한 윤리〉

① 공보육에 대한 책임을 인식하고, 항상 질 좋은 보육 서비스를 제공한다.

② 영유아의 안전을 위협하는 환경이나 정책이 발견될 시, 관계기관과 협의하여 개선한다.

③ 공적 책임이 있는 시설로서 재정의 투명성을 유지하고, 부정한 방법으로 사적 이익을 취하지 않는다.

④ 영유아의 권익보호를 위해 관련 정책 결정 및 법률 제정에 적극 참여하며, 사회적으로 이를 널리 알리는 데 앞장선다.

⑤ 지역사회 실정에 맞는 시설의 책임과 역할을 인지하고, 실천하고자 노력한다.

TIP!

다음에 제시된 예는 매스컴에서 학대와 관련된 이슈가 나왔을 때 겪는 보육교사의 딜레마 상황에서 보육교사의 책무와 권리를 고려한 분석의 예이다.

<table>
<tr><th colspan="4">분석 노트</th></tr>
<tr><td colspan="2">① 기본 정보</td><td colspan="2">• 아동학대 사례 • 아동학대에 대한 교사의 이해</td></tr>
<tr><td colspan="2">② 사례에 나타난 문제</td><td colspan="2">• CCTV로 인해 보육교사가 갖는 스트레스
• 교사로서 할 수 있는(혹은 해야 하는) 훈육 범위에 대한 고민</td></tr>
<tr><td rowspan="4">③ 사례 관련 인물</td><td>관련 있는 사람</td><td colspan="2">• 보육교사 • 학부모 • 영유아</td></tr>
<tr><td rowspan="3">인물별 관점</td><td>보육교사</td><td>– 학대 관련 기사가 나올 때마다 위축감이 듦
– 나의 행동이 학대처럼 보이지 않을까 걱정하게 됨
– CCTV는 마치 교사를 믿지 못하기 때문에 설치하는 것으로 느껴짐</td></tr>
<tr><td>학부모</td><td>– 보육교사를 신뢰하기는 하지만 만에 하나라도 내 아이가 위험한 상황에 노출될까 두려움</td></tr>
<tr><td>영유아</td><td>– 위험한 상황에 처하거나 부당한 대우를 받아도 적절한 대상에게 도움을 요청하기 어려움
– 부모가 어린이집에 갈 때마다 걱정하는 것이 느껴져 어린이집 가는 것이 걱정스러움</td></tr>
<tr><td rowspan="2">④ 관련 지식</td><td>관련 이론</td><td colspan="2">• 아동 학대에 대한 정의 • 보육교사의 책무와 권리
• 아동의 권리</td></tr>
<tr><td>관련 윤리강령</td><td colspan="2">〈사회에 대한 윤리〉
① 공보육에 대한 책임을 인식하고, 항상 질 좋은 보육서비스를 제공한다.
② 영유아의 안전을 위협하는 환경이나 정책이 발견될 시, 관계기관과 협의하여 개선한다.</td></tr>
<tr><td colspan="2">⑤ 교사의 해결방안 검토</td><td colspan="2">학대처럼 보일 수 있는 행동을 가급적 하지 않으려고 함</td></tr>
<tr><td colspan="2">⑥ 토론자 입장에서 대안 모색</td><td colspan="2">• 아동 학대에 대한 이론적인 지식뿐만 아니라 실제적인 행동지표에 대한 내용을 습득하여 보육현장에서 적용함
• CCTV는 교사를 감시하기 위한 도구가 아니라 나를 보호하는 장치로 인식을 전환함
• 보육교사로서 마땅히 해야 할 책무에 대해 인식하고 적절한 방법으로 영유아와 상호작용하며, 오해의 소지가 생겨 갈등 해결이 불가피한 경우 자신의 행동에 대한 소명의 도구로 CCTV의 자료를 사용할 수 있음</td></tr>
</table>

※ 현장사례에서 절대적으로 옳은 단 하나의 해결방안은 결코 있을 수 없다. 딜레마 상황에서 보육교사는 그 순간에 최선이라고 생각하는 해결방법을 모색해야 하고, 그 해결방안이 적절했는지를 끊임없이 반성적 사고를 통해 되돌아봐야 한다. 이때 보육교사는 영유아의 목소리에 귀를 기울였는지, 영유아의 목소리를 대변하고 있는지를 항상 고려하는 것이 필요하다.

C·H·A·P·T·E·R 16

확장활동을 위한 현장사례

본 장에서는 앞에서 다룬 현장사례 외에 여러 가지 현장사례를 제시하였다. 이는 예비보육교사가 경험하지 못한 현장의 이야기를 간접적으로나마 다양하게 경험하는 데 그 목적이 있다. 본 장에 제시된 사례에 등장하는 기관명, 학급명, 유아 및 교사의 이름은 모두 가상의 것이며, 이해를 돕기 위해 발췌한 사례를 재구성하였음을 밝힌다.

확장활동

1. 3~4인이 팀을 이루어 실제 영유아보육현장의 교사가 경험하는 어려움은 무엇인지에 대해 이야기를 나눠 보세요.
2. 가장 이슈가 되는 이야기로 현장사례를 작성해 보세요.
3. 다른 팀과 작성한 현장사례를 바꾸어 읽고, 분석해 보세요.

▶ 선택한 현장사례

▶ 분석의 초점

▶ 현장사례 분석

<table>
<tr><th colspan="4">분석 노트</th></tr>
<tr><td colspan="2">① 기본 정보</td><td colspan="2"></td></tr>
<tr><td colspan="2">② 사례에 나타난 문제</td><td colspan="2"></td></tr>
<tr><td rowspan="5">③ 사례 관련 인물</td><td>관련 있는 사람</td><td colspan="2"></td></tr>
<tr><td rowspan="4">인물별 관점</td><td></td><td>–</td></tr>
<tr><td></td><td>–</td></tr>
<tr><td></td><td>–</td></tr>
<tr><td></td><td>–</td></tr>
<tr><td rowspan="2">④ 관련 지식</td><td>관련 이론</td><td colspan="2"></td></tr>
<tr><td>관련 윤리강령</td><td colspan="2"></td></tr>
<tr><td colspan="2">⑤ 교사의 해결방안 검토</td><td colspan="2"></td></tr>
<tr><td colspan="2">⑥ 토론자 입장에서 대안 모색</td><td colspan="2"></td></tr>
</table>

1. 피해 의식을 가지고 있는 부모

현재 두 아이의 엄마이고 어린이집 교사 경력 9년 차인 나는 누구보다 학부모들과의 관계에 자신 있다고 생각했었다. 그런데 이 생각을 바꾸게 하고 나를 딜레마에 빠지게 한 일이 발생하였다. 우리 반에 경희라는 남자아이가 있었다. 그 아이는 전년도에도 내가 가르쳤던 아이로 매사에 자신감이 없고 소극적인 그런 아이였다. 경희네 가정은 경제적으로 넉넉한 편은 아니었고 부모님은 자신의 집이 잘살지 못하기 때문에 교사들이 자신을 무시한다는 이상한 피해 의식을 가지고 있었다.

2학기 들어 경희는 툭하면 지각하기 일쑤였다. 왜 늦었냐고 물으면 엄마가 성당 가는 길에 데려다주기 때문이라고 하였다. 어떤 날은 대집단활동을 하고 있을 때 등원하여 아이들과의 활동이 끊기곤 했었다. 아이들은 늦게 들어오는 경희를 이상한 듯 쳐다보았고 가뜩이나 자신감 없는 경희의 고개는 더 숙여져만 갔다. 나는 경희가 안쓰러웠다.

어느 날인가는 늦게 들어오는 경희의 머리가 까치집처럼 뻗쳐서 내가 봐도 너무 우스웠다. 아니나 다를까 그 모습을 본 아이들은 일제히 웃었고 경희는 얼굴이 빨개졌다. 돈이 드는 일도 아니고 조금만 신경 써 주면 될 텐데 하는 마음에 경희 어머니가 원망스럽기까지 하였다. 1학기 야외 학습 때는 김밥 대신 가게에서 파는 빵과 우유를 싸 와서 나를 당황하게 했고 아이들이 혹시 놀릴까 봐 자연스럽게 내 김밥을 나누어 먹기도 했다. 한 달에 한 번씩 있는 도시락 먹는 날에도 경희 반찬을 보면 꼭 한 가지만 싸 오는 데다 어른이 먹기에도 너무 맛없어 보이는 반찬이었다. 옆 친구 반찬을 흘깃 쳐다보며 억지로 먹는 경희의 모습이 지금도 선하고 마음이 아프다. 마음 같아서는 당장 어머님께 말씀드리고 싶었으나 괜히 상대가 무안해하거나 관계가 불편해질까 봐 그냥 넘어갔다.

그러던 어느 날 경희 어머니가 전화를 해서 경희의 어린이집 생활에 대하여 질문을 하였다. 나는 '바로 이때다' 생각하고 요즈음 경희의 생활에 대해 간단히 이야기한 후 부탁 차원에서 머리 이야기만 하였다. 반찬 이야기도 하고 싶었지만 경제적인 문제일 수도 있을 것 같아서 그만두었다.

그리고 열흘쯤 지났을까. 어린이집이 끝나고 경희 어머니가 전화를 해서는 다른 아이들이 경희 반찬을 보고 놀려서 집에 오자마자 경희가 울었다고 했다. 그날 모처럼 돈가스와 멸치를 보냈는데 통 속에서 마구 섞여 지저분해 보이니까 아이들이 거지 같다고 놀린 모양이었다. 경희 어머니는 그렇지 않아도 지난번에 들은 이야기도 있고 해서 자신들의 생활 때문에 경희가 어린이집에서 무시를 당하고 있다고 생각하고 아주 흥분된 상태였다. 경희 어머니는 숟가락 하나만 들려 보내도 괜찮은 그런 곳에 보내야겠다며 전화를 일방적으로 끊어버렸다.

나는 전화를 끊고 한동안 멍청하게 앉아있었다. 경희를 위해서는 어떤 식으로든 설득을 시켜야 하는 건지, 내가 어떻게 해야만 현명한 행동인지... 정말 머리가 복잡하고 너무나 자존심이 상했다. 내가 왜 이런 대접을 받아야 하는지 모르겠고 도대체 어린이집을 어떻게 생각하면 그럴 수 있을까 하는 생각과 함께 회의감마저 들었다.

그래도 나는 경희 때문에 마음이 쓰여서 다시 통화를 하였지만 경희 어머니의 생각에는 변함이 없었고 결국 퇴원 처리가 되었다. 나는 이 일을 겪으면서 열등감이 있는 부모는 어떻게 대하는 것이 좋은지 생각하게 되었다. 내가 경희를 위해 솔직히 이야기했을 때 과연 상대의 기분은 어땠을까? 교사로서의 내 마음을 어머님이 과연 액면 그대로 받아들일 수 있었을까? 내가 지나치게 내 입장에서만 생각한 것은 아닐까? 내가 경희 어머니의 마음을 결정적으로 헤아리지 못한 부분은 무엇일까? 아무튼 시간이 지난 지금도 그 일을 뒤돌아보면 뭔가 개운치 않고 내 교사 생활에 있어서 오점을 남긴 것 같은 생각을 떨쳐 버릴 수가 없다.

출처: 박은혜(2003). 유아 교육기관에서의 현장사례집. 이화여자대학교 사범대학. pp. 37-39.

2. 교사를 무시하는 어머니

내가 근무하는 어린이집은 대학 부속기관이며, 나는 4년째 재직 중이다. 이에 교직원 자녀가 몇 명 있는데, 학부모가 학교 선배일 경우 곤란함을 느낄 때가 가끔 있다. 그래서 학교 선배인 학부모에게 입학 당시 학부모 오리엔테이션을 할 때 교사가 나이가 어리고 학교 후배일지라도 자신의 아이를 가르치고 있는 교사라는 점을 인지하고, 예의를 갖출 것과 항상 존댓말을 사용해 줄 것을 부탁드린다. 선배라고 할지라도 이를 잘 지키고 교사에게 예의를 갖추는 분이 있는가 하면, "내가 선배니까 나중에 저녁 한번 살게." 식으로 교사를 쉽게 생각하는 학부모도 있다.

지금부터 내가 소개하는 사례는 현재 우리 반에 다니고 있는 한 남자아이의 어머님과 일어났던 일이다. 이 어머님은 현재 대학 교직원으로 계시며, 내가 대학을 다닐 때도 강사, 조교로 일하셨던 분이다. 따라서 어린이집의 교사들을 거의 대부분 알고 있었고, 그 조카가 우리 어린이집을 졸업했기 때문에 어린이집 상황에 대해서도 어느 정도 알고 있는 상태로 아이를 어린이집에 입학시켰다.

처음 이 어머님과 갈등을 초래한 사건은 작년 12월이다. 입학에 관련된 서류를 받아 가시라고 전화를 드렸다. 그랬더니 "내가 요새 좀 바빠서 그런데 선생님이 좀 가지고 있으면 안 될까?" 하는 것이었다. 그래서 "잠깐 내려오시면 되는데요. 제가 가지고 있긴 좀 곤란하네요." 했더니 다른 교사의 이름을 대면서 "그럼 ○○○선생님한테 부탁할까?" 하는 식이었다. 이에 며칠까지 서류를 가져가시라는 말을 남기고 전화를 끊었다.

이 당시는 입학 전이기 때문에 처음부터 안 좋은 인상을 주지 않기 위해 어머님의 요구대로 해 주었다. 입학 후 오리엔테이션을 받은 다음부터는 어휘 사용에 약간의 변화는 있었으나, 예의를 갖춰서 말을 하거나 인사를 하지는 않았다. 더욱이 어린이집이 아닌 학교 교내에서 마주치게 되면 "퇴근해? 데이트 가?" 등 여전히 반말을 쓰는 것이었다. 교사들과 원감선생님에게 이런 일에 대해 상의를 드렸고 원감선생님이 이 어머님께 따로 말을 하기로 했다. 그리고 정기 부모교육 시간에 다시 한번 존댓말 사용과 예의를 갖춰 줄 것에 대해 공지를 했다.

그러나 그날 이후부터는 교사들이 이 어머님 대하기를 꺼리게 되었고, 꼭 전달해야 하는 사항만 얘기하게 되었다. 이렇게 원만치 않은 상태가 유지되어가면서 1학기 정기 간담회 주간이 되었다. 이 정기 간담회를 위해 부모님들께 어린이의 어린이집 생활을 참관해 보시길 부탁드렸고, 이에 따라 많은 어머님들이 참관실에서 만나게 되었다.

다른 어머님들이 서로 아이들의 놀이 형태와 교사의 행동에 대해 이야기하면서 “왜 저렇게 하지?”라는 의문을 내놓자 이 어머님이 “내가 여기 교사랑 어린이집 방침을 잘 아는데, 아마 ~해서 그럴 거예요.” 하는 식으로 자신의 추측을 마치 진실인 것처럼 이야기해 오해가 생기게 되었다. 그뿐만 아니라 다른 어머님들에게 “○○는 매일 다른 아이들을 때려서 혼나더라, ○○는 발표도 안 하고 앉아만 있더라. 저 선생은 ○○한테만 관심을 보이더라.” 등 별로 하지 않아도 될 말과 해서는 안 될 말들을 해서 다시 문제가 발생했다.

이에 어머님들이 간담회 시간에 들어와서는 “내 애가 정말 그런가요?”, “누가 그러던데 선생님이 ~게 했다던데 그러지 않으면 좋겠어요.” 등 정확한 근거가 없는 이야기를 많이 들을 수 있었다. 이런 이야기가 오가면서 이 어머님 차례가 되었다. 그런데 이 어머님은 자신이 했던 이야기를 마치 다른 어머님들이 한 것처럼 반대로 이야기하는 것이었다. 그래서 이 어머님께 참관실에서 하는 이야기가 돌고 돌아 교사들에게 다 전달된다고 말하면서 다른 아이에 대해 평가하는 것이 얼마나 조심스럽고 어려운 일인지를 말씀드렸다. 그때서야 그러냐고 하면서 참관실에서 있었던 일들을 더 이상 말하지 않았다.

나는 간담회를 빌어서 그동안 이 아이의 어린이집 생활에 대해 이야기하면서, 그중에서 이 어린이가 사투리를 심하게 사용할 뿐만 아니라(이 어머님도 사투리를 사용함), 말의 속도가 빨라 의사소통에 어려움이 있다고 말을 하자마자 “식구들 모두 사투리(경상도 사투리)를 쓰는데 그게 그렇게 고쳐지나?”라고 단정 지어서 말하는 것이었다. 그래서 그게 아니라 천천히 또박또박 이야기하게 해 달라고 부탁드렸다. 그러나 이 어린이는 지금까지도 1학기 초와 별로 달라진 게 없다.

2학기가 되면서 어린이들이 친구에게 관심을 갖게 되고 서로 "우리 친구 하자." 라는 말을 쓰면서 함께 어울려 놀려고 한다. 그러나 이 아이가 사투리를 쓴다는 이유로 아이들에게 '이상하게 말하는 애'로 낙인되고 말았다. 이 아이와 같이 놀려고 하지도 않으며, 말도 잘 시키질 않아 항상 혼자 놀이하는 것을 볼 수 있었다.

이런 일들이 반복되자 이 어머님께서 자신의 아이가 어린이집에 가기 싫어하는데 그게 마치 교사가 아이들을 잘못 지도해서 그렇다는 식으로 얘기를 하는 것이었다. 또한, 이 무렵에 어린이집에서 모든 학부모를 대상으로 부모교육의 횟수 및 주제에 대한 설문조사를 실시했었는데, 전체 학부모 중 이 어머님 혼자만 부모교육을 하지 않았으면 좋겠다는 응답을 내놓았다. 이에 이 부모님에 대한 생각이 더 부정적으로 바뀌게 되었다. 이후에 이 어머님께 아이들 사이에서 어떤 일들이 일어났었는지를 솔직하게 말씀드렸다. 그랬더니 앞으로는 신경 쓰겠다는 말과 함께 나한테도 부탁하겠다는 말을 남기고 돌아가셨다.

어린이집에서 아무리 좋은 부모교육을 마련한다고 하더라도 교사와 부모의 관계가 원만치 않다면 부모교육 시간에 참여하지도 않을뿐더러 아무런 효과가 없다는 것을 느낄 수 있었다. 부모교육 주제를 선정하는 것보다 부모님에게 어린이집과 교사에 대한 기본적인 신뢰감을 형성시켜 주는 것이 우선되어야 할 것 같다.

출처: 박은혜(2003). 유아 교육기관에서의 현장사례집. 이화여자대학교 사범대학. pp. 40-43.

3. 교사를 신뢰하지 않는 학부모와의 관계

준현이를 처음 본 것은 내가 어린이집에 초임교사로 들어온 해였다. 준현이는 만 2세 때 처음으로 어린이집에 들어왔는데 준현이의 어머니는 어린이집에 특별한 요구를 하는 것으로 유명하였다. 그 요구는 기관 차원에서 수용하기 어려운 내용(죽은 전복죽으로 먹었으면 좋겠다/우리 아이의 점심은 특별히 면으로 준비해 주었으면 좋겠다 등)이었으며, 그 요구들이 수용되지 않을 경우 교사의 행동에 꼬투리를 잡아 '실망스럽다'거나 '신뢰를 잃었다'고 이야기를 하는 경우도 많았다.

준현이는 외동아들로 체격에 비해 체력이 약한 편이고, 행동과 말이 거칠어 또래와의 관계에서 어려움을 겪는 편이다. 또한, 맞벌이하는 바쁜 부모님의 스케줄 때문에 다른 어린이보다 어린이집에서 지내는 시간이 긴 편이며, 오전/오후 통합 보육실에서 등 · 하원이 이루어지기 때문에 어머니와 교사가 면대면으로 마주칠 기회가 드물다.

현재 우리 학급은 만 5세 유아반으로 남아 11명, 여아 9명 총 20명으로 구성되어 있다. 올해 신입생으로 들어온 남아 1명을 제외하고는 대부분이 어린이집을 3년 이상 재원하고 있으며 그중 8명은 만 1세 때부터 재원하고 있다. 그러나 오랜 재원 기간에도 불구하고 작년 학급(만 4세)에서 기관과의 학급 운영(장애통합 운영 관련)에 관한 갈등으로 인해 전반적으로 기관과의 관계가 원만하지 않은 학부모가 대부분이다. 준현이의 경우 만 4세 때 해당 학급은 아니었으나 전반적인 학부모의 분위기가 이러한 터라 준현이가 우리 반에 배정된 것을 보았을 때 부모와의 관계 측면에서 마음이 많이 무거웠던 것이 사실이었다.

예상과는 다르게 처음 3, 4월은 준현이도 즐겁게 어린이집을 다니고 준현이 어머니와 우호적인 관계로 잘 지냈다. 그러나 학기 중반으로 갈수록 다른 어린이보다 땀을 많이 흘리는 체질인 준현이는 감기나 몸살에 걸리는 등 컨디션이 좋지 않은 날이 많아졌다. 때문에 준현이의 건강관리를 위해 어머니께 부탁하는 이야기를 하는 일이 많아졌고, 학급에서도 준현이의 건강관리를 위해 특별히 신경을 기울이고 있었다. 그런 와중에 '아이가 이렇게 힘들어하는데 일주일에 하루쯤은 일찍 하원하거나 집에서 좀 쉬게 할 수는 없는 걸까?'라는 생각이 드는 것도 사실이었다.

그렇게 5월이 되어 어버이날이었다. 대부분의 어린이들은 일찍 하원하고 준현이를 통합보육실에 데려다주고 교사실에 내려왔는데 잠시 후 당직교사에게 전화가 한 통 왔다. 준현이가 팔을 심하게 긁어서 봤더니 팔 안쪽에 발진이 생겼다는 것이었다. 곧바로 올라가 준현이의 상태를 살펴보았더니 팔 안쪽에 희미하게 붉은 발진이 올라오고 있었다. 평소에도 땀을 많이 흘리기 때문에 땀이 많이 나는 부위를 살펴보았더니 목 뒤쪽과 팔 안쪽에 발진이 올라와 있었고, 배와 등, 다리 부분에는 이상이 없었다. 그래도 혹시 몰라 준현이를 교사실에 데려와 원장선생님께 보여 드렸더니 '땀띠'인 것 같다고 하셨다. 발진이 심하지 않아 발진이 일어난 부분을 물수건으로 닦아 주고 통합보육실에 다시 데려다주며, 당직교사에게 준현이의 상태를 계속 확인하고 준현이의 상태에 대해 어머님께도 전달해 달라고 부탁하였다.

교실을 정리하고 있는데 밖에서 소리가 나서 보니 준현이 어머니와 준현이가 복도에 와 있었다. 다른 전달사항을 간단히 전하며 "어머니, 준현이가 오늘 땀을 많이 흘려서 그런지 팔 안쪽이랑 목 뒤쪽에 땀띠가 올라온 것 같아요. 살펴봐 주세요."라고 준현이의 상태에 대해 전달하며 하원지도를 하고 퇴근하였다.

문제는 퇴근하고 난 다음에 벌어졌다. 어린이집에서 준현이 어머니로부터 전화가 왔었다며 전화 연결을 부탁한다는 것이었다. 가던 길을 되돌아 어린이집에 와 보니 이미 그동안 준현이 어머니에게 여러 번 전화가 왔다는 이야기를 듣게 되었다. 숨도 고르지 않고 퇴근했다가 다시 돌아왔다며 준현이 어머니에게 전화를 하자 준현이 어머니는 아이 상태가 심각한데 어린이집에서 아무런 조치도 취하지 않고, 아이 상태에 대해 교사가 충분히 설명하지도 않았다며 교사의 이야기는 듣지도 않고 폭언을 퍼부었다. 많이 당황스러웠지만 준현이의 상황에 대해서는 아까 하원하면서 말씀드렸고 그때는 심각하지 않았으며, 지금 상황이 어떤지에 대해 잘 알지는 못하지만 걱정이 된다는 말씀으로 전화를 끊었다. 나름대로 차분히 전화를 받았다고 생각은 했지만 당황스럽기도 하고 한편으로는 '어떻게 아까 얘기할 때는 제대로 듣지도 않고 확인해 보지 않고 한 시간도 더 지난 다음에 확인하고 이렇게 나한테 일방적으로 화를 내나.' 하는 마음에 불쾌하고 화가 나기도 했다.

다음날 준현이는 두드러기가 심하다는 이유로 등원하지 않았고, 점심 무렵 교실로 준현이 어머니의 전화가 연결되어 왔다. 전화를 받은 것은 우리 반의 다른 담임선생님이었는데 그 선생님이 전화를 받자마자 애 상태가 이런데 전화도 한 통화 없냐며 따져 물었다. 이미 서무선생님, 원감선생님에게 전화로 어린이집의 응급대처 시스템은 어떻게 되는 것이냐, 교사가 책임을 다하지 않은 것 아니냐며 한바탕 따지고 난 후였다.

낮잠 시간이 되어 원장선생님께서 나에게 상황 설명을 들으신 후 준현이 어머니에게 전화를 걸어 전반적인 상황에 대해 이야기를 나누셨다. 그 와중에 준현이 어머니께서 "어린이집에 실망했다, 교사에 대한 신뢰를 잃었다."라는 이야기를 하셨다는 것을 알게 되었다. 준현이의 상태가 걱정되는 것도 사실이었지만 그보다 하원지도를 한 것도, 처음 전화를 받은 것도 나였기 때문에 이런 상황에 대해 어떻게 대처해야 할지 난감했고 다시 준현이가 등원하게 되는 상황을 상상만 해도 몸서리가 쳐졌다.

다행히 원장선생님께서 상황을 잘 정리해 주신 덕분에 일단락이 되기는 하였으나, 그 이후로 2달 동안 준현이는 어린이집에서 먹을 음식을 따로 준비해 왔고, 준현이 어머니도 매일 일일보고서에 준현이의 두드러기에 관해 글을 남기는 상황이 지속되었다. 준현이가 싸 오는 개인 음식 때문에 다른 아이들과 트러블이 생기기도 했지만, 그렇게 관리를 하면서 준현이의 컨디션은 점차 나아졌고 한동안은 반일만 지내던 어린이집에서 지내는 시간도 다시 길어졌다.

이 사건 이후 '교사다움'을 잃지 말라는 원장선생님의 말씀에 따라 아무 일 없었다는 듯이 준현이와 준현이 어머니를 친절하게 대하고 있지만, 여전히 불현듯 '나는 학부모의 신뢰를 잃은 교사'라는 생각이 들어 자괴감이 들 때가 있다. 또한, 신뢰하지 않는다면서도 여전히 양육의 책임을 전적으로 교사에게 떠넘긴다는 생각을 지울 수가 없다. '그렇게 못 미더우면 본인이 키우시든지!'라는 못된 생각이 드는 것도 사실이다.

이런 학부모와의 갈등 상황에도 나는 '교사'이기 때문에 학부모의 요구를 수용해야 하는 것인지 고민이 되기도 한다. 교사의 책임은 과연 어디까지인 걸까? 또한, 교사를 신뢰하지 않는 학부모와 어떤 관계를 유지해야 하는 걸까?

출처: A 어린이집 내부 장학을 위한 사례 모음.

4. 외국인 아이의 적응

만 3세 종일반 10월 초, 우주이가 우리 반에 들어왔다. 우주이는 어린이집에 오기 전에 기관에 다녀 본 경험도 없고 또래 친구들과 놀이를 해 본 경험도 거의 없다고 했다. 시골에서 할머니가 계속 우주이를 키워 주셨기 때문에 접해 보지 못한 다양한 놀잇감에 관심이 많았다. 신입원아인 우주이의 가장 큰 특징은 중국에서 태어나고 자라서 한국말을 전혀 하지도 알아듣지도 못한다는 것이다. 부모님도 중국 분이라서 한국말로 의사소통이 전혀 불가능하고 간혹가다 영어로 조금씩 의사소통을 하고 있다.

우주이가 처음 우리 반으로 온다는 이야기를 들었을 때부터 조금 막막했다. 말로 의사소통이 가능한 어린이도 기관을 처음 오면 적응하기가 힘든데, 교사와 친구들이 하는 말을 전혀 알아듣지 못하는 우주이가 적응을 할 수 있을까 걱정스러웠다. 우주이가 어린이집에 처음 온 날, 엄마와 헤어져 교실로 쉽게 들어왔고 낯설어하거나 울지 않고 잘 지내서 조금 안심을 했다. 하지만 우주이의 적응 기간이 끝나고 친구들과 교실에 함께 있는 시간이 길어지니 문제가 하나둘 씩 생기기 시작했다. 친구들의 이야기를 알아듣지 못하는 우주이는 친구들이 전시하기 위해 만들어 놓은 작품을 정리해 버리기도 하고, 친구가 가지고 놀던 놀잇감을 빼앗아 가기도 했다. 아이들이 “내가 쓰던 거야.”, “그거 전시할 거야. 내 거야.”라고 여러 번 이야기해도 우주이가 알아듣지 못하고 힘으로 놀잇감을 뺏으려고 하자 아이들도 우주이와 몸싸움을 하기 시작했다. 아이들도 우주이가 자기가 열심히 만든 작품을 마음대로 정리해 버리고 아이들이 쓰던 놀잇감을 말도 하지 않고 가져가니 화를 내기도 하고 속상해하며 울기도 했다. 처음에는 아이들에게 우주이가 우리 반에 온 지 얼마 되지 않았고 우주이는 한국말을 하지 못해서 너희가 하는 말을 알아듣지 못하니 조금 이해해 주자고 했다. 하지만 이런 일이 하루에도 여러 번 반복되니 우주이의 편만 들 수가 없었다. 나도 중국어를 전혀 하지 못해서 우주이에게 “안돼. 하지 마.”라고 단호하게 이야기하면서 고개를 좌우로 흔들거나 손으로 엑스표를 만들어서 우주이에게 하면 안 된다는 것을 전달할 수밖에 없었다. 우주이가 화난 표정을 지으며 뭔가를 나에게 이야기하려고 했지만 내가 알아들을 수가 없어서 나도 우주이도 답답한 상황이 자주 일어난다.

다섯 살 어린이들이 다른 사람의 입장에서 생각하는 것이 쉽지 않을 것을 알기 때문에 계속해서 우주이를 이해해 주자고 할 수도 없고 이런 일이 반복되면 우주이와 아이들의 또래 관계에도 문제가 생길 것 같아 걱정이 된다. 그렇다고 우주이에게 안된다고 이야기를 하려니 왜 안되는지 이유를 말해 주지는 않고 무조건 단호한 표정으로 안된다고만 말을 하는 것 같아서 마음이 편치 않다. 아직도 적응을 하고 있는 우주이에게 안되는 것만 반복해서 알려 주는 게 아닌가 싶어 고민스러울 때가 많다. 하지만 언어가 해결되지 않는 이상 이런 상황이 자주 일어날 것이고 언어가 해결되는 것이 하루 이틀의 노력으로 되는 게 아니라서 더 고민스럽다.

출처: A 어린이집 내부 장학을 위한 사례 모음.

5. 부모와의 의사소통

정우는 만 5세 학급에 재원하고 있으며, 곧 어린이집을 졸업하고 초등학교에 진학할 예정이다. 만 3세 때 처음 어린이집에 왔으며, 햇빛반에 재원 중인 동생과 함께 어린이집에 다니고 있다. 정우는 어린이집에 오기 전 교내 사회복지관 어린이집에 재원했지만 적응에 어려움이 많아 3개월밖에 다니지 못하였다. 대학 강사인 어머니의 방학 기간에는 어머니와 함께 등 · 하원을 하고 학기 중에는 할머니 또는 할아버지와 등 · 하원을 하고 있다. 정우는 또래에 비해 체격이 크고 체중이 많이 나가는 편이며 조개류, 견과류 등 몇몇 음식에 대해 알레르기 반응을 보인다. 동적인 활동보다는 정적인 활동을 좋아하며, 놀이 시간에 한 자리에서 오랜 시간 놀이하곤 한다.

정우와 만나기 전 학부모 오리엔테이션 날 정우 어머니는 나에게 정우의 대근육 발달이 느린 점에 대한 걱정을 이야기하였다. 학기가 시작되자 나도 정우의 대근육 발달에 대해 주의 깊게 관찰하게 되었다. 하지만 대근육 발달의 문제보다는 다른 점들이 더 많이 눈에 띄기 시작하였다. 우선 정우는 매일 10시에 등원을 하기 때문에 한 해 동안 함께 아침 대집단활동을 한 횟수는 열 번도 되지 않는다. 대집단활동에 참여한다 하더라도 활동이 끝날 무렵에 등원하여 활동과 관련 없는 이야기를 하는 경우가 많다. 게다가 대집단활동이 아이들의 자유놀이로 확장되기 때문에 정우가 또래들의 놀이에 함께하지 못하는 모습이 자주 관찰되었다. 또한, 피곤한 상태로 등원하여 지속적으로 "피곤해요.", "너무 힘들어요." 하고 말하며, 바닥에 눕는 경우가 많다. 나는 학급 내 다른 교사와 상의하여 정우 어머니에게 일찍 등원하는 것의 중요성과 정우가 겪고 있는 어려움에 대해 거듭 설명하였다. 하지만 집이 멀다는 이유로 여전히 10시가 되어야 교실에 도착한다. 또한, 정우 어머니는 부모님을 기다리다가 자정이 넘어서야 잠이 드는 정우를 지도하지 못하고 있었다. 어린이집에서 보다 가까운 곳으로 이사하는 것을 제안해 보았으나 정우가 입학할 초등학교 문제로 이사를 할 수 없다는 대답을 들었다. 자리도 별도로 마련하여 어려운 이야기를 전달한 것이었는데, 별다른 반응이 없어 나는 서운한 마음이 들기도 하였다.

학기 초, 3월이 다 가기도 전에 아이들 사이에서 "정우가 괴롭혀요.", "정우가 내가 만든 것을 무너뜨렸어요." 등 정우에 대한 불만이 들리기 시작했다. 갈등이 생긴 곳에 가 보면 어김없이 정우는 '무슨 일인지 모르겠다'는 표정으로 하던 놀이에 몰입하고 있었다. 체격이 큰 정우는 평소에 친구들과 부딪치거나 친구들의 물건을 망가뜨리는 일이 빈번하였다. 주변을 둘러보지 않고 몸을 부주의하게 움직여 벌어지는 일이다. 처음에는 아이들에게 정우의 실수를 이해해 달라고 설명했지만, 자주 같은 일이 반복되자 정우에게 주변을 둘러보고 조심하여 몸을 움직일 것을 당부하게 되었다. 게다가 교사가 없는 등·하원 시간에 엘리베이터 안, 복도 등의 공간에서 친구를 만난 반가움을 친구의 머리를 잡고 흔들거나 몸을 세게 부딪치는 등의 반응으로 표현하곤 하여 학급 내 학부모로부터 불만 섞인 이야기를 듣기도 하였다. 무엇보다 한 학부모가 정우의 문제 행동의 원인이 통합교육이 이루어지고 있는 우리 반 진우 때문이라고 오해하는 이야기를 듣고 나는 정우의 문제를 해결하는 데 마음이 급해졌다. 하지만 정우는 단호하게 혼을 내어도, 친절하게 설명해 주어도 행동의 변화가 나타나지 않았다. 교사가 훈육을 할 때에도 다른 곳을 바라보거나 듣지 않고 화를 내곤 한다.

또한, 정우는 바른 기본생활습관이 형성되어 있지 않아 이 점이 또래 관계에도 좋지 않은 영향을 주고 있다. 우리 학급 대부분의 어린이들은 스스로 자신의 몸가짐을 바르게 하고 점검할 수 있게 되었다. 하지만 정우는 아직 바지를 올리거나 단추를 바르게 채우는 것을 어려워한다. 3월에는 교사의 조언이 없으면 단추의 순서를 잘못 채우거나 바지의 지퍼를 올리지 않은 채로 있는 경우가 많았다. 화장실에 다녀올 때도 바지와 속옷을 내린 채로 복도에 나와 교사를 깜짝 놀라게 하기도 하였다. 교사가 조언을 해 주면 "엄마가 선생님한테 해 달라고 하라고 했어요." 하며 교사에게 화를 내기도 하였다. 교사들이 정우가 스스로 할 수 있도록 오랜 시간을 기다린 결과 학기 말인 최근에는 혼자 힘으로 할 수 있게 되었으나 여전히 속옷이 보이거나, 단추가 잘못 채워져 있는 날이 많다. 옷 입기, 실내화 신기, 화장실 다녀오기 등을 할 때에도 너무 오랜 시간이 걸려 늘 전이 시간에 가장 마지막으로 교사의 손에 이끌려 오고 친구들은 정우를 기다리고 있을 때가 많다. 그리고 식사 시간을 즐거워하지 않으며, 음식을 입에 물고 가만히 있다가 친구들이 식사를 마친 후 오랜 시간이 지나도 교사 도움 없이는 식사를 마칠 수 없다. 정우는 늘 교사 옆자리에 앉아 교사의 직접적인 지도를 받으며 식사를 하고 있다. 식사 시간이 오래 걸려 정우 어머니는 늘 등원 길에 차 안에서 정우가 아침 식사를 하도록 하고 있다. 교실에 들어올 때도 늘 입 주변에 음식이 묻어 있고, 심지어 입안에 음식을 문 채로 오는 경우도 있었다. 또한, 정우는 평소에 다른 사람과 대화할 때 침이 많이 나와 친구들은 '정우가 나에게 침을 뱉었다'고 속상해한다. 대집단활동 시간이나 놀이에 몰입했을 때도 입에서 침이 나오기 때문에 친구들은 점점 정우를 멀리하고 있다. 개인면담을 통해 평소 정우의 옷차림과 몸가짐이 또래 관계에 영향을 준다는 것을 이야기했지만 어머니는 바쁘고, 집이 멀다는 이유로 별다른 지도를 하지 않고 있어 나를 비롯한 마을반 교사들은 늘 안타까운 마음을 가지고 있다.

1. 시간을 따로 내어 면담까지 하였지만 한 해가 다 가도록 등원 시간을 협조해 주지 않는 학부모, 늘 교사를 보면 잘못을 한 사람처럼 민망해하지만 정작 등원 시간을 지키지 않는데 교사가 더 강요해야 할까?
2. 또래들이 정우와 함께 놀이하지 않으려 하는 것을 혼낼 수만은 없는 상황이다. 때로는 '나도 정우 때문에 힘들고 불편한데 아이들은 오죽할까?' 하는 생각도 든다. 정우가 변하지 않는데 어떻게 또래와 정우 사이를 조율해야 할까?
3. 우리 반 어린이들 중 유일하게 한 해가 지나도 별다른 발전이 없는 정우, 특수교사의 도움도 받아 보았고, 외부의 상담도 받아 보았지만 정확한 문제점과 해결책을 찾지 못한 상황이다. 누가 보아도 문제가 있다는 것을 알 수 있는데 더 이상 어떻게 도움을 주어야 하는 걸까?

출처: A 어린이집 내부 장학을 위한 사례 모음.

6. 특기활동 교사와의 갈등

나는 올해 경력 5년 차로 초임 주임교사이다. 주임교사의 여러 업무 중에서 가장 곤란하고 스트레스를 받는 일은 할머니 선생님을 관리하는 일이다. 우리 기관에는 청소나 다른 업무를 도와주시는 시니어 선생님과 유아반 한문 지도를 해 주시는 할머니 한문 선생님이 오신다. 한문 선생님은 근처 노인복지관에서 일주일에 한 번씩 오셔서 유아들의 한문 지도를 하고 계신다. 한문 선생님은 초등학교 교사 경력이 있는 분이라서 그런지 유아들을 초등학생 대하듯 거침없는 말투를 사용하시는 것 같아 조금 불편하지만 우리 할머니 같기도 하고, 어린 교사가 연세가 있으신 분에게 뭐라고 하기도 불편하여 그러려니 하며 지냈다.

하루는 한문 수업을 하는 동안 교실 뒤에서 수업보조를 하고 있었는데 한문 선생님이 "야! 이렇게 한문 못 쓰고 안 외우면 커서 바보 된다. 커서 한자도 못 읽는 바보가 되면 좋겠어, 안 좋겠어?" 하는 말을 유아들이 수업에 집중을 못 할 때마다 사용하셨다. 처음 들었을 때는 그래도 선생님인데 어떻게 저렇게 말씀하시나 싶어 놀랐는데 자꾸 반복해서 들으니 너무 기분이 상했다. 그래서 한문 수업이 끝나자마자 한문 선생님께 유아들에게 '야'라고 하거나 '바보'라는 말 쓰시지 마시라고 했다. 그랬더니 한문 선생님이 상기된 얼굴로 "주임이라고 이제 나를 혼내네. 아니, 애들이 그렇다는 게 아니라 그렇게 된다는 거라고 말한 것 아니야. 뭐 말도 못 하게 해. 내 말투가 원래 그러니까 내버려 둬요." 하고는 나가셨다. 평소에 유아들에게 사용하시는 말투가 거친 듯해서 조금 못마땅해도 참다가 한 번 지적한 건데 투덜거리며 가는 한문 선생님을 보니 내가 잘못한 것 같고 기분이 상했다.

특별활동을 담당하는 분들에게도 선생님이라고 부르는데, 유아를 대하는 기본적인 말투나 태도도 없이 유아를 가르치러 오나 싶기도 하고 나이가 많은 분들한테 기본을 지적하고 개선하도록 말하는 것이 불편하기도 하다. 그렇다 보니 그분들의 수업을 점검하거나 일거리를 부탁드리는 업무도 점점 더 힘겹게 느껴진다.

출처: 이은주(2014). 어린이집 초임 주임교사의 역할 적응에 관한 사례 연구. 명지대학교 대학원 석사학위논문. p. 42 재구성.

7. 부담스러운 장학 방식

우리 어린이집은 신입교사부터 경력 2년 차 교사까지 한 학기에 한 번 연구수업을 한다. 해당 교사는 내가 가장 부족하다고 생각하는 활동이나 생활지도영역 하나를 선정하여 수업계획안을 원장선생님과 반복적으로 피드백을 주고받으면서 수정해서 쓰고 계획안이 확정되면 수업준비를 하며, 연구수업을 할 때에는 원장선생님을 비롯하여 고경력 선생님들이 참관하면서 수업에 대하여 피드백을 한다. 내가 신입교사로서 처음 연구수업을 할 때에는 지속적으로 한 가지 수업계획안을 몇 번씩 고쳐 쓰는 것과 내 수업을 다른 선생님들한테 평가를 받은 것 같아 많이 부담되었는데 유아들과의 상호작용이 개선되고, 유아들의 흥미를 반영하여 재미있고 효과적인 수업을 경험한 것 같아 뿌듯하고 그다음 수업이 기다려지기도 하였다.

경력 2년 차 교사가 되어 이번에는 어떤 연구수업을 할지 고민하고 있는데 원장선생님께서 조심스럽게 이번 연구수업으로는 이야기 나누기 수업에서 사용하는 교사의 발문을 분석해 보자고 제안하시며, 일주일에 하나씩 이야기 나누기 수업을 녹음하시겠다고 하셨다. 아직 신학기가 시작한 지 2주밖에 되지 않았고 특히 이번에 내가 담당하게 된 유아들이 적극적인 편이 아니라서 연구수업이 부담되었는데 녹음을 하여 분석을 하신다고 하니 부담이 백 배가 되어 울고 싶은 심정이었다. 그래도 수업을 해야 했기에 처음 이야기 나누기 수업을 녹음하는 날에는 녹음기를 보는 순간 너무 긴장이 되어 수업을 어떻게 끝냈는지도 기억나지 않았다. 다행히 이날의 수업에 대해서는 원장님께서 아무 피드백을 하지 않으셨다. 한 주 한 주 지나면서 녹음을 하는 것에 조금씩 익숙해졌고 처음에는 답답해도 꾹 참고 예쁜 목소리로 수업을 진행하는 것에 크게 의식을 하였다면 한 달째 녹음할 때에는 내가 사용하는 억양, 단어, 습관 같은 것에 신경을 쓰게 되었다. 원장님께서는 "수업을 반복해서 들으면서 선생님이 하는 말 다 받아쓰고, 분석하다 보면 내가 CSI 수사관이 된 것 같네요."라고 말씀하시면서 내가 수업하면서 놓친 부분은 없는지, 내가 미처 인식하지 못한 행간의 숨은 의미는 없는지 등을 찾아 함께 논의하고 개선방안을 고민해 주신다. 원장님도 그 수업을 다 전사하시는 게 얼마나 힘드실까 싶기도 하고 늘 "녹음하는 것이 많이 부담스럽지요?" 하시며 교사들의 반응을 살펴주시기는 하시지만 여전히 수업을 녹음하는 것은 익숙해지지 않는다.

교사라면 내 수업을 돌아보고 더 나은 수업을 하기 위해 지속적으로 노력해야 한다. 그리고 그 노력을 하였을 때 발전하였다는 것을 느끼면 내가 교사로서 한 단계 성장한 것 같은 느낌을 받는다. 하지만 연구수업을 위해 쏟는 시간과 에너지가 너무 많고, 하루 종일 유아들을 보면서 시간을 쪼개어 하기는 쉽지 않다. 그렇기에 이야기 나누기 수업뿐만 아니라 내가 자유놀이시간이나 일상생활지도를 할 때 사용하는 말을 적절하게 잘하고 있는지 연구해 보고 싶다는 생각이 들면서도 선뜻 시작할 엄두가 나지 않는다. 너무 부담스럽지 않게 나를 발전시킬 수 있는 방법은 없을까.

8. 각종 증거로 활용되는 CCTV

우리 어린이집은 구청에서 CCTV 대여설치비를 지원해 준다고 할 때 각 반마다 CCTV를 설치하였다. CCTV를 설치하고 나서 초기에는 내 반에 CCTV가 설치되어 있는 것이 크게 의식되지 않았다. 유아들과 있을 함께 있을 때나 혼자 교실에서 수업준비를 하거나 잠깐 쉴 때에도 의식적으로 태도나 행동 등을 변화시키지 않았던 것 같다.

그렇게 한 학기가 지났다. 신학기 시작과 함께 새롭게 등원한 신입원아의 적응 프로그램이 진행되었다. 기존에 원에 다녔던 경험이 있는 유아이기 때문에 금세 적응하고 어울리는 모습을 보였다. 그런데 적응 프로그램을 일주일쯤 진행했을 때 학부모님께서 낮잠 시간에 원으로 전화를 해서 유아가 엄마에게 '나랑은 아무도 놀아 주지 않는다', '나는 계속 혼자 논다', '선생님이 안아 주지 않았다' 등의 이야기를 하며, 등원하지 않겠다고 떼를 부린다고 하였다. 학부모님께 유아가 기관에서 생활하는 모습을 자세히 설명하며 원에서는 잘 적응하고 있다고 말씀드렸지만 학부모님은 믿지 않는 눈치였다. 결국, 그날 하원을 위해 방문하신 학부모님께 CCTV 화면을 보여 드렸고 학부모님은 자녀가 잘 지내고 있음을 믿고 안심하시며 가셨다. 학부모님들은 교사의 말보다는 자녀들의 말을 더 많이 믿는다는 것이 당연하기는 하지만 왜 교사의 말은 믿지 않는지 서운하였다. 한편으로는 CCTV를 증거 삼아 학부모님을 안심시킬 수 있어서 다행이라는 생각이 들었다.

그러나 시간이 지날수록 각 반마다 자녀들이 조그마한 멍이나 상처가 생기기만 해도 무조건 CCTV를 보고 싶다고 우기는 학부모님들이 늘어나면서 교실 안의 CCTV가 의식이 되기 시작하였다. 괜히 CCTV를 등지고 앉게 되고 유아들을 대하는 태도가 부자연스러워지는 것 같았다. 한편으로는 회의감이 들기 시작하였다. CCTV를 공개하기 위해 거쳐야 하는 절차가 있지만 원장님께서는 우리 선생님들을 믿는다고 하시며 공개 여부에 대해서 학부모님들과 실랑이를 하는 것보다 CCTV를 보여 주고 학부모님들의 의심을 해소하는 것이 더 좋지 않겠냐며 먼저 해당 장면을 확인하시고 학부모님들에게 CCTV를 보여 주셨다. 원장님께서 교사들을 믿어 주시고 학부모님들도 CCTV를 보고 안심하시니 감사한 일이다. 하지만 CCTV를 증거로 제시해야만 교사의 말을 믿어 주는 학부모님들과 신뢰를 형성할 수 있을까, 교사를 믿지 못하는 학부모님과 어떻게 함께 교육해 나갈 수 있을까.

출처: 임수정 · 이일랑 · 이대균(2013). CCTV와 함께 생활하는 유아교사 이야기, pp. 441-443 재구성.

9. 어머니의 사회적 자아실현과 자녀 방임

올해 입학 기간이 지난 5월 초에 만 4세 반에 김은진이라는 아이가 전학을 왔다. 입원 원서에 은진이 가족사항은 어머니, 아버지, 은진이 3식구이며, 어머니의 직업란에는 '대학 재학 중'이라고 적혀 있었고 별다른 특기사항은 없었다. 은진이는 우리 어린이집에 입학하기 전 여러 어린이집을 옮겨 다녔고, 초등학교 갈 준비를 더 잘 시키기 위해 우리 어린이집으로 옮겨 왔다고 하였다. 은진이 어머니는 자신이 사정이 있어 매일 집에 늦게 귀가하므로 우리 어린이집을 마친 후 은진이를 직전에 다녔던 시간연장 어린이집으로 보내 달라는 부탁을 함께 하였다.

은진이는 또래에 비해 키가 크고 깔끔한 외모를 가지고 있으며, 첫 대면에서도 교사의 질문에 스스럼없이 대답하여 첫인상이 매우 좋았다. 그러나 오래지 않아 은진이가 문제를 가지고 있다는 것을 알게 되었다. 은진이는 수업을 방해하거나 친구를 괴롭히거나 하는 행위는 전혀 하지 않았지만 어떤 수업에도 흥미를 나타내지 않았다. 친구와도 어울리지 못하고 늘 혼자서 이리저리 배회하며 다니곤 했다. 은진이의 표정은 어린아이답지 않게 늘 우울했고 이유 없이 결석도 잦았다.

은진이와 상담을 해 보니 은진이는 어린이집에서 좋아하는 친구인 혜수가 자기와 놀아 주지 않아서 어린이집이 싫다고 했다. 그래서 친구도, 엄마도, 어린이집도 다 싫다고 표현하는 것이다. 상담 결과 은진이는 William Grasser가 이야기한 인간의 5가지 욕구(사랑, 소속, 힘, 즐거움, 자유) 중 대다수의 욕구(사랑, 소속, 힘, 즐거움)가 좌절돼 있음을 알 수 있었다. 교사는 여러 방법을 동원하여 은진이를 추켜 주기도 하고 주위의 친구들과 상담을 통해 친근한 분위기를 만들어 주려고 노력했으나 잠깐 동안만 유효했을 뿐 오래가지 못하였다. 이러한 가운데 은진이에 대해 엄마와 상담을 하고자 여러 번 연락을 취했지만 좀처럼 이루어지지 못했다.

그러던 중 힘들게 어머니와 통화가 되었다. 은진이의 어린이집 생활과 또 결석하는 날 하루 종일 빈 집에 혼자 남아 있는 은진이의 위험 상황에 대해 상담을 하고 싶다고 말하였으나 난처한 말투로 시간이 없어 상담 약속을 못 잡겠다고 하였다. 그러고 나서 은진이는 며칠을 계속해서 결석하였고 연락이 안 돼 답답해하던 어느 날 등원 시간에 맞추어 은진이와 어머니가 함께 등원을 했다. 어머니의 표정은 몹시 화가 나 있었고 은진이는 울고 온 흔석이 역력했다. 어머니는 오늘 오후 상담을 하겠노라고 약속만 남긴 뒤 급히 서둘러 가셨다.

오후 약속된 시간에 어머니와의 상담은 이루어졌고 상담 내용은 다음과 같다. 은진이 어머니는 고등학교를 갓 졸업하고 결혼하여 19세에 은진이를 낳았다. 은진이 어머니는 자신의 사회적 진출의 욕구로 직장생활을 시작했고 은진이는 생후 2개월부터 외할머니 집에서 자랐다. 은진이가 3세가 되었을 무렵 외할머니가 지방으로 이사를 하게 되어 은진이를 더 이상 돌보아 줄 사람이 없었다. 그 당시 은진이 어머니는 일찍 결혼하여 대학에 진학하지 못한 것을 커다란 콤플렉스로 느꼈고 일찍 부모가 된 자신이 무척 후회스럽고 부끄럽기까지 했다고 한다. 그래서 은진이 어머니는 대학에 진학하여 지금은 2학년에 재학 중이고 그동안 은진이는 어린이집을 전전했다. 은진이 어머니는 앞으로 자기는 대학을 졸업해도 집에 머무를 생각이 전혀 없고 계속해서 사회 진출의 꿈을 갖고 계셨다. 원장선생님은 은진이의 어린이집 생활에 대하여 이야기하신 후 책을 한 권 읽기 권하셨고 책을 읽고 난 후 은진이 어머니는 은진이를 위해 다음과 같은 사항에 대하여 합의를 하였다. 첫째, 어머니의 시간이 허락되는 시간에 어린이집에 한 번 이상 전화를 하여 엄마 목소리를 들려준다. 둘째, 일주일 중 수업이 적은 날 하루는 반드시 엄마가 어린이집으로 은진이를 데리러 온다. 그 후 은진이의 어린이집 생활은 크게 달라지진 않았으나 엄마와 통화하는 시간에 살짝 떠오르는 미소를 볼 수 있다.

요즘 대부분의 여성은 은진이 어머니처럼 자아실현을 위해 혹은 경제적 수입을 위해 직업을 계속 갖기를 원한다. 이러한 시대적 요청으로 인하여 유아교육기관이 자연스럽게 부모 역할의 일부를 떠맡아 가고 있는 실정이다. 그런데 과연, 결정적 발달단계에 있는 유아에게 가장 큰 영향을 미치는 부모 역할을 유아교육기관이 대신할 수 있는 것일까? 인간의 성장에서 가장 중요한 시기를 맡고 있는 우리 보육현장의 교사들은 이러한 질문에 답을 하기가 어렵다.

출처: 박은혜(2003). 유아교육기관에서의 현장사례집. 이화여자대학교 사범대학. pp. 34-36.

10. 또래와 상호작용 시 자신을 피해자라고 여기는 유아의 문제

우리 학급은 총 19명의 유아로 구성되어 있는데 그중 남아가 7명이다. 다른 학급보다 남아의 수가 적은 편이고 현재 같은 성별끼리 놀이하는 빈도수가 점차 늘어나면서 이로 인해 남아들 간에 관계가 긴밀하고 분쟁도 잦다. 12월생인 병헌이는 다른 유아보다 월령도 늦을뿐더러 동일 월령의 유아보다도 사회적 기술이 미숙하여 분쟁 상황이 발생할 경우 교사의 도움을 자주 받는다.

병헌이는 민수라는 남아를 굉장히 좋아한다. 항상 같이 놀고 싶고 모여 앉거나 줄을 설 때에도 민수 근처에 서고 싶어 한다. 그러나 민수는 다른 유아들에게도 인기가 매우 많아서 병헌이는 민수를 놓고 다른 유아들과 경쟁하며 놀이하는 경우가 많다. 그러한 과정에서 함께 경쟁하는 유아 몇 명을 배척하는 행동을 자주 하거나 그 유아를 싫어한다고 이야기를 하기도 한다. 교사들은 이러한 병헌이의 또래관계를 보아서 이해하고 있으므로 병헌이가 왜 그 유아들을 좋아하지 않는지 이유를 알고 있으나 가정에서는 병헌이가 이유를 설명하지 않고 이야기를 하여 병헌이 어머니가 걱정이 되었는지 등원 시간에 교사에게 "병헌이가 지석이와 서원이가 싫고 그 친구들이 어린이집에 안 왔으면 좋겠다고 했어요. 그리고 친구들이 나하고만 놀아주지 않고 내 말만 들어 주지 않아 어린이집에 가고 싶지 않다고 말했어요. 병헌이가 다른 친구들보다 월령이 어려 혹시 치이거나 따돌림을 당하는 것은 아닌지 걱정이 돼요."라고 이야기하였다. 교사는 어머니에게 병헌이와 민수, 그리고 그 주변의 친구들과의 관계에 대해 자세히 설명하고 병헌이가 민수와 함께 놀이하고 싶은 마음에 민수를 좋아하는 다른 친구들에 대해 안 좋게 말하는 것으로 보인다고 이야기하였다. 어머니는 교사의 말에 수긍하며 귀가를 하였다. 하지만 원인을 파악하는 것과는 별개로 지속적으로 병헌이가 친구들에게 적대적인 태도를 취하는 모습을 보였다. 친구 근처에서 갑자기 넘어지는 듯한 행동을 하더니 친구가 자신을 밀었다고 하거나 친구가 혼자 놀이하고 있는 곳에 가서 "불편해!" 하고 소리치는 모습을 보이기도 했다. 교사는 그럴 때마다 병헌이에게 교사가 정확히 상황을 보고 있었음을 알리고 "지금 ㅇㅇ가 병헌이 몸을 건드리지 않았는데 병헌이가 넘어진 것 같은데." 하고 다시 상황을 설명해 주거나 "지금 친구는 병헌이의 몸을 건드리거나 소리를 내는 등 불편할 만한 행동을 하고 있지 않은데 왜 친구에게 불편하다고 말하는지 궁금하다. 선생님에게 이야기해 줄 수 있겠니?"라고 묻기도 했다. 병헌이는 교사가 이야기를 하면 당황한 표정을 짓다가 "어... 잘 모르겠어요. 내가 착각했나 봐요."라고 말한 뒤 자리를 뜬다.

이외에도 병헌이는 친구들 근처에서 "ㅇㅇ야! ㅇㅇ야!" 하고 친구를 부른다. 친구가 놀이를 하느라 병헌이에게 대답하지 않거나 병헌이를 바라보지 않으면 속상한 표정과 목소리로 "왜 내 말만 들어 주지 않는데!"라고 소리친 뒤 울먹인다. 교사는 병헌이에게 "가까이 다가가서 친구의 눈을 바라보며 부르되 지나치게 큰 목소리보다는 적당한 목소리로 부르면 친구가 더 잘 들어 줄 수 있을 거야."라고 지도해 왔다. 그러나 유아들이 실내자유선택활동 상황에서 놀이에 몰입을 하면 다른 친구가 부르는 소리에 제대로 대꾸를 못 하는 경우도 많다. 하지만 병헌이는 이러한 것을 받아들이지 못하고 항상 내가 부르면 친구들은 다 대답을 해 주어야 하고 그렇지 않으면 내 말만 친구들이 들어 주지 않는다고 이야기한다. 가정에서는 병헌이의 말을 듣고 걱정을 하고 특히 병헌이 어머니의 경우 병헌이가 아직은 어리다고 생각하는 경향이 커서 걱정이 많다. 교사는 병헌이가 이제 만 5세가 되었고 생일이 12월생이긴 하지만 많이 컸으며, 스스로 할 수 있는 것도 많다고 이야기를 하지만 그래도 어머니 마음속에 병헌이는 아직 어린 아가인 것처럼 느껴지는 것 같다.

또한, 친구와 분쟁 상황이 발생하였을 때 병헌이는 분쟁 상황을 모면하는 방법으로 애교를 부리거나(친구에게 다가와서 안아 주기, 뽀뽀 시도하기) 아니면 못 들은 척을 한다. 이것은 교사와 대화를 할 때에도 나타나는데 자신이 대답하기 곤란하거나 병헌이 생각에 자신이 잘못한 것 같다는 생각이 들면 애교를 부리면서 이야기를 마무리하려 한다. 그러나 이러한 방법으로 또래와 병헌이와의 갈등 상황이 해결되지 않는 것은 당연하고 친구들은 병헌이의 행동을 잘 이해하지 못한다. 그렇게 되면 병헌이는 또래에게 거부당했다고 느끼고 다시 속상해한다. 이러한 병헌이의 행동은 병헌이가 외동인 데다 평소 기관 외에는 또래들과 상호작용을 하는 경우가 적은 것도 그 이유라 보인다. 교사는 병헌이가 이와 같은 행동을 취할 때에 그러한 것을 받아 주지 않고 병헌이가 한 행동과 문제가 되는 이유 등에 대해 말로 설명해 주고 그것에 대해 인정하고 사과하는 모습을 보이도록 지도하였다. 병헌이도 교사가 중재를 하면 잘못한 부분을 시인하고 순순히 사과하였지만 그때뿐이고 금방 같은 행동을 반복하며 친구를 불편하게 한다. 친구가 이야기할 때에는 회피하다가 교사가 개입하면 바로 사과하는 모습을 보이는 것이 하루에도 몇 번씩 반복적으로 일어난다.

가장 큰 문제는 병헌이 어머니에게 있다. 문제 상황이라고 생각이 되면 그러한 문제에 대해 교사에게 이야기하고 교사가 그 문제를 전적으로 해결해 주었으면 하는 생각이 강하다. 최근 병헌이가 또래와 상호작용을 하면서 여러모로 어려움을 가지고 있는 것은 사실이나 이러한 사항으로 어머니와 의논을 하고자 하면, 병헌이 어머니는 "괜찮은 거겠죠?"라고 안심할 수 있는 대답을 원하거나 그렇지 않으면 "선생님이 더 많이 신경 써 주세요. 잘 부탁드려요."라고 교사가 문제를 해결해 주기 바란다. 교사가 최근 날씨가 추워지면서 병헌이 몸 상태가 몇 달째 좋지 못하고 그로 인해 전반적인 기관 생활에도 영향을 미칠 수 있으니 주말에는 충분한 휴식을 취하게 해 달라고 부탁을 드렸으나 병헌이 어머니는 그러겠다고 한 뒤 매주 주말마다 병헌이와 함께 스키장에 간다. 병헌이는 몇 달째 감기가 심해 기침을 계속하지만 병원에도 가지 않는다.

이러한 경우 교사로서 도움을 줄 수 있는 부분에도 한계를 느끼는 동시에 지속적으로 병헌이 어머니의 걱정 어린 소리를 듣는 상황이 힘들다. 문제의 원인을 기관 생활에서만 찾고 싶은 병헌이 어머니와 아직 또래 관계에서 무엇이 문제인지 모르면서 계속하여 친구들에게 화를 내는 병헌이 사이에서 교사는 어떻게 행동을 해야 할지 고민이 된다.

출처: A 어린이집 내부 장학을 위한 사례 모음.

11. 점심 식사 시간이 긴 영아 지도

점심지도를 할 때, 즐거운 분위기에서 식사하는 것을 기초로, 스스로 먹기, 바른 자세로 앉아서 먹기, 골고루 먹기를 목표로 하고 있다. 10월 현재, 대부분의 영아는 혼자서 점심을 먹거나 교사의 도움을 덜 받아서 먹을 수 있고, 식사 시간에 자신의 자리에서 식사를 할 수 있거나 교사의 도움을 조금 받아 자신의 자리에 앉아 먹을 수 있다. 그러나 영아들 중 재민이, 성훈이, 승재의 경우는 다른 영아들의 비해 식사 시간이 매우 긴 편이다. 승재의 경우, 먹으려는 의지는 강하나 씹는 시간이 오래 걸려 식사 시간이 길지만, 교사의 도움이 많이 필요하지는 않았다. 한편, 재민이와 성훈이의 경우는 음식물을 씹지 않고 물고 있거나, 친구들이 놀이하는 상황에 관심을 가지고 지켜보거나, 때로는 멍하게 있어서, 교사가 옆에서 밥을 먹도록 지속적으로 상호작용을 해야 밥을 먹는다. 그래서 스스로 먹을 수 있음에도 불구하고 시간에 쫓겨 먹여 줘야 하는 상황이 발생한다.

재민: (입에서 밥을 물고 있음)

교사: 재민아, 왜 밥을 안 먹어? 목이 아프니?

재민: (고개를 저음)

교사: (재민이 식판에 김치를 다 먹은 것을 보고, 재민이가 좋아하는 반찬 중 하나가 김치임) 재민아, 김치 좀 더 줄까?

재민: (고개를 끄덕이며) 응응.

교사: (김치를 더 줌)

재민: (입에 있는 밥을 다 먹고, 김치를 먹은 후 친구들이 놀이하는 것을 바라봄) 나도 저거 갖고 놀래.

교사: 재민아, 놀이하고 싶어?

재민: 응.

교사: 재민아, 밥 먹고 놀이할 수 있지. 부지런히 먹고 놀이하자.

재민: 응. (밥을 씹지 않고, 놀이하는 친구들을 바라봄)

교사: 재민아, 밥 씹어야지. 밥을 오래 물고 있으면, 이가 썩을 수 있대.

재민: (씹는다)

위 사례와 같이 재민이와 성훈이의 경우, 교사가 옆에서 지속적으로 상호작용을 해야 밥을 먹는다. 그러나 점심지도를 할 때, 성훈이, 재민이에게만 일대일로 계속 상호작용을 하는 것도 어려운 부분이다. 점심을 먹을 때, 다른 영아들에게도 점심지도를 해야 하는 상황이 생기고, 다른 영아들에게 점심지도를 하다 보면 성훈이와 재민이는 점심시간이 지나서까지 밥을 먹어야 하는 상황이 생기기 마련이다.

그러나 점심시간이 지나고, 이 어린이들만 집중적으로 식사지도를 하기에는 교사의 손이 필요한 곳이 너무 많다. 예를 들면, 양치질과 세수 지도, 급식판 정리 및 낮잠 준비, 급식을 다 먹은 영아들 놀이할 때 도움 주기 등이 있다. 또한, 급식차가 내려오기 전까지 급식판을 다 정리해야 하기 때문에 영아들이 정해진 시간 안에 점심을 먹을 수 있도록 같은 말을 반복하거나, 먹여 주는 상황이 생긴다. 점심시간이 지나서 마지막까지 남은 재민이와 성훈이가 밥을 먹을 수 있도록 교사가 상호작용을 하다 보면, 때로는 낮잠 준비가 늦곤 한다. 이러한 상황일 때, 과연 교사는 식사 시간이 길어지더라도 영아들이 스스로 먹을 수 있도록 하는 것이 필요한지, 아니면 정해진 식사 시간 안에 먹을 수 있도록 계속 상호작용을 하는 것인지 고민이 되는 부분이다. 또한, 재민이와 성훈이처럼 식사 시간이 긴 영아들만 중점적으로 보아야 할지, 그러다 보면 전체 영아들을 보기 어려울 때도 있는데 어떤 곳에 교사가 좀 더 중점을 두고 지도를 해야 할지 고민이다.

출처: A 어린이집 내부 장학을 위한 사례 모음.

12. 친구 사귀기를 어려워하는 유아

사랑반은 남자 10명, 여자 9명으로 구성되어 있다. 작년에 재원했던 유아들이 대부분이다. 전반적으로 친하기는 하지만, 작년에 같은 반이었던 유아들끼리 더 친한 편이다. 특히, 지구반에서 올라온 어린이들의 분위기가 더 강하다.

여자 어린이 중 지민이는 우주반에서 올라온 어린이이다. 밝고 활발한 성격이긴 하나, 학기 초부터 동적인 놀이보다는 조형, 수 · 조작 영역과 같은 정적인 놀이를 선호했다. 쌓기 놀이를 하는 경우에도 친구들과 함께하기보다는 자신이 원하는 대로 만들기를 한 후 혼자서 놀이하는 편이다. 반면, 다른 여자 어린이들은 역할놀이를 선호하며, 동적인 놀이를 주로 많이 한다. 역할놀이에 관심을 보이지 않는 지민이었기 때문에 역할놀이에서 주로 놀이하던 현주와 윤재 등의 어린이들과는 어울릴 기회가 많이 없었다.

지민이는 친구들에게 양보도 많이 하고, 친구들의 기분을 많이 배려해 주지만 자신이 하고 싶은 일에 있어서는 고집이 강하다. 하고 싶지만 할 수 없는 경우가 생기면 교사에게 도움을 청하거나 울음을 그치지 않는 등의 행동을 보인다. 예를 들어, 이야기 나누기 시간의 경우에도 주제와 상관없이 자신의 이야기를 소개하고 싶다고 요구하는 경우가 종종 있다. 교사가 이야기의 흐름을 방해하지 않기 위해서 다음번에 기회를 준다고 하면, "그래도 하고 싶은데…."라고 이야기하며 울음을 그치지 않는다. 그래서 교사가 짧게 이야기하기로 하고 기회를 주면, 듣고 있는 어린이들은 "아, 또 신지민이야."라는 식의 반응을 보인다.

또한, 지민이는 친구들에게 자신의 의사를 전달할 때 구체적이고 명확하게 전달하지 않는다. 만약, 친구가 놀이하던 놀잇감을 가지고 놀이하고 싶은 경우에는 "나도 이거 하고 싶은데…."라고 이야기한다. 그 경우 친구들은 "내가 쓰고 있잖아." 라는 말로 대꾸한다. 이러한 상황에서 지민이는 친구가 자신의 부탁을 거절했다고 생각하고, 교사에게 와서 "선생님, 윤재가 저만 못 놀게 해요."라고 이야기하며, 교사의 도움을 요청한다. 상대방 유아들은 "지민이가 달라고 한 적 없어요."라는 반응을 보인다. 이런 상황이 윤재와 현주, 채희 등 여러 어린이와 반복되자 지민이 스스로도 친구들의 반응에 대해 많이 위축되고 자신 없는 모습을 많이 보였다. 교사와 엄마에게 현주, 윤재와 친해지고 싶어 하지만 현주는 윤재와 친하기 때문에 자신과는 놀아 주지 않는다는 말을 하기도 했다. 교사의 도움으로 자신의 의사를 표현하는 것은 조금 나아졌지만, 여전히 친구들이 대답을 하지 않거나 "내가 놀고 있잖아." 혹은 "나도 필요한데."라는 대답을 하면 "친구가 나만 못 놀게 해요."라는 반응을 보인다.

지민이의 엄마는 지민이에게 사랑반의 단짝 친구가 있기를 바라신다. 지민이에게 단짝 친구가 없는 원인을 지민이가 역할놀이를 좋아하지 않아서라고 생각하시고는 지민이에게 역할놀이를 해 보라고 권유하신다. 교사에게도 이런 내용의 고민을 상담하며 지민이가 역할놀이를 할 수 있도록 격려해 달라고 부탁하셨다. 교사와 엄마가 지민이에게 역할놀이를 권유한 뒤로는 지민이가 점차적으로 역할놀이에 함께 참여하게 되었다.

그렇지만 역할놀이를 할 때, 지민이는 주로 친구들이 꺼리는 역할을 많이 맡는다. 공주놀이를 할 경우에는 마녀나 새엄마를, 해파리 도둑 놀이를 할 때에는 도둑 역할을 맡아서 놀이한다. 지민이에게 그 이유를 물어보자 "무슨 역할을 하면 좋을지 모르겠어요."라고 대답하였다. 교사가 "지민이가 좋아하는 공주를 하면 되지 않을까?"라고 권유하자 "나도 공주 역할을 하고 싶은데, 다른 친구들이 먼저 내가 하고 싶은 공주를 하고 있으면 어떡해요."라고 이야기하였다. 그러면서 "내가 하고 싶어 하는 공주를 다른 친구들이 못하게 할 것 같아요."라는 말도 덧붙였다. 이러한 상황에서 교사는 놀이 상황에 어디까지 개입해야 하며 지민이에게 어떤 도움을 줄 수 있을까?

출처: A 어린이집 내부 장학을 위한 사례 모음.

13. 사실 확인이 힘든 유아의 갈등 상황을 중재해야 하는 문제

지구반은 현재 남아 11명, 여아 10명으로 남자 어린이들이 행동과 목소리가 크고 활동적이라 반 분위기도 대체로 남자 어린이들의 성향처럼 흘러가는 편이다. 따라서 유아들끼리의 갈등 상황도 종종 일어난다. 하지만 갈등 상황이 발생했을 때 보통 자신의 잘못을 알고 친구에게 진심 어린 사과를 하기 때문에 큰 문제는 발생하지 않는다. 주로 친구들이 가지고 놀던 놀잇감으로 놀이를 하고 싶어 친구에게 이야기 없이 가져가서 갈등 상황이 종종 발생한다. 하지만 이때에도 자신이 친구에게 말을 하지 않고 가져갔는지, 친구에게 물어보고 가져갔는지 자신의 행동을 기억하고 교사에게 사실대로 이야기하기 때문에 갈등 상황은 비교적 쉽게 해결된다.

그러던 어느 날, 자유선택활동시간에 놀이를 하던 상현이가 나에게 다가와 인성이가 자신이 블록으로 만든 놀잇감을 가져갔다고 이야기를 하였다. 나는 상황 설명을 듣고자 인성이와 상현이를 함께 불러 이야기를 나누었다. 나는 인성이에게 "인성아, 상현이가 만든 놀잇감을 말을 하지 않고 가지고 갔니?"라고 묻자 인성이는 "아니요! 상현이가 나보고 가지고 놀아도 된다고 말하고 다른 데로 갔어요."라고 말하였는데 내가 보기에는 인성이가 거짓말을 하는 것 같지는 않았다. 상현이에게도 물어보았다. 그러자 상현이는 "아닌데…. 진짜 나는 그런 말을 한 적이 없어요." 하며 억울해하는 표정을 지었다. 인성이는 상현이가 가지고 놀아도 된다는 말을 해서 놀잇감을 가져간 것이라고 거듭 강조하였다. 이 상황에서 나는 무척이나 난감하였다. 내가 상현이와 인성이의 상황을 계속 주시하여 본 것이 아니었다. 또 상현이의 말을 믿자니 인성이가 거짓말을 하는 것 같지는 않았고 인성이의 말을 믿자니 상현이도 거짓말을 하는 것 같지는 않았다. 자칫 한 아이의 이야기만 믿고 중재를 했다가는 인성이와 상현이에게 나는 거짓말을 해도 판별을 하지 못하는, 무능한 교사라는 인식을 심어 줄 것 같아 어떻게 해야 할지 막막했다. 두 아이는 서로 그 블록 놀잇감이 필요하다고 이야기를 하였고 결국 내가 택한 방법은 똑같은 놀잇감을 하나 더 만들어 사용하는 것이었다. 내가 상현이와 인성이에게 선생님과 함께 똑같은 놀잇감을 만들자고 제안을 했고 아이들은 좋다고 이야기하며 함께 만들어 갈등 상황을 중재했다.

하지만 앞으로 현장에서 두 아이의 이야기가 서로 다르고 사실 확인도 어려운 갈등 상황이 종종 발생할 텐데 유아의 신뢰를 잃지 않으면서 어떻게 효과적으로 이런 갈등 상황을 중재해야 할지 생각해 보게 되었다.

출처: A 어린이집 내부 장학을 위한 사례 모음.

14. 교사에게 이야기를 하지 않는 유아 지도

보검이는 작년 초부터 우리 어린이집에 다니기 시작하였다. 재원 기간이 길었던 다른 원아들과는 다르게 보검이는 새로운 환경에 적응하고 선생님은 물론 또래 관계도 새롭게 맺어야 했기 때문에 변화에 적응하는 시간이 길었다.

보검이의 성격은 매우 내성적이다. 부모님도 보검이에 대해서 이야기할 때 '낯가림이 심하고 친구들과 친해지는 시간이 다른 아이들보다 오래 걸린다.'라고 표현하였다(입학 원서).

보검이의 가족은 아빠, 엄마, 보검이, 여동생으로 4인 가족이다. 부모님은 맞벌이를 하고 있으며, 일이 바쁘고 늦은 시간에 끝나는 경우가 대부분이라 보검이의 등원과 하원은 거의 95% 이상 보검이의 할머니가 맡고 계신다. 보검이의 집이 본원과 거리가 멀어 주중에는 근처 조부모님 댁에서 등 · 하원을 하고 있다. 보검이 동생도 조부모님 댁에서 어린이집에 다니고 있고 다른 사촌 동생들이 놀러 오는 경우에는 보검이를 포함해 5명 정도의 아이들이 함께 지내게 된다. 할머니는 동생들과 지내는 보검이에 대해 '보검이가 오빠고 해서 동생들을 잘 데리고 놀아 준다. 하지만 동생들이 말을 잘 듣지 않아 힘들어하기도 한다.'고 이야기하신다. 그리고 이 아이들을 모두 돌보는 것은 보검이 할머니뿐이라 등 · 하원 시에 만나는 할머니의 모습은 피곤해 보일 때가 많다.

보검이는 마을반의 유일한 신입원아였다. 부모님의 이야기를 듣기도 했지만 첫 대면에서부터 보검이는 내성적이고 낯가림이 많은 아이라는 것을 알 수 있었다. 교사나 친구가 먼저 다가가 친근감을 표현하며 질문을 하는 경우에 대답을 거의 하지 않았고 눈을 마주치지 못하며 다른 곳을 응시하였다. 신입원아라는 점과 보검이의 내성적인 성격을 고려해 무턱대고 다가가기보다는 보검이가 어린이집에서의 생활에 조금씩 익숙해지기를 느긋한 마음을 가지고 돕기로 했다. 무엇보다 보검이가 선생님에게 친숙한 마음을 갖고 신뢰를 쌓을 수 있었으면 하는 마음에 보검이가 좋아하는 책을 함께 보며 대화의 문을 열었다. 평소에는 이야기를 잘하지 않던 보검이도 책을 함께 볼 때는 자신이 알고 있는 것에 대해서 끊임없이 이야기하는 모습을 보고 '이거구나!' 하는 생각이 들었다. 이후에도 함께 책을 보거나 퍼즐을 하면서 이야기를 나누고, 곧 다른 놀이로 유도하고 다른 친구들과 놀이로 유도하며 마을반 안에서 관심사를 점차 넓혀 주었다. 놀이 상황 속에서 보검이와 대화하는 것에 성공한 뒤에는 일상생활 속에서 보검이와 좀 더 친해질 수 있도록 장난을 걸기도 하고 일상적인 질문을 던지며 대화할 기회를 늘리고자 노력했다.

교사의 장난에 웃는 얼굴로 반응하며 질문에 어떤 반응도 하지 않는 경우는 점차 줄어들었지만 최근까지도 보검이는 교사와 대화하는 상황에서 눈을 맞추지 않고 질문에 고갯짓으로 '네/아니오'를 표현하는 정도로 대답하는 경우가 많다. 이야기를 하는 경우에도 "그거 아닌데. 윤서랑 놀았는데."라는 식으로 완성되지 않은 짧은 문장으로 대답한다. 하지만 여전히 일상생활에서 교사에게 인사 이외에는 말 한마디 건넨 적이 없고, 무엇인가 요구할 사항이나 물어볼 것이 있을 때도 교사에게 이야기를 하지 않는다. 일례로 간식 시간에 보검이가 좋아하는 음식이 간식으로 나왔을 때, 더 먹고 싶은 마음이 있었지만 이야기를 하지 않았던 적이 있었다. 나중에 부모님을 통해 이 사실을 전해 들었고, 그 이후로 간식 시간에 보검이에게 더 먹을 것인지를 매번 물어보았는데 간식을 더 먹겠다고 이야기하는 것도 처음에는 매우 곤란한 질문을 받은 것처럼 대답하기 어려워했다. "더 먹지 않을래? 먹고 싶으면 먹어도 돼. 먹기 싫으면 안 먹어도 되고."라고 말하는 교사에게 긍정과 부정, 그 어떠한 대답도 하기 어려워했고 "보검아, 대답하기 어렵니? 그러면 먹고 싶으면 끄덕끄덕하고, 싫으면 고개를 저어서 싫다고 말해 줘."라고 이야기하자 그제야 머뭇거리며 고개를 끄덕였다. 그 뒤로도 교사가 '간식 더 먹을래?'라고 물어야만 간식을 더 먹겠다고 의사 표현을 했고 간식 그릇을 정리하려고 하다가도 더 먹을 것인지 물으면 조용히 와서 간식을 더 받아가기도 했다.

그리던 어느 날, 보검이가 일상생활에서 먼저 교사에게 요구나 질문 등 모든 표현을 어려워한다는 것을 가장 절실하게 느낀 사건이 있었다. 아이들이 한참 등원을 할 시간이라 정신이 없는 와중에 보검이가 교사 옆에 가만히 서 있는 것을 보았다. 평소 같으면 책을 보거나 친구와 퍼즐을 하고 있을 보검이가 곁에 서 있는 것이 이상해 무슨 문제가 있는지 물었다. 하지만 보검이는 표정이 굳은 채 대답하지 않았고 교사가 수차례 '아프냐, 어디가 아프냐, 이곳이 아프냐, 저곳이 아프냐'라고 물어 배가 아프다는 사실을 알아냈다. 보검이도 그제야 눈물을 뚝뚝 흘리며 고개를 끄덕였다. 보검이는 그날 일찍 하원했고, 부모님을 통해 병원에서 진단받은 결과 배에 가스가 심하게 찬 상태여서 복통이 아주 심했을 것이라는 말을 들었다. 보검이가 교사가 직접 질문을 해도 말을 잘 하지 않는 아이라는 것은 알고 있었지만 눈물을 흘릴 정도로 아픈 상황에서조차 자신의 상태를 이야기하지 않았다는 사실이 교사로서 충격적이었다. 보검이에게 교사나 주변의 성인이 믿고 의지할 만한 존재로 인식되지 않는 것일까? 하는 생각이 들기도 했다. 보검이가 건강한 모습으로 등원했을 때, 나는 보검이에게 "아플 때는 선생님이 너를 도와줄 수 있으니 꼭 이야기를 해 주었으면 좋겠다. 보검이가 아픈 곳이 있거나 문제가 있을 때 이야기를 하지 않고 참고 있으면 선생님이 바로 알아차리고 너를 도와주기 어렵다."라며 도움이 필요할 때는 선생님에게 즉시 도움을 청할 수 있도록 알려주었다.

그 이후, 여름에서 가을이 지나갈 때까지 보검이는 변비와 배에 가스가 차는 증상 등 소화기 질환을 한동안 앓았지만 배가 아플 때마다 교사에게 이야기하지 않았고, 어딘가 불편한 표정을 짓고 책꽂이나 벽에 기대어 서 있다가 교사가 아프냐는 질문을 해야만 고갯짓으로 자신의 상태를 알려 주었다. 보검이가 가정에서조차 분명하게 의사 표현을 하지 않아서인지 집에서 보검이가 아프다며 어린이집에 가기 싫다는 이야기를 했을 때 '꾀병'을 부린다고 생각하고 등원을 시켰다가 나중에 병원에서 정말 아팠다는 이야기를 들은 적도 있다.

보검이 부모님도 보검이가 가족 외에 다른 사람들에게 말을 잘 하지 않는다는 점을 누구보다 잘 알고 있다. 그래서 학기 초부터 '보검이가 원래 말을 잘 안 하고 이야기를 잘 하지 않는다'며 보검이가 말을 하지 않더라도 물어보며 신경 써달라는 요구를 몇 차례 하였다. 부모님이 요구한 내용은 다음과 같다.

- 간식 시간에 더 먹고 싶은 간식이 있었는데 더 달라고 말을 못 한 것 같더라고요. 좋아하는 간식이 나온 경우에 더 먹고 싶은지 물어봐 주세요.
- 보검이가 하고 싶은 놀이만 하게 하지 말고 힘들어하는 것, 하기 싫어하는 것도 해 보도록 시켜 주세요. (자유선택활동시간을 참관을 한 뒤)
- 보검이가 승재(보검이의 단짝)하고 놀 때 승재가 하고 싶은 대로만 한다고 합니다. 그렇게 하지 않도록 지도해 주세요. 그리고 승재 말고 다른 아이랑도 어울릴 수 있도록 해 주세요.

보검이가 표현을 분명하게 하지 않아서 일어난 여러 가지 일에 부모님은 매우 민감하게 반응하고 있다. 때로는 교사의 입장에서 당황스럽고 불쾌하게 들릴 정도로 감정이 격앙된 상태에서 이러한 요구를 전달하기도 하였다. 하지만 그런 경우에는 얼마 지나지 않아 부모님도 '감정이 격해진 상태에서 자신이 의견을 전달해서 죄송하다. 부모의 마음이라 그런다.'며 자신의 행동을 교사가 이해해 주길 바란다는 듯 이야기를 했다.

보검이는 사촌 형제를 포함해 집안에서 가장 큰 장남이다. 보검이 어머니와 할머니는 보검이를 '으뜸이'라고 부르며 격려하는 모습을 보이거나 보검이가 '오빠로서' 동생들을 잘 보살피고 양보를 한 일을 보검이 앞에서 교사에게 이야기하기도 한다. 보검이가 장남으로서 책임을 느끼고 그에 어울리는 모범을 보여 주기를 바란다는 듯이 말이다. 하지만 보검이 부모님이 보검이가 없는 곳에서 교사에게 하는 이야기를 들었을 때는 부모님이 기대는 크지만 보검이의 모습에 만족하지 못하고 있다는 생각이 들었다. 보검이 아버지는 "보검이가 책을 읽거나 퍼즐을 많이 한다. 하지만 잘해서 그런 놀이를 하기보다 다른 것을 할 줄 모르기 때문에 퍼즐만 하는 것이다."라고 이야기한 적이 있고, 보검이 할머니나 어머니도 "보검이가 도통 말을 하지 않는다."라고 말하며, 답답한 심정을 토로하는 경우가 있다. 하지만 보검이가 이야기를 하지 않을 뿐이지 언어발달에 문제가 있는 것은 아니다. 마을반에 있는 모든 그림책의 글자를 읽고 내용을 이해할 수 있으며, 글로 있었던 일을 기록하는 모습을 보면 문장을 잘 구성하는 것을 확인할 수 있다. 또한, 일 년 동안 관찰한 보검이의 다른 발달 측면도 평균적으로 발달이 이루어지고 있다.

여전히 보검이와 교사(성인)의 관계는 제자리걸음을 하고 있다. 최근에 만 5세반은 초등학교에 갈 준비를 위해 그림일기, 알림장 등 아이들이 글을 쓰는 일이 많아졌다. 때문에 맞춤법이나 띄어쓰기를 확인을 받는 등 교사의 도움이 필요한 부분이 많다. 하지만 도움이 필요하더라도 먼저 부탁하는 일 없이 가만히 자기 자리에 앉아 있거나 교실과 교사 주변을 맴도는 것으로 표현을 한다.

보검이가 놀이 상황에서는 이야기를 많이 하기 때문에 또래와는 성인보다 대화할 기회가 많다. 덕분에 다행히 학기 중반을 지날 때 보검이에게 단짝 친구가 생겼고, 보검이를 좋아하는 친구도 생겼다. 하지만 이따금 놀이 상황에서 하는 말을 들어보면 함께 놀이하는 친구의 말을 구관조처럼 계속 똑같이 따라 하는 경우가 있고, 자기의 의견을 주장하는 말을 했다가도 친구가 의견을 받아 주지 않으면 어떠한 반응도 보이지 않고 친구가 주도하는 대로 놀이를 따라 한다. 친구가 계속해서 자기 의견을 들어 주지 않으면 화가 날 법도 한 데 내색을 하지 않는 보검이의 모습을 보면 얼마나 스트레스를 많이 받을까 하는 생각이 들어 놀이 상황에서 보검이의 의견을 거들어 주기도 한다. 또래 관계에서 아직도 아주 가까운 친구 몇 명을 제외하고는 여전히 다른 마을반 어린이들과는 일상 속에서 자연스럽게 대화하기 어려워하며 눈을 마주치지 못하는 모습을 종종 보인다. 그리고 또래라도 옆 반 어린이들이 다가와 질문을 하면 일 년이 지난 시점인데도 대답을 하지 않으며 반응을 보이지 않는다.

이제 한 달 뒤면 보검이는 어린이집을 졸업해 초등학교에 입학하게 될 것이다. 보검이에 대해서 잘 아는 사람이라면 보검이가 질문에 반응이 없거나, '아닌데/~했는데' 등 짧게 대답하는 모습을 이해하겠지만, 그렇지 않은 사람들의 경우에는 보검이가 다른 사람을 무시하고 버릇없이 행동하는 것으로 비춰질 수 있을 것이다. 그리고 초등학교에 입학한 뒤의 학교생활은 교사의 눈이 닿지 않는 곳이 많을 것이기 때문에 성인에게 의사 표현하는 것을 어려워하며, 정말 필요한 순간에 요구하고 도움을 청하지 못하는 보검이의 태도는 자기 자신에게 여러 불편과 스트레스를 가져올 것이다.

뿐만 아니라 보검이가 자신보다 나이가 많은 사람인 성인과의 구어를 통한 상호작용이 부족한 탓으로 세련되게 문장을 완결지어 말하지 못하는 점이나 아직도 영아기의 발음(ex, ㄹ→ㅇ, ㅈ, ㅊ→ㄷ, ㅌ)이 남아 있는 언어 습관은 또래의 놀림을 받을 수도 있다. 초등학교 입학이 한 달밖에 남지 않은 상황에서 보검이에게 어떤 도움을 주는 것이 필요할까?

출처: A 어린이집 내부 장학을 위한 사례 모음.

심화활동

1 3~4인이 팀을 이루어 실제 영유아보육현장의 교사가 경험하는 어려움은 무엇인지에 대해 이야기를 나눠 보세요.

2 가장 이슈가 되는 이야기로 현장사례를 작성해 보세요.

3 다른 팀과 작성한 현장사례를 바꾸어 읽고, 분석해 보세요.

▶ 보육교사가 경험하는 어려움

▶ 가장 이슈가 되는 이야기

▶ 현장사례 써 보기

▶ 현장사례 분석

<table>
<tr><th colspan="4">분석 노트</th></tr>
<tr><td colspan="2">① 기본 정보</td><td colspan="2"></td></tr>
<tr><td colspan="2">② 사례에
나타난 문제</td><td colspan="2"></td></tr>
<tr><td rowspan="5">③ 사례
관련
인물</td><td>관련 있는
사람</td><td colspan="2"></td></tr>
<tr><td rowspan="4">인물별
관점</td><td></td><td>–</td></tr>
<tr><td></td><td>–</td></tr>
<tr><td></td><td>–</td></tr>
<tr><td></td><td>–</td></tr>
<tr><td rowspan="2">④ 관련
지식</td><td>관련
이론</td><td colspan="2"></td></tr>
<tr><td>관련
윤리강령</td><td colspan="2"></td></tr>
<tr><td colspan="2">⑤ 교사의
해결방안 검토</td><td colspan="2"></td></tr>
<tr><td colspan="2">⑥ 토론자 입장에서
대안 모색</td><td colspan="2"></td></tr>
</table>

부록

【부록 1. 영유아보육법 46~48조】

제2조(정의) 1. "영유아"란 6세 미만의 취학 전 아동을 말한다.

2. "보육"이란 영유아를 건강하고 안전하게 보호·양육하고 영유아의 발달 특성에 맞는 교육을 제공하는 어린이집 및 가정양육 지원에 관한 사회복지 서비스를 말한다. (중략)

5. "보육교직원"이란 어린이집 영유아의 보육, 건강관리 및 보호자와의 상담, 그 밖에 어린이집의 관리·운영 등의 업무를 담당하는 자로서 어린이집의 원장 및 보육교사와 그 밖의 직원을 말한다. (후략)

제3조(보육 이념) ① 보육은 영유아의 이익을 최우선적으로 고려하여 제공되어야 한다.

② 보육은 영유아가 안전하고 쾌적한 환경에서 건강하게 성장할 수 있도록 하여야 한다.

③ 영유아는 자신이나 보호자의 성, 연령, 종교, 사회적 신분, 재산, 장애, 인종 및 출생지역 등에 따른 어떠한 종류의 차별도 받지 아니하고 보육되어야 한다.

제4조(책임) ① 모든 국민은 영유아를 건전하게 보육할 책임을 진다.

② 국가와 지방자치단체는 보호자와 더불어 영유아를 건전하게 보육할 책임을 지며, 이에 필요한 재원을 안정적으로 확보하도록 노력하여야 한다.

③ 특별자치도지사·시장·군수·구청장은 영유아의 보육을 위한 적절한 어린이집을 확보하여야 한다.

④ 국가와 지방자치단체는 보육교직원의 양성 및 근로여건 개선을 위하여 노력하여야 한다.

제18조(보육교직원의 직무) ② 보육교사는 영유아를 보육하고, 어린이집의 원장이 불가피한 사유로 직무를 수행할 수 없을 때에는 그 직무를 대행한다.

제18조의 2(보육교직원의 책무) ① 보육교직원은 영유아를 보육함에 있어 영유아에게 신체적 고통이나 고성·폭언 등의 정신적 고통을 가하여서는 안 된다.

② 보육교직원은 업무를 수행함에 있어 영유아의 생명·안전보호 및 위험방지를 위하여 주의의무를 다하여야 한다.

제46조 (어린이집의 원장의 자격정지) 관련 판례 보건복지부장관은 어린이집의 원장이 다음 각호의 어느 하나에 해당하면 1년(「아동복지법」 제3조 제7호에 따른 아동학대 행위로 제1호 가목에 해당하게 된 경우에는 2년) 이내의 범위에서 보건복지부령으로 정하는 바에

따라 그 자격을 정지시킬 수 있다. [개정 2008.2.29. 제8852호(정부조직법), 2010.1.18. 제9932호(정부조직법), 2011.6.7., 2013.6.4., 2015.5.18.] [[시행일 2015.9.19.]]

1. 어린이집의 원장이 업무 수행 중 고의나 중대한 과실로 영유아에게 손해를 입힌 경우로서 다음 각 목의 어느 하나에 해당하는 경우
   가. 영유아의 생명을 해치거나 신체 또는 정신에 중대한 손해를 입힌 경우
   나. 제24조에 따른 운영기준을 위반하여 손해를 입힌 경우
   다. 제33조에 따라 보건복지부령으로 정한 급식 기준을 위반하여 손해를 입힌 경우
   라. 그 밖에 손해를 입힌 경우
2. 해당 업무 수행에 필요한 자격이 없는 자를 채용하여 보육교사 · 간호사 또는 영양사 등의 업무를 수행하게 한 경우
3. 제23조에 따른 보수교육을 연속하여 3회 이상 받지 아니한 경우
4. 거짓이나 그 밖의 부정한 방법으로 보조금을 교부받거나 보조금을 유용한 경우
5. 「공익신고자 보호법」 제2조 제2호에 따른 공익신고를 한 보육교직원에게 같은 조 제6호에 따른 불이익조치를 한 경우

[전문개정 2007.10.17.]

[본조제목개정 2011.6.7.][시행일 2011.12.8.]

제47조 (보육교사의 자격정지) 보건복지부장관은 보육교사가 다음 각호의 어느 하나에 해당하면 1년(「아동복지법」 제3조 제7호에 따른 아동학대 행위로 제1호에 해당하게 된 경우에는 2년) 이내의 범위에서 보건복지부령으로 정하는 바에 따라 그 자격을 정지시킬 수 있다. [개정 2008.2.29. 제8852호(정부조직법), 2010.1.18. 제9932호(정부조직법), 2011.12.31., 2015.5.18.] [시행일 2015.9.19.]

1. 보육교사가 업무 수행 중 그 자격과 관련하여 고의나 중대한 과실로 손해를 입힌 경우
2. 제23조의 2에 따른 보수교육을 연속하여 3회 이상 받지 아니한 경우

[전문개정 2007.10.17.]

제48조 (어린이집의 원장 또는 보육교사의 자격취소) 관련 판례 ① 보건복지부장관은 어린이집의 원장 또는 보육교사가 다음 각호의 어느 하나에 해당하면 그 자격을 취소한다. [개정 2008.2.29. 제8852호(정부조직법), 2010.1.18. 제9932호(정부조직법), 2011.6.7., 2011.8.4. 제11002호(아동복지법), 2013.8.13., 2015.5.18.] [시행일 2015.9.19.]

1. 거짓이나 그 밖의 부정한 방법으로 자격증을 취득한 경우
2. 자격 취득자가 업무 수행 중 그 자격과 관련하여 고의나 중대한 과실로 손해를 입히고

금고 이상의 형을 선고받은 경우

3. 「아동복지법」 제3조 제7호의 2에 따른 아동학대 관련 범죄로 처벌을 받은 경우
4. 제22조의 2에 따른 명의대여 금지 등의 의무를 위반한 경우
5. 자격정지처분기간 종료 후 3년 이내에 자격정지처분에 해당하는 행위를 한 경우
6. 자격정지처분을 받고도 자격정지처분기간 이내에 자격증을 사용하여 자격 관련 업무를 수행한 경우
7. 자격정지처분을 3회 이상 받은 경우
8. 제46조 제4호에 해당하여 금고 이상의 형을 선고받은 경우

② 보건복지부장관은 제1항에 따라 자격이 취소된 사람에게는 그 취소된 날부터 다음 각 호의 구분에 따라 자격을 재교부하지 못한다. [신설 2013. 8.13., 2015. 5. 18.] [시행일 2015.9.19]

1. 제1항 각호의 사항 중 제3호 이외의 어느 하나에 해당하는 경우: 2년
2. 제1항 제3호에 해당하는 경우: 10년(다만, 「아동복지법」 제3조 제7호의 2에 따른 아동학대 관련 범죄로 금고 이상의 실형을 선고받고 그 집행이 종료되거나 집행이 면제된 날부터 20년이 지나지 아니한 사람 또는 「아동복지법」 제3조 제7호의 2에 따른 아동학대 관련 범죄로 금고 이상의 형의 집행유예가 확정된 날부터 20년이 지나지 아니한 사람에게는 자격을 재교부할 수 없다)

[전문개정 2007.10.17.]

[본조제목개정 2011.6.7][시행일 2011.12.8.]

【부록 2. 인성교육진흥법】

제1조(목적) 이 법은 「대한민국헌법」에 따른 인간으로서의 존엄과 가치를 보장하고 「교육기본법」에 따른 교육이념을 바탕으로 건전하고 올바른 인성(人性)을 갖춘 국민을 육성하여 국가사회의 발전에 이바지함을 목적으로 한다.

제2조(정의) 이 법에서 사용하는 용어의 뜻은 다음과 같다. 〈개정 2017.12.19.〉

1. "인성교육"이란 자신의 내면을 바르고 건전하게 가꾸고 타인 · 공동체 · 자연과 더불어 살아가는 데 필요한 인간다운 성품과 역량을 기르는 것을 목적으로 하는 교육을 말한다.
2. "핵심 가치 · 덕목"이란 인성교육의 목표가 되는 것으로 예(禮), 효(孝), 정직, 책임, 존중, 배려, 소통, 협동 등의 마음가짐이나 사람됨과 관련되는 핵심적인 가치 또는 덕목을 말한다.
3. "핵심 역량"이란 핵심 가치 · 덕목을 적극적이고 능동적으로 실천 또는 실행하는 데 필요한 지식과 공감 · 소통하는 의사소통능력이나 갈등해결능력 등이 통합된 능력을 말한다.
4. "학교"란 다음 각 목의 어느 하나에 해당하는 기관을 말한다.
   가. 「유아교육법」 제2조 제2호에 따른 유치원
   나. 「초 · 중등교육법」 제2조에 따른 학교
   다. 「재외국민의 교육지원 등에 관한 법률」 제2조 제3호에 따른 한국학교

[시행일: 2018.6.20.] 제2조

제4조(국가 등의 책무) ① 국가와 지방자치단체는 인성을 갖춘 국민을 육성하기 위하여 인성교육에 관한 장기적이고 체계적인 정책을 수립하여 시행하여야 한다.

② 국가와 지방자치단체는 학생의 발달 단계 및 단위 학교의 상황과 여건에 적합한 인성교육 진흥에 필요한 시책을 마련하여야 한다.

③ 국가와 지방자치단체는 학교를 중심으로 인성교육 활동을 전개하고, 인성 친화적인 교육환경을 조성할 수 있도록 가정과 지역사회의 유기적인 연계망을 구축하도록 노력하여야 한다.

④ 국가와 지방자치단체는 학교 인성교육의 진흥을 위하여 범국민적 참여의 필요성을 홍보하도록 노력하여야 한다.

⑤ 국민은 국가 및 지방자치단체가 추진하는 인성교육에 관한 정책에 적극적으로 협력하여야 한다.

제5조(인성교육의 기본방향) ① 인성교육은 가정 및 학교와 사회에서 모두 장려되어야 한다.

② 인성교육은 인간의 전인적 발달을 고려하면서 장기적 차원에서 계획되고 실시되어야 한다.

③ 인성교육은 학교와 가정, 지역사회의 참여와 연대하에 다양한 사회적 기반을 활용하여 전국적으로 실시되어야 한다.

제6조(인성교육종합계획의 수립 등) ① 교육부장관은 인성교육의 효율적인 추진을 위하여 대통령령으로 정하는 관계 중앙행정기관의 장과의 협의와 제9조에 따른 인성교육진흥위원회의 심의를 거쳐 인성교육종합계획(이하 "종합계획"이라 한다)을 5년마다 수립하여야 한다.

② 종합계획에는 다음 각호의 사항이 포함되어야 한다.

1. 인성교육의 추진 목표 및 계획
2. 인성교육의 홍보
3. 인성교육을 위한 재원조달 및 관리방안
4. 인성교육 핵심 가치 · 덕목 및 핵심 역량 선정에 관한 사항
5. 그 밖에 인성교육에 관하여 필요한 사항으로 대통령령으로 정하는 사항

③ 교육부장관은 종합계획의 중요사항을 변경하는 경우 제1항에 따른 관계 중앙행정기관의 장과의 협의와 제9조에 따른 인성교육진흥위원회의 심의를 거쳐야 한다. 다만, 법령의 개정이나 관계 중앙행정기관의 관련 사업계획 변경 등 경미한 사항을 변경하는 경우에는 그러하지 아니하다.

④ 교육부장관은 제1항 또는 제3항에 따라 종합계획을 수립하거나 변경하였을 때에는 지체 없이 이를 관계 중앙행정기관의 장에게 통보하여야 한다.

⑤ 특별시 · 광역시 · 특별자치시 · 도 및 특별자치도 교육감(이하 "교육감"이라 한다)은 종합계획에 따라 해당 지방자치단체의 연도별 인성교육시행계획(이하 "시행계획"이라 한다)을 수립 · 시행하여야 한다.

⑥ 교육감은 제5항에 따라 시행계획을 수립하거나 변경하였을 때에는 이를 지체 없이 교육부장관에게 통보하여야 한다.

⑦ 종합계획 및 시행계획의 수립 · 시행 등에 필요한 사항은 대통령령으로 정한다.

제10조(학교의 인성교육 기준과 운영) ① 교육부장관은 대통령령으로 정하는 바에 따라 학교에 대한 인성교육 목표와 성취 기준을 정한다.

② 학교의 장은 제1항에 따른 인성교육의 목표 및 성취 기준과 교육대상의 연령 등을 고려하여 대통령령으로 정하는 바에 따라 매년 인성에 관한 교육계획을 수립하여 교육을 실시하여야 한다.
③ 학교의 장은 인성교육의 핵심 가치·덕목을 중심으로 학생의 인성 핵심 역량을 함양하는 학교 교육과정을 편성·운영하여야 한다.
④ 학교의 장은 인성교육 진흥을 위하여 학교·가정·지역사회와의 연계 방안을 강구하여야 한다.

제11조(인성교육 지원 등) ① 국가 및 지방자치단체는 가정, 학교 및 지역사회에서의 인성교육을 지원하기 위한 교육 프로그램(이하 "인성교육 프로그램"이라 한다)을 개발하여 보급하여야 한다.
② 국가와 지방자치단체는 인성교육 프로그램의 구성 및 운용 등을 전문단체 또는 전문가에게 위탁한다.
③ 교육부장관과 교육감은 인성교육 프로그램의 구성 및 운용 계획을 해당 학교 인터넷 홈페이지에 게시하는 등의 방법으로 학부모에게 알릴 수 있도록 하여야 한다. 〈개정 2017.12.19.〉
④ 학부모는 국가, 지방자치단체 및 학교의 인성교육 진흥 시책에 협조하여야 하고, 인성교육을 위하여 필요한 사항을 해당 기관의 장에게 건의한다.
⑤ 그 밖에 가정, 학교 및 지역사회에서의 인성교육 진흥 등에 필요한 사항은 대통령령으로 정한다.
[시행일: 2018.6.20.]

제17조(교원의 연수 등) ① 교육부장관과 교육감은 학교의 교원(이하 "교원"이라 한다)이 대통령령으로 정하는 바에 따라 일정 시간 이상 인성교육 관련 연수를 이수하도록 하여야 한다. 〈개정 2017.12.19.〉
②「고등교육법」 제41조에 따른 교육대학·사범대학(교육과 및 교직과정을 포함한다) 등 이에 준하는 기관으로서 교육부령으로 정하는 교원 양성기관은 예비교원의 인성교육 지도 역량을 강화하기 위하여 관련 과목을 필수로 개설하여 운영하여야 한다.
[시행일: 2018.6.20.]

【부록 3. 어린이집 표준보육과정 총론】

제 1 장 어린이집 표준보육과정 총론

어린이집 표준보육과정(이하, '표준보육과정'이라 함)은 어린이집의 만 0~5세 영 · 유아들에게 국가수준에서 제공하는 보편적이고 공통적인 보육의 목표와 내용을 제시한 것이다. 어린이집 표준보육과정은 0~1세 보육과정, 2세 보육과정, 3~5세 보육과정(누리과정 포함)으로 구성한다. 국가수준의 어린이집 표준보육과정을 시행함으로써 영 · 유아의 전인적 발달과 우리 문화에 적합한 내용을 일관성 있고 연계적으로 실천하며, 궁극적으로 사회에서 추구하는 인간상을 구현하고 전국 어린이집의 질적 수준을 높이는 데 기여하고자 한다.

Ⅰ. 표준보육과정의 기초

1. 추구하는 인간상

가. 심신이 건강하고 행복한 사람

나. 자율적이고 창의적인 사람

다. 자신과 타인을 존중하고 배려하는 사람

라. 자연과 우리 문화를 사랑하는 사람

마. 다양성을 인정하는 민주적인 사람

2. 표준보육과정의 기본 전제

가. 영 · 유아는 개별적인 특성을 지닌 고유한 존재이다.

나. 영 · 유아는 연령에 따라 발달적 특성이 질적으로 다르다.

다. 영 · 유아는 그 자체로서 존중받아야 하는 존재이다.

라. 영 · 유아는 직접적으로 경험할 때 의미 있는 지식, 기술 및 바람직한 태도를 형성해 간다.

마. 영 · 유아는 일상생활이 편안하고 학습과 경험이 놀이중심으로 이루어질 때, 최대의 능력이 발휘된다.

바. 영 · 유아는 민감하고 반응적인 성인과의 신뢰로운 관계 속에서 최적의 발달을 이룬다.

사. 영 · 유아가 속한 가정, 지역사회가 함께 협력할 때 영유아에게 가장 긍정적인 영향을 미친다.

3. 구성 방향 및 체계

가. 구성방향

(1) 영·유아의 발달 특성과 개인차를 고려하여 연령 및 수준별로 구성한다.

(2) 어린이집에서 편안하고 행복한 일상생활이 되도록 중점을 두어 구성한다.

(3) 질서, 배려, 협력 등 기본생활습관과 바른 인성을 기르는 데 중점을 두어 구성한다.

(4) 자율성과 창의성을 기르는 데 중점을 두고, 전인발달을 이루도록 구성한다.

(5) 사람과 자연을 존중하고, 우리 문화를 이해하는 데 중점을 두어 구성한다.

나. 구성 체계

(1) 어린이집 표준보육과정은 0~1세 보육과정, 2세 보육과정, 3~5세 보육과정으로 구성한다.

(2) 어린이집 표준보육과정은 영역, 내용범주, 내용, 세부 내용으로 구분하고, 내용 간에 연계가 이루어지도록 구성한다.

(3) 세부내용이라 함은 0~1세 보육과정, 2세 보육과정에서는 수준별 세부내용을 의미하고 3~5세 보육과정에서는 연령별 세부내용을 의미한다.

(4) 0~1세 보육과정은 기본생활, 신체운동, 의사소통, 사회관계, 예술경험, 자연탐구의 6개 영역을 중심으로 구성한다.

(5) 2세 보육과정은 기본생활, 신체운동, 의사소통, 사회관계, 예술경험, 자연탐구의 6개 영역을 중심으로 구성한다.

(6) 3~5세 보육과정은 신체운동·건강, 의사소통, 사회관계, 예술경험, 자연탐구의 5개 영역을 중심으로 구성한다.

(7) 3~5세 보육과정은 초등학교 교육과정과의 연계성을 고려하여 구성한다.

II. 목적과 목표

1. 목적

영·유아의 심신의 건강과 전인적 발달을 도와 행복을 도모하며 민주시민의 기초를 형성하는 것을 목적으로 한다.

2. 목표

가. 0~1세 보육과정

(1) 건강하고 안전한 일상생활을 경험한다.

(2) 감각 및 기본 신체운동 능력을 기른다.
(3) 말소리를 구분하고 의사소통의 기초를 마련한다.
(4) 친숙한 사람과 관계를 형성한다.
(5) 아름다움에 관심을 가진다.
(6) 보고, 듣고, 만지면서 주변 환경에 관심을 가진다.

나. 2세 보육과정
(1) 건강하고 안전한 생활습관의 기초를 마련한다.
(2) 감각, 신체 조절 및 기본 운동 능력을 기른다.
(3) 의사소통 능력의 기초를 기른다.
(4) 나를 인식하고 다른 사람과 더불어 생활하는 경험을 한다.
(5) 아름다움에 관심을 가지고 예술경험을 즐긴다.
(6) 주변 환경에 호기심을 갖고 탐색하기를 즐긴다.

다. 3~5세 보육과정
(1) 기본 운동 능력과 건강하고 안전한 생활 습관을 기른다.
(2) 일상생활에 필요한 의사소통 능력과 바른 언어 사용 습관을 기른다.
(3) 자신을 존중하고 다른 사람과 더불어 생활하는 능력과 태도를 기른다.
(4) 아름다움에 관심을 가지고 예술 경험을 즐기며, 창의적으로 표현하는 능력을 기른다.
(5) 호기심을 가지고 주변 세계를 탐구하며, 일상생활에서 수학적 · 과학적으로 생각하는 능력과 태도를 기른다.

Ⅲ. 편성과 운영

1. 편성

가. 어린이집의 운영 시간에 맞추어 편성한다.
나. 표준 보육과정에 제시된 각 영역의 내용을 균형 있게 통합적으로 편성한다.
다. 영 · 유아의 발달 특성 및 개인차, 경험을 고려하여 놀이를 중심으로 편성한다.
라. 영 · 유아의 일과 중 일상생활을 포함하여 편성한다.
마. 어린이집과 보육실의 특성에 따라 융통성 있게 편성한다.
바. 성별, 종교, 신체적 특성, 가족 및 민족 배경 등으로 인한 편견이 없도록 편성한다.

2. 운영

가. 보육계획(연간, 월간, 주간, 일일 계획 등)에 의거하여 운영한다.

나. 실내 · 외 환경을 다양한 흥미 영역으로 구성하여 운영한다.

다. 영 · 유아의 능력과 장애 정도에 따라 조정하여 운영한다.

라. 부모와 각 기관의 실정에 따라 부모교육을 실시한다.

마. 가정과 지역사회와의 협력과 참여에 기반하여 운영한다.

바. 교사 재교육을 통해 어린이집 표준보육과정 운영을 개선해 나간다.

3. 교수-학습 방법

가. 주도적인 놀이를 중심으로 교수-학습 활동이 이루어지도록 한다.

나. 흥미를 중심으로 활동을 선택하고 지속할 수 있도록 한다.

다. 생활 속 경험을 소재로 하여 지식, 기술, 바람직한 태도를 기르도록 한다.

라. 교사와 신뢰감을 형성하고 개별적인 활동이 이루어지도록 한다.

마. 교사, 환경, 또래와 능동적인 상호작용이 이루어지도록 한다.

바. 주제를 중심으로 여러 활동이 통합적으로 이루어지도록 한다.

사. 만 0~1세아, 만 2세아는 일상생활 및 개별 활동, 휴식 등이 균형 있게 이루어지도록 한다.

아. 만 3~5세아는 실내 · 실외활동, 정적 · 동적활동, 대 · 소집단 활동 및 개별 활동, 일상생활 및 휴식 등이 균형 있게 이루어지도록 한다.

4. 평가

가. 운영평가

(1) 어린이집 표준보육과정의 목표와 내용에 근거하여 보육내용이 적절히 편성 · 운영되는지 평가한다.

(2) 어린이집 표준보육과정의 운영 내용 및 활동이 영유아의 발달 수준과 흥미, 요구에 적합한지 평가한다.

(3) 영 · 유아의 발달 수준, 흥미, 요구에 적합한 경험 및 학습을 촉진할 수 있는 다양한 활동과 교수-학습 방법이 계획되고 통합적으로 운영되는지 평가한다.

(4) 일과 운영 및 보육활동 구성 시 놀이 활동과 일상생활 활동의 양과 내용이 영아 및 유아 각 연령의 발달에 적합하게 계획되고 운영되는지 평가한다.

(5) 만 0~1세아, 만 2세아는 집단 활동보다 개별적인 상호작용과 교수법을 중심으로 상호작용이 진행되는지를 평가한다.

(6) 어린이집 표준보육과정 운영 평가 결과를 수시로 반영하여 보육과정 운영 계획을 수정 · 보완하거나 다음 연도의 계획 수립 및 운영에 반영하는지 평가한다.

나. 영·유아평가

(1) 어린이집 표준보육과정의 목표와 내용에 근거하여 영 · 유아의 특성과 변화 정도를 평가한다.

(2) 지식, 기술, 태도 등을 평가한다.

(3) 일상생활과 보육과정 활동 전반에 걸쳐 평가한다.

(4) 관찰, 활동 결과물 분석, 부모 면담 등 다양한 방법을 사용하여 종합적으로 평가하고, 그 결과를 기록한다.

(5) 평가 결과는 영 · 유아에 대한 이해와 어린이집 표준보육과정운영 개선 및 부모 면담 자료로 활용한다.

【부록 4. 보육교사 자기이해 진단 도구】

보육교사의 자기이해 진단 도구는 보육교사 스스로 자신이 보육교사로서 갖추어야 할 역량을 얼마만큼 지니고 있는지 알아보는 개인용 체크리스트 형식의 검사이다. 본 검사의 목적은 교사로서 어려움을 느끼는 부분을 스스로 점검해 보고, 그 결과를 참고하여 보다 행복하고 만족스러운 교사 생활을 영위해 갈 수 있도록 지원하기 위함이다.

보육교사 자기이해 진단 도구는 4개의 영역으로 구성되어 있으며, 각각 보육교사로서의 자존감, 직업 소명감, 정서 능력, 대인 관계성을 측정하고 있다. 영역별 내용은 아래의 [그림]과 같다.

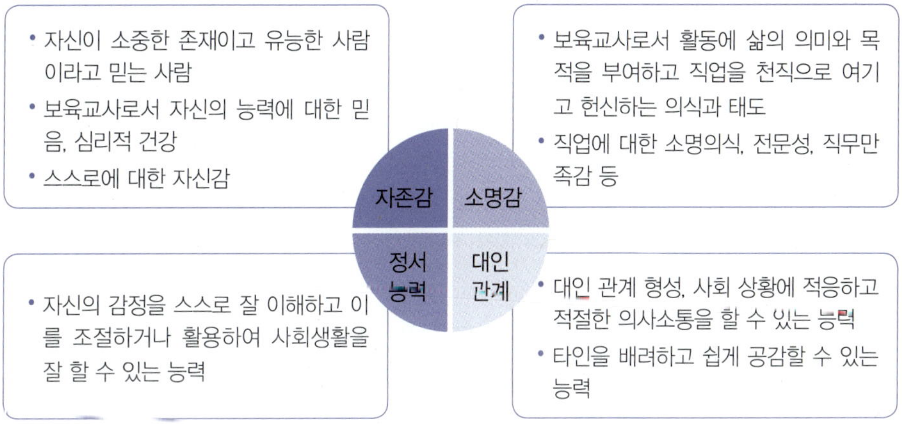

[그림] 보육교사 자기이해 진단 영역

출처: 김은설 외(2017). 보육교직원 인성교육 프로그램 및 인성평가 문항 개발. 육아정책연구소.

활동해 봅시다

❖ 보육교사 자기이해 진단

1. 보육교사 자기이해 진단 도구의 각 문항을 읽고, 자신을 잘 나타내는 번호에 ✓ 표시해 보세요.

   ⓪ 전혀 아니다 ① 대체로 아니다 ② 약간 아니다 ③ 보통이다
   ④ 약간 그렇다 ⑤ 대체로 그렇다 ⑥ 매우 그렇다

2. 자존감, 정서인식과 활용, 직업 소명감, 대인 관계 영역별 문항의 점수 합계와 평균 점수를 구한다.
3. 가장 점수가 높은 영역과 낮은 영역을 확인한다.

▶ 보육교사 자기이해 진단 도구

자존감(14)							
문항	전혀 아니다 ⇔ 매우 그렇다						
1. 나는 보육에 필요한 자료나 도구를 활용하는 아이디어가 많다.	⓪	①	②	③	④	⑤	⑥
2. 나는 학부모들이 잘 참여하도록 만들 수 있다.	⓪	①	②	③	④	⑤	⑥
3. 나는 영유아가 어린이집에 오는 것을 즐기도록 만들 수 있다.	⓪	①	②	③	④	⑤	⑥
4. 나는 내가 일을 잘 못하고 있는 것 같다(*).	⓪	①	②	③	④	⑤	⑥
5. 나는 예민하고 까다로운 영유아를 효과적으로 지도한다.	⓪	①	②	③	④	⑤	⑥
6. 나는 무슨 일을 하든지 정신을 집중하기가 힘들다(*).	⓪	①	②	③	④	⑤	⑥
7. 나는 위험한 상황에서 잘 대처할 수 없을 것 같아서 불안하다(*).	⓪	①	②	③	④	⑤	⑥
8. 나는 문제가 생기면 불안해져서 아무것도 할 수가 없다(*).	⓪	①	②	③	④	⑤	⑥
9. 나는 남들만큼은 일을 잘 한다고 생각한다.	⓪	①	②	③	④	⑤	⑥
10. 나는 영유아가 어린이집 생활에 자신감을 갖도록 한다.	⓪	①	②	③	④	⑤	⑥
11. 나는 하려고만 하면 무엇이든 해낼 수 있다고 생각한다.	⓪	①	②	③	④	⑤	⑥
12. 다른 사람을 대할 때 실수를 저지를까 봐 두려움을 느낀다(*).	⓪	①	②	③	④	⑤	⑥
13. 나는 매력이 없는 사람인 것 같다(*).	⓪	①	②	③	④	⑤	⑥
14. 나는 어려운 일이 생기면 당황스러워서 어찌할 바를 모른다(*).	⓪	①	②	③	④	⑤	⑥
총점							
평균 점수(총점÷14)							

정서인식과 활용(13)							
문항	전혀 아니다 ⇔ 매우 그렇다						
15. 나는 내가 느끼는 것이 무슨 감정인지 이해한다.	⓪	①	②	③	④	⑤	⑥
16. 나는 대부분의 경우에 내가 느끼는 감정의 원인을 알고 있다.	⓪	①	②	③	④	⑤	⑥
17. 나는 내 기분을 조절할 수 있고 곤란한 문제도 이성적으로 처리한다.	⓪	①	②	③	④	⑤	⑥
18. 나는 내 자신의 정서를 이해한다.	⓪	①	②	③	④	⑤	⑥
19. 나는 내가 행복한지 그렇지 않은지 항상 알고 있다.	⓪	①	②	③	④	⑤	⑥
20. 영유아의 더딘 행동 때문에 일과가 지연될 때 화가 난다(*).	⓪	①	②	③	④	⑤	⑥

정서인식과 활용(13)							
문항	전혀 아니다 ⇔ 매우 그렇다						
21. 나는 내 정서를 잘 통제하는 것이 힘들 때가 있다.	⓪	①	②	③	④	⑤	⑥
22. 머릿속에 떠오르는 대로 말하는 경향이 있다.	⓪	①	②	③	④	⑤	⑥
23. 충동적으로 일을 벌이고 나서 후회하는 경향이 있다.	⓪	①	②	③	④	⑤	⑥
24. 몸이 안 좋고 마음이 복잡할 때에는 영유아에게 짜증이 난다 (*).	⓪	①	②	③	④	⑤	⑥
25. 때때로 슬플 때도 있지만 나는 대부분 낙관적이다.	⓪	①	②	③	④	⑤	⑥
26. 나는 아무리 기분이 나빠도 즐거운 일을 생각하려고 노력한다.	⓪	①	②	③	④	⑤	⑥
27. 영유아가 스스로 할 수 있는 일에 대해서는 시간이 걸려도 기다려 주는 편이다.	⓪	①	②	③	④	⑤	⑥
총점							
평균 점수(총점÷13)							

직업 소명감(12)							
문항	전혀 아니다 ⇔ 매우 그렇다						
28. 나는 보육교사라는 일에 열정을 가지고 임하고 있다.	⓪	①	②	③	④	⑤	⑥
29. 보육교사로서의 나의 일은 내 인생에 큰 만족을 준다.	⓪	①	②	③	④	⑤	⑥
30. 나는 보육교사가 지켜야 할 윤리적 실천사항에 대해 알고 있다.	⓪	①	②	③	④	⑤	⑥
31. 내가 중시하는 보육교사직은 더 좋은 세상을 만드는 데 도움이 되는 일이다.	⓪	①	②	③	④	⑤	⑥
32. 다른 일을 선택할 수 있더라도 나는 보육교사를 선택할 것이다.	⓪	①	②	③	④	⑤	⑥
33. 보육교사는 전문성을 지닌 직업이라고 생각한다.	⓪	①	②	③	④	⑤	⑥
34. 나는 보육교사로서 지켜야 할 철학과 신념이 투철하다.	⓪	①	②	③	④	⑤	⑥
35. 나는 보육교사 일을 계속해서 하고 싶다.	⓪	①	②	③	④	⑤	⑥
36. 나는 보육교사라는 직업을 다른 사람에게 적극 추천하고 싶다.	⓪	①	②	③	④	⑤	⑥
37. 나는 보육교사로서 역량을 향상시키려고 노력하고 있다.	⓪	①	②	③	④	⑤	⑥
38. 나는 보육교사 일을 하는 것이 운명으로 느껴진다.	⓪	①	②	③	④	⑤	⑥
39. 나는 보육교사로서 책임감을 느낀다.	⓪	①	②	③	④	⑤	⑥
총점							
평균 점수(총점÷12)							

대인 관계(11)							
문항	전혀 아니다 ⇔ 매우 그렇다						
40. 원장과 의견이 다른 경우, 나의 의견을 제대로 전달하지 못하는 편이다(*).	⓪	①	②	③	④	⑤	⑥
41. 내가 손해를 보더라도 다른 사람을 먼저 생각하여 행동하는 편이다.	⓪	①	②	③	④	⑤	⑥
42 주변의 약자나 곤란에 처한 사람을 잘 도와주는 편이다.	⓪	①	②	③	④	⑤	⑥
43 나는 학부모를 만나는 것이 어쩐지 내키지 않는다(*).	⓪	①	②	③	④	⑤	⑥
44. 나는 동료 교사 등 사람들과 쉽게 어울리는 편이다.	⓪	①	②	③	④	⑤	⑥
45. 나는 원장이 나와 같은 생각과 감정을 이해하도록 이야기한다.	⓪	①	②	③	④	⑤	⑥
46. 나는 다른 사람의 기분이 상하지 않도록 말과 행동을 조심하는 편이다.	⓪	①	②	③	④	⑤	⑥
47. 나는 동료 교사와 내 생각과 감정을 터놓고 이야기한다.	⓪	①	②	③	④	⑤	⑥
48. 상대방의 의견이 내 의견과 다르더라도 상대방 의견을 존중한다.	⓪	①	②	③	④	⑤	⑥
49. 나는 상대방에게 친밀감을 느끼지만 상대방은 그렇지 않은 듯하다(*).	⓪	①	②	③	④	⑤	⑥
50. 나는 영유아나 동료 교사의 기분이나 생각을 잘 파악하는 편이다.	⓪	①	②	③	④	⑤	⑥
총점							
평균 점수(총점÷11)							

(*) 표시는 역채점 문항임

출처: 김은설 외(2017). 보육교직원 인성교육 프로그램 및 인성평가 문항 개발. 육아정책연구소.

[점수 계산 방법]

- 문항의 점수를 그대로 쓴다.
- (*)은 역채점 문항이다. 역채점 문항 점수는 표기한 점수와 대비되는 점수로 계산한다. 예를 들어, 역채점 문항에 1점을 표기한 경우, 대비되는 점수인 4점으로 계산한다.
- 해당 영역의 환산 점수를 합한 것을 영역별 문항수로 나누어 평균을 낸다.
- 점수 계산의 예

문항 번호(*는 역채점)	척도							내 점수
	⓪	①	②	③	④	⑤	⑥	
1번 문항			✓					3점
2번 문항(*)		✓						3점
3번 문항(*)	✓							4점
4번 문항(*)				✓				1점
총점	1번+2번+3번+4번							11점
평균	11점÷4문항							2.75점

▶ 나와 동료의 영역별 자기이해 점수

영역	나의 섬수	동료 전수	동료 점수
자존감			
정서인식과 활용			
직업 소명감			
대인 관계			
총계			

참고문헌

강선보 · 박의수 · 김귀성 · 송순재 · 정윤경 · 김영래 · 고미숙 (2008). 인성교육. 경기: 양서원.

강은주 · 이수경 (2017). 보육교사의 인성과 행복감 및 직무만족도의 관계. 교육연구. 2(2), 1-18.

강인숙 · 이희경 (2016). 유아교사의 인성과 전문성 발달이 영유아 권리존중 실행에 미치는 영향. 홀리스틱융합교육연구, 20(4), 49-66.

강진옥 (1993). 유치원 교사의 이직 원인에 관한 연구. 중앙대학교 석사학위 청구논문.

강현미 · 서현아 (2017). 예비유아교사의 인성과 교직선택동기가 교직윤리의식에 미치는 영향: 능동적 동기의 매개효과를 중심으로. 유아교육연구, 37(4), 963-981.

고미숙 (2008). 도덕철학적 관점의 인성교육. 강선보 · 박의수 · 김귀성 · 송순재 · 정윤경 · 김영래 · 고미숙(저), 인성교육(pp. 195-225). 경기: 양서원.

곽희경 (2011). 유아교사의 행복감 및 자아정체감과 교사 효능감, 교사-유아 상호작용의 관계. 전북대학교 박사학위논문.

교육과학기술부 (2012). 유치원 기본과정 내실화를 위한 인성교육 프로그램.

교육과학기술부 (2014). 인성덕목을 활용한 융합형 인성교육 프로그램 개발연구.

교육부 (2016. 2. 5).「인성교육 5개년 종합계획(2016~2020)」2016년 인성교육 시행계획.

구현아 · 임양미 · 이기선 (2009). 경기도 보육교사 재교육실태 및 개선방안 연구. 한국보육학회지, 9(2), 1-22.

권미경 · 이재희 · 최인화 (2017). 다문화 배경을 지닌 한부모 육아지원 방안(연구보고 2017-20). 서울: 육아정책연구소.

권미경 · 최효미 · 최지은 · 김건희 (2015). 돌봄 취약계층 맞춤형 육아지원 방안(Ⅰ) 장애영유아를 중심으로(연구보고 2015-31). 서울: 육아정책연구소.

권승혁 (2010). 도덕교육개론. 서울: 한국학술정보.

김경령 · 서은하 (2014). 예비교사의 교직인성 자기점검도구 개발 연구. 한국교원교육연구, 31(1), 117-139.

김광병 · 김기화 (2015). 유치원교사와 보육교사의 법적 지위 비교 분석. 교육문화연구, 21(5), 203-227.

김길숙 · 문무경 · 이민경 (2015). 유치원 · 어린이집 교사 권익 보호 실태 및 증진 방안. 서울: 육아정책연구소.

김명순 · 김일옥 · 김정원 · 김지은 · 백선희 · 조부경 (2005). 표준보육과정 연구. 연구보고 2005-26. 여성가족부.

김미란 (2000). 유아교육 예비교사와 현직교사의 교육신념에 관한 연구. 경기대학교 교육대학원 석사학위논문.

김미애 (2007). 유치원 교사가 동료교사들과 맺는 인간관계에 관한 질적 연구. 건국대학교 사회과학대학원 석사학위 청구논문.

김봉옥 (1998). 유치원 자율장학의 현황과 활성화 방안 인천대학교 교육대학원 석사학위 청구논문.

김순환 · 김하진 · 나원정 (2014). 유아교사-어머니 관계의 어려움에 대한 상호인식. 육아지원연구, 9(2), 199-225.

김순환 · 박선혜 · 남옥선 (2014). 예비유아교사를 위한 교직인성 프로그램 개발 및 적용. 유아교육학논집, 18(2), 313-363.

김아영 (1997). 학구적 실패에 대한 내성의 관련 변인 연구. 교육심리연구, 11(2), 1-19.

김아영 (2004). 자기효능감과 학습동기. 교육방법연구, 16(1), 1-38.

김아영 (2012). 교사전문성 핵심요인으로서의 교사효능감. 교육심리연구, 26(1), 63-84.

김아영 · 차정은 (1996). 자기효능감과 측정. 산업 및 조직심리학회 동계학술발표대회 논문집, 51-64.

김영신 (2012). 컨설팅 장학의 원리에 관한 비판적 논의. 전남대학교대학원 석사학위논문.

김영은 · 이희선 (2016). 아동학대예방을 위한 예비유아교사의 인성교육 기초 연구. 인지발달중재학회지, 7(1), 15-32.

김용희 (2012). 애착이 심리적 안녕감에 영향을 미치는 관계에서 정서경험의 매개효과. 청소년학연구, 19(9), 231-256.

김은설 (2013). 보육교직원 보수교육 제도의 문제점과 개선 방안. 육아정책연구, 7(1), 127-149.

김은설 · 김길숙 · 이민경 (2015). 영유아교사 인성 평가 도구 개발 및 교육 강화 방안. 서울: 육아정책연구소.

김은설 · 문무경 · 최은영 · 배윤진 · 윤지연 (2017). 보육교직원을 위한 인성교육 프로그램 및 인성 평가 문항 개발. 서울: 육아정책연구소.

김은영 · 박은혜 (2007). 유치원 교사의 직무 분석. 한국교원교육연구, 23(2), 303-323.

김인해 (2016). 예비유아교사의 교직윤리 및 교직인성. 성신여자대학교 교육대학원 석사학위논문.

김정겸 · 이주연 (2014). 유아교사의 사고양식과 인성개발 효능감이 교직 헌신도에 미치는 영향. 한국산학기술학회논문지, 15(4), 1905-1915.

김정환 · 남현우 · 염시창 · 임진영 (2012). 교직적성 · 인성 검사 도구 개발연구. 서울: 교육과학기술부.

김종철 (1985). 교사론. 서울: 교육과학사.

김진아 · 이종희 (2008). 보육종사자가 지각한 보육시설의 조직문화. 한국영유아보육학, 55(55), 119-149.

김혜경 · 조복희 (2012). 보육교사 적성검사 도구 개발. 아동학회지, 33(5), 221-246.

김혜진 (2018). 보육교사의 처우수준과 직무스트레스, CCTV 통제가 영 · 유아권리존중 보육에 미치는 영향. 한양대학교 교육대학원 석사학위논문.

노은숙 (2012). 유아교사의 정서지능이 의사소통능력에 미치는 영향. 경기대학교 교육대학원 국내 석사학위 청구논문.

노은숙 · 부성숙 (2012). 유아교사의 정서지능이 의사소통능력에 미치는 영향. 교육과학연구, 43(4),

113-136.

데이빗 섀논 (2006). 줄무늬가 생겼어요. (조세현 역). 서울: 비룡소.

류경희 · 강상 (2015). 유아교사의 정서지능, 동료교사 협력 관계, 부모-교사 협력 관계와 교사효능감 간의 구조모형 분석. 유아교육 · 보육복지연구, 19(2), 204-225.

박경열 (1998). 조직경영론. 서울: 보고사.

박세정 · 박지영 · 석은조 · 오성숙 (2014). 보육교사론. 경기: 공동체.

박승희 (2003). 한국 장애학생 통합교육: 특수교육과 일반교육의 관계 재정립. 서울: 교육과학사.

박유진 (2012). 예비유아교사가 인식하는 안녕감과 자아탄력성. 이화여자대학교 대학원 석사학위논문.

박윤조 · 임명희 · 안정숙 (2015). 보육교사의 인성이 직무스트레스 및 스트레스 대처유형에 미치는 영향. 한국보육학회지, 15(3), 129-148.

박은경 (2017). 교사가 인식하는 소명의식 유형: Q방법론적 접근. 한국교원대학교 대학원 석사학위논문.

박은혜 (2003). 유아 교육기관에서의 현장사례집. 서울: 이화여자대학교 교육과학연구소.

박은혜 (2017). 유아교사론(제5판). 서울: 창지사.

박은혜 · 김수연 · 김희진 · 김희태 · 박정선 · 이대균 · 이희경 · 조부경 · 조형숙 · 황해익 · 김미석 · 김은영 (2010). 유아교육 선진화 기반조성사업 9. 유치원 교사 양성 및 임용체제 개선방안. 서울: 육아정책연구소.

박은혜 · 조운주 (2013). 반성적 실천을 위한 유아교육실습. 서울: 창지사.

박은혜 · 한희경 · 박신영 · 문복진 (2015). 유아교육관리자 역량강화 및 인성교육 연수프로그램 정책연구. 대구: 중앙교육연수원.

박진영 (2017). 완전통합학급을 운영하는 사립유치원 교사의 통합교육 지원 실태 및 요구: 경기 지역을 중심으로. 단국대학교 특수교육대학원 석사학위논문.

박찬옥 · 서동미 · 곽현주 · 박성희 · 한남주 · 홍찬의 (2017). 유아교육과정. 경기: 정민사.

박찬옥 · 지성애 · 김미경 · 이부미 · 채영란 · 김현경 · 김순자 (2011). 유아 다문화 교육. 서울: 창지사.

박효정 · 정광희 (2001). 한국 사회의 도덕성 지표 개발 연구 II. 충북: 한국교육개발원.

배인자 · 위수경 (2004). 유치원에서 어머니-교사 의사소통과 유아의 사회적 능력 간의 관계. 영유아교육연구, 7, 20-47.

백연희 (2010). 수업컨설팅의 효과 분석. 대구교육대학교 석사학위 논문.

변경애 (2008). 유아교사의 바람직한 자질에 대한 유치원 교사와 학부모의 인식 비교. 경희대학교 대학원 석사학위논문.

변윤희 · 최경 · 연혜민 (2016). 예비유아교사 대상의 그림책을 활용한 인성교육 프로그램 개발. 한국유아교육학회, 2016, 668-668.

보건복지부 (2014). 취약보육프로그램 II: 다문화 보육프로그램.

보건복지부 (2015. 12. 22.). 어린이집 CCTV 설치율 99.9%, 아동학대 사전예방 기대! (보도자료)

보건복지부 (2018). 2017 보육통계.

보건복지부 (2018). 2018년도 보육사업안내.

보건복지부 · 중앙보육정보센터 (2012). 2012 어린이집 보육교직원 안전교육.

보건복지부 · 한국보육진흥원 (2017). 제 3차 어린이집 평가인증 안내(통합지표). 서울: 한국보육진흥원.

서미정 · 이경님(2017). 보육교사의 보육효능감에 대한 원장과 동료의 정서적지지, 보육교사의 정서지능과 셀프리더십 간의 구조적 관계. 한국유아교육 · 보육복지연구, 21(2), 1~28.

서영숙 · 박진옥 · 서혜전 (2014). 보육교직원. 한국보육지원학회, 10(4), 5-28.

서현 · 임지윤 · 박미자 (2013). 유아교사의 바람직한 인성에 대한 예비유아교사와 현직유아교사의 인식 비교. 한국영유아보육학, 77, 41-71.

성희창 (2018). 교사의 소명의식 형성 과정 연구. 서울대학교 대학원 석사학위논문.

세이브더칠드런 (2014). 세이브더칠드런과 함께하는 보육 · 유치원 교사 아동권리교육.

손희손 (2015). 컨설팅 장학 활성화에 대한 교원인식 연구. 한국교원대학교 교원정책전문대학원 석사학위 논문.

송미경 (2016). 소진과 소명에 대한 이해. 인문과학연구논총, 37(1), 505-527.

송미선 · 김소양 (2009). 보육교사의 정서지능과 직무스트레스와의 관계. 미래유아교육학회지, 16(4), 99-119.

송양수 (2015). 특수교육대상유아 아버지의 가족지원에 대한 경험: 가족지원에 대한 인식 및 요구를 중점으로. 단국대학교 특수교육대학원 석사학위 논문.

송영미 (2016). 영유아교사의 권리와 의무에 관한 유치원교사와 보육교사의 인식 연구. 숙명여자대학교 교육대학원 석사학위 논문.

송준만 · 유효순 (2011). 특수교육학개론. 경기: 교문사.

신득렬 (2002). 교직을 위한 윤리 연구. 교육철학, 20(20), 101-116.

신애선 (2014). 10~24개월 영아의 의사소통적 몸짓과 기질 및 어휘력 간의 관계. 원광대학교 대학원 박사학위논문.

신은수 · 박은혜 · 조운주 · 이경민 · 유영의 · 이진화 · 이병호 (2011). 유아교육 선진화 기반조성사업 10. 유치원 교원의 생애 주기별 역량강화 및 활용. 서울: 육아정책연구소.

신혜원 · 민성혜 · 김의향 · 신윤승 (2016). 보육교사론. 경기: 양서원.

에즈러 잭 키츠(2017). 피터의 의자. (이진영 역). 시공주니어.

여성가족부 (2018). 제 3차 다문화가족정책 기본계획(2018~2022) 2018년도 시행계획.

오영희 · 이춘희 · 김혜자 · 이성세 · 최미숙 (2008). 유아교육기관 교사의 직무만족도에 관한 연구: 자아상태와 스트로크를 중심으로. 유아교육학논집, 12(2), 381-400.

오재연 · 송미선 (2009). 외국인 어머니를 둔 유아의 유아교육기관 적응행동에 영향을 주는 요인에 관한 연구. 열린유아교육연구, 14(1), 251-269.

원혜경 · 이소정 (2017). 예비유아교사를 위한 간편형 교직 적 · 인성 척도 타당화 연구. 유아교육학논집, 21(1), 133-165.

위수정 (2001). 유치원에서의 어머니 - 교사 의사소통에 관한 연구. 이화여자대학교 대학원 석사학위논문.

유수옥 (1998). 유치원에서의 장애유아 통합교육의 운영과 과제. 인문과학논집, 6, 481-502.

유정선 (2001). 현장사례분석에 나타난 유아교사들의 문제해결능력. 이화여자대학교 대학원 석사학위 청구논문.

유희정 · 이미화 (2004). 보육교사의 근무 환경 및 직무실태 분석(한국여성정책연구원 연구보고서 240-17). 서울: 한국여성정책연구원.

육아정책연구소 (2012). 교사양성과정 내실화를 위한 유치원과 어린이집 일과운영 및 교사의 직무분석. 서울: 육아정책연구소.

윤기영 (2005). (원장과 교사를 위한) 유아교육기관에서의 학부모 탐구. 경기: 양서원.

윤현희 · 강대옥 · 박재국 (2005). 유아특성 및 통합교육상황에 따른 일반유아의 장애유아에 대한 인식 및 태도. 특수아동교육연구, 7(1), 271-290.

이기숙 · 김정원 · 이현숙 · 전선옥 (2017). 영유아교육과정. 경기: 공동체.

이명순 · 염지숙 · 조형숙 · 김현주 (2017). (인성에 기초한) 보육교사론. 경기: 정민사.

이명조 (2007). 가정보육교사의 전문성 향상을 위한 현직교육프로그램 현황과 과제 연구.

이보영 (2018). 보육교사의 인성이 직무소진에 미치는 영향. 아시아문화학술원, 9(1), 533-543.

이상로 · 변창진 · 진위교 (1996). 표준화 성격진단검사. 서울: 중앙적성출판사.

이성아 (2014). 영아교사의 행복감과 교사-영아 상호작용과의 관계. 덕성여자대학교 교육대학원 석사학위논문.

이성희 (2012). 유치원 교사가 계획 · 실행 · 평가한 교육과정에 나타난 실천적 지식 분석. 이화여자대학교 박사학위논문.

이소현 (2003). “활동-중심의 통합유치원 교육과정”이 장애유아의 사회적 통합에 미치는 영향. 특수교육학연구, 37(4), 97-122.

이소현 (2004). 유아특수교육. 서울: 학지사.

이소현 · 박은혜 (2001). 특수아동교육. 서울: 학지사.

이승신 (2002). 가계의 사교육비 지출과 경제적 복지. 대한가정학회지, 40(7), 211-227.

이영애 · 부성숙 (2014). 보육교사의 의사소통능력과 가족-교사 간 의사소통의 관계. 한국콘텐츠학회논문지, 14(6), 466-476.

이윤식 (1993). 교원 연수제도 개선방안 연구. 충북: 한국교육개발원.

이윤식 · 김병찬 · 김정휘 · 박남기 · 박영숙 · 송광용 · 이성은 · 전제상 · 정영수 · 정일환 · 조동섭 · 진동섭 · 최상근 · 허병기 (2007). 교직과 교사. 서울: 학지사.

이윤정 (2006). 초등학교 초임교사의 정서지능과 스트레스 통제감 및 대처방식과의 관계. 고려대학교 교육대학원 석사학위 청구논문.

이은주 (2014). 어린이집 초임 주임교사의 역할 적응에 관한 사례 연구. 명지대학교 대학원 석사학위논문.

이은해 · 최혜영 · 박주희 (2003). 어린이집 프로그램에 대한 부모 관점의 평가. 유아교육연구, 23(3), 241-259.

이재무 · 김행열 (2016). 민간어린이집 보육교사의 동료신뢰 결정요인 확인을 위한 사회연결망분석. 한국사회복지행정학, 18(4), 27-55.

이재무 · 송영선(2014). 사회연결망분석을 활용한 국공립어린이집 보육교사의 동료신뢰 형성요인 연구. 한국영유아보육학, 85, 19-43.

이재호(2017). 듣기만 잘했을 뿐인데. 누구와도 공감하는 백발백중 대화의 기술. 서울: 미다스북스.

이정림 · 김은영 · 엄지원 · 강경숙 (2012). 장애 영유아 통합보육 · 교육 현황과 선진화 방안(연구보고 2012-10). 서울: 육아정책연구소.

이진화 (2007). 보육교사의 정서노동과 개인 및 기관의 정서변인, 직무만족도, 소진과의 관계. 이화여자대학교대학원 박사학위 청구논문.

이진화 · 박은혜 (2008). 개인 및 기관 정서변인이 보육교사의 정서노동에 미치는 영향. 한국교원교육연구, 25(1), 5-27.

이진화 · 이혜원 · 유진경 (2010). 보육교사의 정서지능 · 자기효능감 · 정서노동과의 관계. 육아지원연구, 5(2), 117-136.

이찬희 (2015). 유아특수교사의 교직생활 어려움 및 보람에 관한 사례연구. 전남대학교대학원 석사학위 논문.

이학종 (2005). 기업문화와 기업경쟁력. 서울: 박영사.

임민정 (2018). 도덕적 상상력 교사교육 프로그램에 대한 예비유아교사와 교사 교육자의 인식 및 요구. 미래유아교육학회지, 25(1), 25-46.

임수정 · 이일랑 · 이대균 (2013). CCTV와 함께 생활하는 유아교사 이야기. 어린이문학교육연구, 14(3), 433-453.

임정수 · 이완정 (2009). 유아교사 윤리강령을 토대로 분석한 동료 관계에서의 스트레스와 대처방식.

임현주 · 이대균 (2010). 어린이집 교사의 장학 경험과 그 의미. 열린유아교육연구, 15(3), 213-241.

장영희 (2004). 영유아교육과정. 경기: 양서원.

전경원 (2004). 통합교육과 창의성 치료를 중심으로 한 특수유아교육. 서울: 창지사.

전재선 (2011). 유아교사 인성 자기평가도구 개발 및 타당화 연구. 성균관대학교 일반대학원 박사학위논문.

정다우리 (2013). 어린이집 교사의 행복감, 관심사 및 교사 인성과 교사-유아 상호작용과의 관계. 한국영유아보육학, 81, 49-70.

정명자 (2016). 유아교사의 인성 및 교사효능감과 행복감 간의 관계 분석. 가천대학교 대학원 박사학위논문.

조동섭. (2005). 교사의 전문성 제고를 위한 정책방향과 과제. 한국교원교육학회 학술대회자료집, 2-17.

조벽 (2016). 인성이 실력이다. 서울: 해냄출판사.

조부경 · 백은주 (2001). 발달적 장학을 통한 유아교사의 과학교육에 대한 관점 및 교수실제의 변화 과정. 유아교육연구, 21(1), 269-292.

조석훈 (2016). 교원의 인식을 통해 본 교직의 현상과 향후 전망. 한국교원교육연구, 33(3), 1-26.

조성연 · 강재희 (2007). 보육교사의 현직교육 및 보육시설 내 장학에 대한 현황과 보육시설장의 인식. 교과교육학연구, 12(1), 405-418.

조성연 · 고영미 (2007). 보육시설 내 교사 장학 프로그램. 한국유아교육 · 보육행정학회 학술발표대회 논문집, 61-80.

조운주 (2007). 유아교사와 유아가 인식한 유아교사의 이미지 이해. 유아교육연구, 27(3), 315-335.

조운주, 조하나 (2010). 유아교사의 다문화가정 유아지도와 부모지원에 대한 인식 탐색. 유아교육 · 보육행정연구, 15(3), 7-27.

조운주 · 최일선 (2018). 예비유아교사의 교직인 · 적성 검사 도구(안) 타당화 연구. 육아지원연구, 13(1), 35-56.

조윤경 · 김수진 (2008). 유아교사를 위한 특수아동지도. 경기: 공동체.

조주원 · 전유영 (2017). 유아교사의 인성과 전문성 인식의 관계 분석. 열린유아교육연구, 22(5), 275-303.

지은림 · 도승이 · 이윤선 (2013). 인성지수 개발 연구. 서울: 교육부.

차현화 · 김현 (2008). 예비교사의 자아존중감, 대인 관계와 장애인에 대한 태도와 관계. 아동교육, 17(4), 285-297.

최명희 (2015). 교사다움: 영유아 교사를 위한 인성 지침서. 서울: 공동체.

최미미 · 서영숙(2013). 보육교사가 인식하는 동료교사와의 갈등 원인 및 대응에 관한 연구. 한국보육지원학회지, 9(1), 221-239.

최선미 · 부성숙 (2017). 유아교사의 인성과 사회적 관계의 관련성 연구. 육아지원연구, 12(1), 5-27.

최승규 (2001). 초등학교 교사의 정서지능과 직무만족과의 관계에 대한 연구 : 경기도 북부지역(일산, 파주) 교사를 중심으로. 수원대학교 산업경영대학원 석사학위 청구논문.

최윤미 (2009). 대학에서의 팀 학습 활동에 대한 학습자의 평가. 교육방법연구, 22(4), 143-163.

최은아 (2016). 예비유아교사의 사회인구학적 요인, 공감, 교직윤리의식이 인성에 미치는 영향. 학습자중심교과교육연구, 16(1), 821-846.

최일선 (2009). 유아교사의 자아개념과 인성개발 효능감의 관계. *유아교육 · 복지연구*, *13*(2), 219-237.

최지영 (2013). 협동학습상황에서 예비교사의 도덕성 변화과정 탐색연구. *학습자중심교과교육학회*, *13*(1), 265-290.

최지윤 (2013). 공감을 중심으로 한 프로젝트형 인성교육 방안연구. 한국외국어대학교 교육대학원 석사학위논문.

최현미 · 김성민 · 권정심 · 이경옥 (2009). 유아교사의 역할수행과 관련 변인들 간의 구조모형 분석: 교사의 정서지능, 조직풍토, 직무만족도를 중심으로. *유아교육학논집*, *13*(6), 323-343.

한국보육진흥원 (2012). *장애아보육 운영 매뉴얼 I : 장애아보육 운영 실제*.

한국통합교육학회 (2005). *통합교육*. 서울: 학지사.

한혜정 · 장경숙 · 김기철 · 이주연 (2017). 2015개정교육과정의 핵심역량 함양을 위한 초 · 중학교 교육과정 설계 방안 연구(연구보고 RRC 2017-2). 한국교육과정평가원.

홍지명 (2015). 부모와의 신뢰 관계 형성을 위한 유아교사의 노력에 관한 연구. 숙명여자대학교 교육대학원 석사학위논문.

황기우 (2005). 현대 교직관의 분석적 연구. *총신대논총*, *25*, 414-435.

황보영란 (2014). 영유아보육법에 관한 연혁적 고찰. *육아지원연구*, *9*(2), 125-146.

황윤세 · 김승옥 (2005). 예비유아교사의 사고양식과 다중지능과의 관계. *미래유아교육학회지*, *12*(1), 165-197.

황윤세 · 김언진 · 김경임 · 윤미경 (2016). 자기개발욕구, 정서노동, 자아탄력성과 교사의 전문성 인식 간의 관계 분석. *열린유아교육연구*, *21*(6), 205-221.

Acheson, K. A., & Gall, M. D. (1997). *Techniques in the clinical's supervision of teachers: Preservice and inservice application* (4th ed.). White Plains, NY:Longman.

Arnon, S. & Reichel, N. (2007). Who is the ideal teacher? Am I? Similarity and difference in perception of student of education regarding the qualities of a good teacher and of their own qualities as teachers. *Teachers and Teaching: theory and practice*, *13*(5), 441-464.

Baron-Cohen, S. (2013). *공감 제로: 분노와 폭력 사이코패스의 뇌 과학*. (홍승효 역). 서울: 사이언스북스. (원서 2011 출판). (http://sciencebooks.minumsa.com/eq-test/)

Bernhardt, B. C., & Singer, T. (2012). The neural basis of empathy. *Annual Review of Neuroscience*, *35*, 1-23.

Bolin, F. S. (1990). Helping student teachers think about teaching: Another look at Lou. *Journal of*

Teacher Education, *4*(1), 10-19.

Broudy, H. S. (1990). Case studies-Why and how. *Teachers College Record*, *91*(3), 449-459.

Cha, J., & Kang, H. S. (2014). 교사의 소명감이 직업만족도에 미치는 영향. 교원교육, 30(2), 149-169.

Collins, J. B. & Pratt, D. D. (2016). Teaching Perspectives Inventory. Retrieved April 30, 2016, from http://www.teachingperspectives.com.

Cooper, B. (2004). Empathy, interaction and caring: Teachers' roles in a constrained environment. *Pastoral Care in Education*, *22*(3), 12-21.

Day, C. (2007). 열정으로 가르치기(박은혜 · 이진화 · 위수경 · 조혜선 공역). 서울: 파란마음. (원서 2004 출판).

Dewey, J. (1933). *How we think: A restatement of the relation of reflective thinking to the educational process*. Lexington, MA: Heath.

Diener, E. (1984). Subjective well-being. *Psychological Bulletin*, *95*(3), 542.

Dik, B. J., & Duffy, R. D. (2009). Calling and vocation at work: Definitions and prospects for research and practice. *The Counseling Psychologist*, *37*(3), 424-450.

Goleman, D. P. (1995). *Emotional intelligence: Why it can matter more than IQ for character, health and lifelong achievement*. NY: Bantam Books.

Hargreaves, A. (2000). Mixed emotions: Teachers' perceptions of their interactions with students. *Teaching and Teacher Education*, *16*(8), 811-826.

Hochschild, A. R. (1979). Emotion work, feeling rules, and social structure. *American Journal of Sociology*, *85*(3), 551-575.

Hoffman, M. L. (2008). Empathy and prosocial behavior. *Handbook of Emotions*, *3*, 440-455.

Kidder, R. M. (1995). How good people make though choices: Resolving the dilemmas of students. *Teaching and Teacher Education*, *16*(8), 881-926.

Killion, J. P., & Todnem, G. R. (1991). A process for personal theory building. *Educational Leadership*, *48*(6), 14-16.

Kleinfeld, J. (1992). Learning to think like a teachers: The study of cases. In J. H. Shulman (Ed.), *Case methods in teacher education*(pp. 33-49). New York: Teachers College Press.

Lazear, D. G. (1994). *Seven pathways of learning: Teaching students and parents about multiple intelligences*. Tucson: Zephyr Press.

Merseth, K. K. (1996). Case and case methods in teacher education. In J. Sikula (Ed.), *Handbook of research on teacher education* (2nd ed.). New York: Macmillan.

Munro, J. H. (1999). *The case in teacher education: Guidelines for writing cases and using them to train teachers*. (http://www.abacon.com/customcase/munro.html).

Nias, J. (1996). Thinking about feeling: The emotions in teaching. *Cambridge Journal of Education, 26*(3), 293-306.

OECD (2005). *Definition and selection of key competences: Excusive summary*. France, Paris: OECD.

OECD (2012). *Starting strong* III. Paris: OECD.

Peterson, C. (1999). Personal control and well-being. In D. Kahneman, E. Diener, & N. Schwarz(Ed.), *Well-being: The foundations of hedonic psychology*(pp. 288-301). NY: Russell Sage Foundation.

Richardson, V. (1996). The role of attitudes and beliefs in learning to teach. *Handbook of Research on Teacher Education, 2*, 102-119.

Roderick, J. A. (1986). Dialogue writing: Context for reflecting on self as teacher and researcher. *Journal of Curriculum and Supervision, 1*(4), 305-315.

Schon, D. (1983). *The reflective practitioner: How professionals think in action*. New York: Basic Books.

Schwab, K. (2016). 클라우스 슈밥의 제4차 산업혁명. (송경진 역). 서울: 새로운 현재. (원서 2016 출판).

Shulman, L. S. (1992). Toward a pedagogy of cases. In J. H. Shulman(Ed.), *Case methods in teacher education*(pp. 1-30). New York: Teacher College Press.

Surbeck, E., & Han, E. P. (1993). Becoming a child-sensitive teacher: Can journal writing help?. *The Journal of Early Childhood Teacher Edcuation, 14*(2), 4-10.

Tett, R. P., & Fox, K. E. (2006). Confirmatory factor structure of trait emotional intelligence in student and worker samples. *Personality and Individual Differences, 41*(6), 1155-1168.

Van Manen, J. (1977). Linking ways of knowing with ways of being practical. *Curriculum Inquiry, 6*, 205-208.

Wong, C. S., & Law, K. S. (2002). The effects of leader and follower emotional intelligence on performance and attitude: An exploratory study. *The Leadership Quarterly, 13*(3), 243-274.

Zahn-Waxler, C., & Radke-Yarrow, M. (1990). The origins of empathic concern. *Motivation and Emotion, 14*(2), 107-130.

〈기사〉

매일경제 (2015. 1. 16.). 불안한 엄마들 SNS에 “안전한 어린이집 어디?”.

연합뉴스 (2016. 7. 30.). 무심함이 부른 참사...되풀이되는 통학차량 아이 방치 사고.

중앙일보 (2018. 6. 30.). 쉬면서 일해라? 보육교사 ‘휴게 시간 의무화’ 앞둔 어린이집 황당 지침.

MBC뉴스 (2018. 6. 26.). 4살 아이 배 때리고 넘어뜨리고…어린이집서 또 학대.

MBC뉴스 (2018. 7. 19.). 보육교사 학대로 사망...“이불 씌워 온몸으로 눌렀다”.

SBS뉴스 (2013. 4. 28.). B시 어린이집 학대 사건... “보육교사는 무죄다”.

YTN (2016. 1. 12.) 어린이집 보육교사 자격 취득 조건 강화.

〈법령〉

국가법령정보센터 (2018. 2. 18 검색). 영유아보육법 시행규칙.

국가법령정보센터 (2018. 2. 18 검색). 영유아보육법.

국가법령정보센터 (2018. 2. 18 검색). 인성교육진흥법.

〈사전〉

두산백과(2018. 5. 5.) https://terms.naver.com/entry.nhn?docId=1201104&cid=40942&categoryId=31909

특수교육학 용어사전 (2009).

표준국어대사전 (2018. 7. 15. 네이버에서 검색)

(사)한국기업교육학회 (2010). HRD 용어사전. ㈜중앙경제. (네이버에서 2018. 5. 5. 검색, https://terms.naver.com/entry.nhn?docId=2179073&cid=51072&categoryId=51072)

미래와경영연구소 (2006). NEW 경제용어사전. 미래와경영. (네이버에서 2018. 5. 5. 검색, https://terms.naver.com/entry.nhn?docId=783269&cid=42111&categoryId=42111)

저자 소개

박은혜

- 이화여자대학교 교육학과(학령전 교육) 학사
- 이화여자대학교 대학원 석사
- 미국 아리조나 주립대학 박사
- 미국 뉴욕 주립대학(제네시오 소재) 전공 교수 역임
- 전 이화어린이연구원 원장
- 전 이화여자대학교사범대학부속유치원 원장
- 현 이화여자대학교 교수

박선혜

- 이화여자대학교 학사
- 이화여자대학교 대학원 석사
- 이화여자대학교 대학원 박사
- 전 이화어린이연구원 교사
- 현 강남대학교 교수

박신영

- 이화여자대학교 학사
- 이화여자대학교 대학원 석사
- 이화여자대학교 대학원 박사
- 전 푸르니분당어린이집 교사
- 전 이화여자대학교 직장어린이집 원장
- 현 부천대학교 교수

장민영

- 이화여자대학교 학사
- 이화여자대학교 대학원 석사
- 이화여자대학교 대학원 박사
- 전 홍익대학교부속유치원 교사
- 현 한양여자대학교 교수

김지은

- 이화여자대학교 학사
- 이화여자대학교 대학원 석사
- 이화여자대학교 대학원 박사수료
- 전 이화어린이연구원 교사

현장사례에 기초한

보육교사 인성론

초판 1쇄 발행 2019년 2월 20일
초판 4쇄 발행 2023년 8월 30일

지 은 이 | 박은혜 · 박선혜 · 박신영 · 장민영 · 김지은
펴 낸 이 | 김기섭
편 집 인 | 이혜란
펴 낸 곳 | 창지사 www.changjisa.com
08589 서울시 금천구 가산디지털 1로 83 파트너스타워 1차 9층
전화 (02)719-2211~3
팩스 (02)701-9386
등 록 | 1977년 4월 28일 · 제1-421호

ISBN 978-89-426-1158-4 (93370)

KOMCA 승인필

값 20,000원